Contra-história da filosofia

III

OS LIBERTINOS BARROCOS

MICHEL ONFRAY

Contra-história da filosofia

III

OS LIBERTINOS BARROCOS

Tradução:
Eduardo Brandão

SÃO PAULO 2009

Esta obra foi publicada originalmente em francês com o título
LES LIBERTINS BAROQUES (Contre-histoire de la philosophie 3)
por Éditions Grasset & Fasquelle, Paris.
Copyright © Éditions Grasset & Fasquelle, 2007.
Copyright © 2009, Livraria Martins Fontes Editora Ltda.,
São Paulo, para a presente edição.

"Ouvrage publié avec le concours du Ministère français
chargé de la culture – Centre National du Livre."

"Obra publicada com apoio do ministério francês da cultura –
Centro Nacional do Livro."

« França.Br 2009 » l'Année de la France au Brésil (21 avril - 15 novembre) est organisée :
En France : par le Commissariat général français, le Ministère des Affaires étrangères et
européennes, le Ministère de la Culture et de la Communication et Culturesfrance.
Au Brésil : par le Commissariat général brésilien, le Ministère de la Culture et le Ministère
des Relations Extérieures.

"França.Br 2009" Ano da França no Brasil (21 de abril a 15 de novembro) é organizado:
No Brasil: pelo Comissariado geral brasileiro, pelo Ministério da Cultura
e pelo Ministério das Relações Exteriores.
Na França: pelo Comissariado geral francês, pelo Ministério das Relações exteriores e europeias,
pelo Ministério da Cultura e da Comunicação e por Culturesfrance.

1ª edição 2009

Tradução
EDUARDO BRANDÃO

Acompanhamento editorial
Luciana Veit
Revisões gráficas
Andréa Stahel Monteiro da Silva
Marisa Rosa Teixeira
Produção gráfica
Geraldo Alves
Paginação
Moacir Katsumi Matsusaka

Dados Internacionais de Catalogação na Publicação (CIP)
(Câmara Brasileira do Livro, SP, Brasil)

Onfray, Michel
 Contra-história da filosofia : os libertinos barrocos, III / Michel Onfray ; tradução Eduardo Brandão. – São Paulo : Editora WMF Martins Fontes, 2009.

 Título original: Les libertins baroques : contre-histoire de la philosophie 3
 Bibliografia.
 ISBN 978-85-7827-100-8

 1. Filosofia – História I. Título.

09-01654   CDD-109

Índices para catálogo sistemático:
1. Filosofia : História   109

Todos os direitos desta edição reservados à
Livraria Martins Fontes Editora Ltda.
Rua Conselheiro Ramalho, 330 01325-000 São Paulo SP Brasil
Tel. (11) 3241.3677 Fax (11) 3101.1042
e-mail: info@wmfmartinsfontes.com.br http://www.wmfmartinsfontes.com.br

SUMÁRIO

TERCEIRA PARTE:
OS LIBERTINOS BARROCOS

Introdução. Um outro Grande Século: os libertinos barrocos ... 13
   1) *Identidades do Grande Século.* **2)** *A sombra de Voltaire.* **3)** *Forças e potências barrocas.* **4)** *Do libertino dito erudito.* **5)** *A libertinagem barroca.* **6)** *O arquipélago libertino barroco.* **7)** *O que é um libertino barroco?* **8)** *Arrematar e consumar a libertinagem.*

PRIMEIRO TEMPO: Os libertinos fideístas

I. CHARRON E "A VOLÚPIA PRUDENTE" 39
   1) *Uma má reputação.* **2)** *Charron insultado, ultrajado, desprezado.* **3)** *Retrato de um sábio.* **4)** *A consistência de um pensamento.* **5)** *O contrário de um cético.* **6)** *O trabalho da Antiguidade.* **7)** *Procurar em si o que se mexe.* **8)** *A invenção de uma sabedoria laica.* **9)** *A progenitura de um padre.* **10)** *Rins, testículos e outros miúdos.* **11)** *Um Deus não muito católico.* **12)** *Dois regimes de Deus.* **13)** *Rumo à alegria de existir.* **14)** *As volúpias moderadas.* **15)** *A arte de uma sabedoria alegre.* **16)** *Aparecimento do ateu virtuoso.*

II. LA MOTHE LE VAYER E "O GOZO DE SI MESMO" 73
   1) *Retrato de um discreto.* **2)** *Na luz do século.* **3)** *A penumbra privada.* **4)** *Uma figura diabólica?* **5)** *O modo de usar de si mesmo.* **6)** *Desemburrado,*

trágico e solitário. **7)** *Coerência de uma vida filosófica.* **8)** *O gabinete de curiosidades filosófico.* **9)** *Aquém do bem e do mal.* **10)** *Zoófilo, canibal e coprófago.* **11)** *Dobrar, desdobrar o pensamento.* **12)** *Apagamento do autor.* **13)** *Dobragens, desdobragens, sobredobragens.* **14)** *As lógicas da noite.* **15)** *O teatro filosófico.* **16)** *Traços de luz no escuro.* **17)** *As fábulas do filósofo.* **18)** *O hedonismo cético.* **19)** *Submeter-se para ser livre.* **20)** *Uma ética cética?* **21)** *Um cristão cético.* **22)** *Uma pura máquina de desconstruir.*

III. SAINT-ÉVREMOND E O "AMOR À VOLÚPIA" 117

1) *O manifesto com dobras.* **2)** *As dobragens do personagem.* **3)** *Sob o signo do Espírito.* **4)** *O claro-escuro de um discreto.* **5)** *A cena do salão libertino.* **6)** *A arte verbal do espadachim.* **7)** *Lembranças de fogos de artifício.* **8)** *Lições de anatomia.* **9)** *Uma obra apesar dele.* **10)** *O contato com os filósofos.* **11)** *O efeito Gassendi.* **12)** *Um distúrbio na glândula.* **13)** *Encontro com os antigos.* **14)** *Epicuro sob Luís XIV.* **15)** *Uma filosofia do divertimento.* **16)** *Como sair de si.* **17)** *Um taoísta normando.* **18)** *E Deus em tudo isso?*

IV. PIERRE GASSENDI E "EPICURO QUE FALA" 153

1) *Um padre libertino.* **2)** *O corpo do senhor Caro.* **3)** *As lunetas do filósofo.* **4)** *"Sapere aude".* **5)** *Um Jardim chamado Tétrade.* **6)** *Um filósofo libretista.* **7)** *Tentativa de homicídio contra Aristóteles.* **8)** *Ao ataque contra os atletas mambembes.* **9)** *A retirada polemológica.* **10)** *O sr. Caro ataca o sr. Mens.* **11)** *Os Horácios e os Curiácios.* **12)** *Detalhes sobre a troca de golpes.* **13)** *O mais filósofo dos dois.* **14)** *Os limbos de um pensamento materialista.* **15)** *Um processo de reabilitação.* **16)** *Um arrazoado minucioso.* **17)** *Epicuro, santo e ventríloquo.* **18)** *O testamento de Gassendi.*

SEGUNDO TEMPO: Os libertinos panteístas

V. CYRANO DE BERGERAC E "O LIVREMENTE VIVER" 195

1) *Biografia de um nariz.* **2)** *A imortalidade de papel.* **3)** *A anamorfose filosófica.* **4)** *A perspectiva depravada cartesiana.* **5)** *O ponto de vista do ácaro.* **6)** *A ficção barroca.* **7)** *O panteísmo encantado.* **8)** *A lei do misterioso.* **9)** *O futuro dobrado na anamorfose.* **10)** *A seriedade do burlesco.* **11)** *Um pensamento em arquipélago.* **12)** *O desmonte do religioso.* **13)** *Um festim canibal de maometano.* **14)** *A razão de um macaco.* **15)** *O "medo de deixar de servir".* **16)** *"Pense em viver livremente".*

VI. ESPINOSA E "O QUE LEVA À ALEGRIA" 229

1) *Pinturas de um rosto inexistente.* **2)** *Judeu odiado pelos judeus.* **3)** *Na escola da libertinagem.* **4)** *Uma vida epicurista.* **5)** *Nem rir nem chorar, compreender.* **6)** *A desmontagem da insensatez.* **7)** *Uma religião da imanência.* **8)** *A grande obra barroca.* **9)** *As primeiras dobragens.* **10)** *Uma epistemologia existencial.* **11)** *Os nomes de Deus.* **12)** *Além do bem e do mal.*

13) *Que pode o corpo?* **14)** *Sob o signo de Epicuro.* **15)** *Guerra às paixões tristes.* **16)** *Razão e beatitude.*

Conclusão: *O crepúsculo de Deus* 265

1) *A força das libertinagens.* **2)** *O espírito libertino do tempo.* **3)** *O pensamento clandestino.* **4)** *A exceção do apostato zen.* **5)** *Filosofar por baixo do pano.* **6)** *O efeito Espinosa.*

Bibliografia 277
Cronologia 289
Índice remissivo 295

"Se o estudo da história não fosse sempre uma teodiceia cristã disfarçada, se ela fosse escrita com mais justiça e mais ardor simpático, estaria verdadeiramente longe de poder prestar os serviços para que a empregam agora: como ópio contra toda tendência revolucionária e inovadora."

NIETZSCHE
Considerações extemporâneas, 3, IV.

TERCEIRA PARTE

Os libertinos barrocos

INTRODUÇÃO
*Um outro Grande Século:
os libertinos barrocos*

1

Identidades do Grande Século. A historiografia clássica fala do Grande Século para caracterizar o XVII. Grande, decerto, provavelmente, mas por que, por quais razões e de acordo com quem? Não se fazem essas perguntas. Dá-se por entendido... De sorte que nos veremos em dificuldade se perguntarmos de onde vem a expressão, a quem a devemos ou quem é seu autor. A locução circula, mas nunca explicitada, contada ou desmontada.

O século XVIII é o das *Luzes*, o seguinte o da *Revolução industrial*, o XX ainda não tem nome de batismo – poderia ser o *século dos Fascismos*... –, se é que cada época pode ser reduzida a alguns termos, uma expressão ou mesmo uma só palavra. Assim, *a obscura Idade Média* condena esse período a não ser mais que uma zona de brutalidades, de crueldades, de barbárie, um tempo que não merece que nos detenhamos nele... *Grande Século*, pois...

OS LIBERTINOS BARROCOS

Esse rótulo se aplica a uma mercadoria diversa apresentada como um todo coerente: a filosofia de Descartes e as tragédias de Corneille, os *Pensamentos* de Pascal e a *Atália* de Racine, as orações fúnebres de Bossuet e as sátiras de Boileau, as cartas da marquesa de Sévigné e as comédias de Molière, os retratos de La Bruyère e as *Máximas* de La Rochefoucauld. Um pouco de cogito, um trono para Cinna, um caniço pensante, dois infinitos, o cadáver de Henriqueta da França, uma *Arte poética*, uma escrivaninha de campanha para Grignan, um Tartufo, um Dom Juan, alguns Alcestes ou aforismos, o Grande Século triunfa nos trechos seletos.

Não se sabe quem recolhe esses bibelôs, nem quando, nem em que circunstâncias, para compor uma vitrine francesa. Ela supõe, evidentemente, escolhas que afastam autores, pensamentos, correntes que trabalham em profundidade o século XVII e o constituem em sua totalidade exuberante. Só terá havido cartesianismo e jansenismo, quietismo e jesuitismo, cristianismo e classicismo durante esses cem anos? Heróis romanos, mas objetivos de Igreja? Figuras gregas para problemas católicos? Um retorno aos antigos, mas para um tempo presente? Sófocles e Eurípedes ressuscitando em Corneille e Racine? Fedra e Esopo travestidos de Jean de La Fontaine? Plauto e Terêncio reencarnados em Jean-Baptiste Poquelin? Teofrasto nas vestes de La Bruyère? A alma e o corpo de Platão tornados substância pensante e substância estendida em Descartes. E por que, em nenhum lugar desse banquete de antigos, Demócrito, Leucipo, Epicuro ou Lucrécio? Como esse século pode chegar a ser tão grande sacrificando tantos grandes pensadores – incômodos, é verdade, na perspectiva hagiográfica...

INTRODUÇÃO

2

A sombra de Voltaire. Pode-se encontrar, talvez, um culpado para essa história: um tal de François Marie Arouet, dito Voltaire. A prova? *Le Siècle de Louis XIV* [O século de Luís XIV]. Claro, aí o século não é dito explicitamente *Grande* ao pé da letra mas, no espírito, a ideia inspira as quinhentas páginas dessa obra apologética, oportunista e interessada. Grande por sua diplomacia, sua história, suas conquistas, seu regime (monárquico), sua religião (católica), seus feitos de armas, sua política externa, suas obras, seus tratados de paz, seu comércio, seu governo. Claro, suas Belas-Artes, suas Belas-Letras, sua arquitetura, sua cultura, seus pensamentos, seus pensadores...

Voltaire escreve essa obra monumental ao longo de duas décadas. Ele cria uma ficção – a grandeza do século XVII – útil para denegrir comparativamente a pequenez do reinado de Luís XV, que cometeu o erro de atazanar a sua vida. A obra faz um *grande* castelo desse século XVII sonhado para as necessidades da *pequena* causa pessoal de Arouet. Para tanto, tudo o que não entra no polêmico empreendimento não tem nele nenhum direito de cidadania. Claro, a lista do que perdura nos compêndios escolares de Lagarde e Michard já está aí, com antigos nomes ultrapassados – Pellisson, Saint-Réal, Patru e outros. No entanto, e isso é mais grave, o que contribui para um outro Grande Século, muito mais subversivo este, não está.

Exemplos: nem uma palavra, sequer uma menção furtiva, sobre Pierre Charron, que escreveu *De la sagesse* [Da sabedoria] em 1601 e obteve com esse calhamaço um retumbante sucesso de venda; anos de reedições constantes apagarão, aliás, de passagem, o nome de Montaigne, que nos dispensaremos de ler então; nada sobre La Mothe Le Vayer, um dos adversários prediletos de Pascal em seus *Pensamentos*; nenhuma menção a Pierre Gassendi, o imenso Gassendi, autor de livros consideráveis que atualizam a filosofia epicurista, um dos espadachins contra os quais Descartes cruza ferros; referência alguma a Cyrano de Bergerac e a seu *Autre Monde* [Outro mundo] epicurista e materialista; silêncio sobre Hobbes, autor de uma política libertina, radicalmente imanente; tampouco sobre Espinosa! Evidentemente, François Bernier, Samuel Sorbière ou Gabrielle Suchon também ficam de fora, assim como aqueles pesos pesados, barrados na entrada do Grande Século segundo Voltaire!

Em compensação, um capítulo inteiro sobre o jansenismo de Port-Royal; outro consagrado ao quietismo de Madame Guyon; considerações sobre Bossuet e outros propagandistas da fé – Bourdaloue, Massillon, etc. Não é de espantar, portanto, que Montaigne apareça, nesse caldo de cultura bem-pensante, como um grosseiro personagem que só deveria sua fortuna e sua glória a qualidades popularescas... Voltaire, arauto das Luzes e da filosofia? Eis outro mito a ser combatido com a maior urgência...

Voltaire esboça portanto um Grande Século clássico: católico e monarquista, apaixonado por simetria e ordem, harmonia e conformismo. Sua historiografia se parece com o castelo de Versalhes, com os projetos dos jardins de André Le Nôtre, com os teatros mundanos do Rei Sol, com a música dos contemporâneos de Luís XIII, com as hortas de La Quintinie. Tudo é bem-comportado, calmo, descansado,

INTRODUÇÃO

no devido lugar. Geometria acima de tudo: o triunfo de Apolo!

3

Forças e potências barrocas. Ora, o Grande Século não é apenas apolíneo, também é dionisíaco, e isso ao mesmo tempo. Claro, do lado de Apolo, encontramos a ordem, a luz, a sobriedade, a calma, a medida, a epopeia dramática, a simplicidade, a transparência, a dialética, o numérico, mas, simultaneamente, com Dioniso, notamos também a música e a embriaguez, o canto e a dança, a vida exaltante, o ardor, as forças misteriosas, o júbilo, a natureza. Voltaire põe Apolo num pedestal, mas, assim fazendo, esquece a existência de outra metade do mundo. O barroco, eis o nome desse outro mundo de vitalidades, de energias e de potências conjugadas. O libertino evolui nesse teatro das forças, o filósofo libertino ao lado dele.

O termo *libertino* existe, mas desde sempre serve para quase tudo. No início, desacredita e desqualifica um homem, um pensamento: o libertino denomina de outro modo o *ateísta*, como se dizia na época, o reformado, o heterodoxo, o herético, o homem livre, ou qualquer outro personagem que não crê no Deus dos cristãos com o fervor e a abnegação mental exigidos pela Igreja católica, apostólica e romana. No século XVI, data do seu aparecimento, a palavra serve para Calvino atacar prováveis acólitos da corrente dos Irmãos e Irmãs do Livre Espírito. A etimologia confirma: o libertino – o *libertinus* dos romanos – define o emancipado.

Quando Molière – que conhecia muito bem os meios materialistas e epicuristas – escreve seu *Dom Juan* em 1665, põe em cena um libertino. Quem é ele? O personagem da peça, como se sabe, coleciona mulheres, ama todas elas, não liga para a moral quando se trata de um rabo de saia, mas desdenha o bem e o mal em muitos outros terrenos. É cínico com um pobre, ao qual promete um luís se este blasfemar, com seu pai ou com um credor. Sem fé nem lei, como se diz, ele não reconhece efetivamente nenhum dever de compaixão, de amor filial, nem de dívida com quem quer que seja.

Nem por isso professa o niilismo, porque crê que dois e dois são quatro, e quatro e quatro, oito. O que, para além da fórmula, possibilita um manifesto intelectual de consequências consideráveis. Molière toma de empréstimo a Maurício de Nassau esse dito, referido por Guez de Balzac em seu *Socrate chrétien* [Sócrates cristão]. Semelhante profissão de fé cientificista, materialista e experimental entabula uma ruptura metodológica: o libertino se emancipa de tudo o que é fé, crença, concede seu crédito ao que é demonstrável, verificável, evidente. *Claro e distinto* afirma que sabemos...

O libertino não nega a existência de Deus. Para essa boa e bela nova, vai ser preciso aguardar Jean Meslier e seu *Testamento* [Testamento], publicado depois da sua morte em 1729. Em compensação, esse grão-senhor malvado evolui num espectro que reúne deístas e fideístas, pietistas e panteístas, e outros crentes, mas não ateus. Deus existe, por certo, mas, do modo epicurista, vive sua vida, não se preocupa com a existência dos homens. Seu ser não obriga a nada na terra, nem em moral, nem em política. Donde a necessidade de submeter essas duas instâncias ao regime da razão pura.

O libertino admite crer em Deus mas não tem vontade de que essa crença produza demasiados efeitos sobre sua razão, sua inteligência, seus costumes, sobre o uso de si, do seu tempo, do seu corpo, da sua carne. Tallemant des Réaux relata em suas *Historiettes* [Historietas] que Des Barreaux, famoso libertino, se regala com um omelete com bacon numa sexta-feira santa quando, de repente, cai um raio e ressoa uma trovoada. Sem se alterar, ele joga o objeto do delito pela janela e conclui: "Muito barulho por um omelete!" Deus se dá por satisfeito, o libertino também.

4

Do libertino dito erudito. É evidente que esse Deus, que se vê delicadamente dispensado, tranquilamente, ao qual se dá a entender que ele existe, decerto, que é amado, claro, mas que também poderia tratar um pouco mais de si e menos dos homens, deixa o campo livre para a liberdade e seus possíveis. A libertinagem filosófica mantém pois uma relação íntima com a libertinagem de costumes. Théophile de Viau, condenado por seus versos libertinos, vivia a vida que a eles correspondia. O emancipado de Deus também o é da moral, pelo menos do pecado, do medo do castigo eterno, do erro e da culpa.

A distinção feita em 1943 por René Pintard em sua tese monumental – *Le Libertinage érudit dans la première moitié du XVIIe siècle* [A libertinagem erudita na primeira metade do século XVII] – entre "libertinos eruditos" e "libertinos de costumes" não resiste muito ao exame. Claro, um Pierre Charron ou um

Pierre Gassendi procedem exclusivamente da libertinagem erudita. Ambos levam uma vida casta, piedosa e cristã, tanto quanto epicurista – os amigos, a busca da ataraxia, da dietética dos desejos, a ética voluptuosa... Mas quantos outros desse mesmo formato também cultuam as delícias das mulheres fáceis, das espeluncas, das tabernas, das salas de jogo! Gassendi, o paradigma da virtude, também frequenta Luillier, amigo do poeta do omelete.

René Pintard continua sendo autoridade no assunto: sua sombra ameaça e paira como Comendador dos especialistas em libertinagem – um punhado de universitários que pensam a partir dele, com ele, contra ele, nem sempre ousam atacar o monumento e não dissociam suficientemente seu imenso trabalho de decifração dos textos dos seus *a priori* ideológicos. "Libertino erudito"? "Libertino de ideia"? "Libertino crítico"? Às vezes "libertino epicurista", o personagem evolui segundo qualidades e qualificativos. Pintard distingue muito mais a "libertinagem erudita" do século XVII e a "libertinagem de costumes" do século seguinte, a de Sade, Laclos e Crébillon fils.

Claro, a distinção merece ser feita: a libertinagem de Gassendi e dos seus não tem grande coisa a ver com a dos sofás de seda, das alcovas de Fragonard e com outras ocasiões de empurrar o balanço ou de filosofar na alcova. *Les Prospérités du vice* [As prosperidades do vício], *Les Liaisons dangereuses* [As ligações perigosas], *Les Égarements du coeur et de l'esprit* [Os desvarios do coração e do espírito] evoluem num terreno que não é o do *Syntagma philosophiae Epicuri*... Donde a necessidade de designar com precisão.

INTRODUÇÃO

5

A libertinagem barroca. Por que não, nesse caso, uma "libertinagem barroca"? A expressão poderia qualificar a constelação de filósofos e pensadores que se preocupam mais com os homens do que com Deus; mais com a vida neste mundo, preciosa, do que com a existência de um além bastante hipotético; mais com a natureza e suas leis do que com prescrições da religião; mais com a materialidade do mundo real, com a diversidade do planeta aqui e agora, do que com o povoamento do céu; mais com o *tetrafarmacon* epicurista do que com o decálogo cristão; mais com o eudemonismo ou o hedonismo antigo do que com o ideal ascético oriundo da Bíblia; mais com a ética imanente do que com a teologia transcendente; mais com Epicuro atomista do que com Aristóteles, o escolástico; numa palavra, mais com Dioniso do que com Apolo...

O barroco – a *dobra* segundo Gilles Deleuze – também pode ser o *claro-escuro*, o jogo da luz no escuro, com este. Mancha de luz e buraco de claridade nas trevas, potência do fogo na noite. Digamos de outro modo: virtudes das luzes, já. Lembrem-se: o século XVII também é, nos Países Baixos, o de Rembrandt – vizinho de Espinosa... – e seu *Filósofo ao pé da escada*, do italiano Caravaggio e seu *O pequeno são João na fonte*, do francês Georges de La Tour e sua *Madalena penitente*, todas essas obras variações sobre a potência da luz nas trevas. O filósofo libertino, o libertino barroco, o pensador emancipado trazem luzes num tempo tenebroso.

A constelação desses pensadores se liga igualmente ao barroco por múltiplos fios: o estilo de

Pierre Charron, torneado, burilado, seu modo de exposição redundante, dividido, subdividido, sua arquitetônica luxuriante, sua retórica de volutas, seus jogos de forças e contraforças, os turbilhões de pensamento, as repetições, seus efeitos de espelho igualmente; a citação do gabinete de curiosidades de François de La Mothe Le Vayer, com seus acúmulos de esquisitices, de bizarrices, de anedotas inesperadas, de objetos atípicos, de referências inéditas, de coleções quantitativas; a arte das agudezas de Saint-Évremond, dotado para o efêmero, como um artista da pirotecnia: a conversa, o diálogo, os ditos espirituosos, a capacidade de produzir uma tirada dardejante como um raio de luz, um jorro de fontes, jogos de água num jardim; o extremo virtuosismo de um Cyrano de Bergerac construindo suas obras ditas erroneamente de ficção, quando efetuam uma hábil demonstração das potências da anamorfose que, à sua maneira, transforma a fachada da construção clássica em cenário de teatro barroco e metamorfoseia a história divertida em filosofia; o talento de Gassendi reativando as naumaquias, as gigantomaquias, as maquinarias da ópera ou do teatro para animar em sua cena filosófica um Aristóteles que serviu demais, um Epicuro de menos, um Descartes inútil e incerto, num combate perdido com bravura pelo cônego de Digne; ou, enfim, a arquitetura *more geometrico* de um Espinosa, cuja *Ética* propõe um castelo de formidáveis potencialidades existenciais.

Nessa constelação barroca, encontramos igualmente um médico da corte de um príncipe indiano, François Bernier, também autor de um *Abrégé de la philosophie de Gassendi* [Resumo da filosofia de Gassendi]... em sete volumes; o cético Samuel Sorbière, tradutor de Tho-

INTRODUÇÃO

mas Hobbes na França; Fontenelle, o quase centenário baixo-normando que filosofa com as marquesas contemplando as estrelas; a ex-freira Gabrielle Suchon, autora sublime, em 1700, de uma obra intitulada *Du célibat volontaire ou La vie sans engagement* [Do celibato voluntário ou A vida sem compromisso]...

6

O arquipélago libertino barroco. Os libertinos barrocos funcionam como as ilhas num arquipélago: constituem um edifício coerente, decerto, mas cada qual com sua especificidade. Pode-se dar uma definição da libertinagem, claro, mas sempre em detrimento da precisão e da particularidade. Descreve-se a configuração geral, apreendem-se de longe os contornos, apaga-se o detalhe para melhor traçar uma figura legível. Assim, força-se a entrar nos limites de algumas páginas a vitalidade transbordante de pensamentos e de pensadores cujo valor reside justamente em sua irredutibilidade.

De fato, o que reúne Gassendi, padre de piedade indefectível, e Cyrano de Bergerac, o filósofo dionisíaco? É possível integrar Charron nesse arquipélago? Se a resposta for sim, como fazê-lo coexistir com o voluptuoso Saint-Évremond? E La Mothe Le Vayer, ele próprio constituído de ilhotas que parecem tão separadas? A dobra barroca trabalha os autores, as obras, os pensamentos, claro, mas também a constelação. Um fio condutor atravessa entretanto *De la sagesse* e *L'Autre Monde*, *Vida e costumes de Epicuro* e os *Dialogues faits à l'imitation des Anciens* [Diálogos feitos à imitação dos antigos] ou a *Lettre au Maréchal de Créqui* [Carta ao marechal de Créqui]: um trabalho dialético do pensamento que torna possível a filosofia das Luzes.

Se nos arriscamos a aproximações querendo definir o conteúdo da libertinagem barroca, também vamos ao encontro de problemas recortando na história das ideias um período artificial: que datas de nascimento ou de morte? Segundo quais critérios? Deve-se solicitar uma obra de arte ou um fato político, uma guerra ou um livro, o nascimento de um trágico ou a morte de um filósofo? Aqui também reina o arbítrio... Que data de nascimento? O aparecimento dos *Ensaios* – mas que edição? A morte de Montaigne (1592) – é também o nascimento de Gassendi –, o nascimento de Descartes (1596), uma tela de Caravaggio – qual? –, o assassinato de Henrique IV (1610), a execução de Giordano Bruno (1600)? Por que não... E como data limitadora? A revogação do edito de Nantes (1685), a publicação das obras de Saint-Évremond (1705), o enterro de Luís XIV (1715), *O embarque para Citera* (1717) de Watteau, o falecimento de Fontenelle (1775)? Com essas datas, podem-se aumentar ou encurtar os períodos, conforme se escolham os mais antigos história acima ou os mais tardios história abaixo. Ou seja, 85 ou 158 anos...

Já que é para constatar a subjetividade, mais vale reivindicá-la logo de uma vez: trabalhando sobre esse período a princípio vago, logo se encontra uma coerência que permite optar por duas datas que significam o que se quer fazer esse arquipélago dos libertinos barrocos dizer. Retenhamos 1592 e 1677, ou seja, duas datas de falecimento de dois filósofos. Por que razão? Porque a morte física de um pensador assinala a data de nascimento do devir do seu pensamento.

INTRODUÇÃO

Logo: morte de Montaigne e morte de Espinosa. Em outras palavras: nascimento do montaignismo e advento do espinosismo. Tenho o pensamento libertino barroco como o comentário, nesse Grande Século, dos *Ensaios* de Montaigne. A que a publicação póstuma da *Ética* põe fim, porque essa obra considerável cristaliza à sua maneira a libertinagem barroca num pensamento radicalmente alternativo. O famoso jogo de conservação e superação dialética: os libertinos barrocos estão presentes nele, mas invisíveis, porque digeridos. Logo úteis, necessários, indispensáveis.

Entre essas duas datas, esses filósofos – mas nesse mesmo tempo existem também poetas, autores de canções, escritores, romancistas, gente de teatro... – trabalham tendo em vista um mesmo objetivo, ainda que não seja forçosamente claro e distinto, porque somente a continuação – o século das Luzes – permite penetrar seu mistério. A obra comum deles? Construir uma razão ocidental capaz de contrabalançar as asserções da fé, os ensinamentos religiosos que recorrem aos argumentos de autoridade. O libertino, lembremos a etimologia, quer se libertar: todos compartilham esse mesmo desejo. Pensas livremente para viver livremente.

O que é um libertino barroco? Impõe-se uma definição, ainda que incompleta, ainda que parcial, ainda que arbitrária. Os libertinos barrocos procedem de condições históricas semelhantes: primeiro, pertencem a uma *genealogia montaigniana*; segundo, propõem uma epistemologia singular que ativa um *método de desconstrução cético*; terceiro, desenvolvem uma moral particular promovendo uma *ética radicalmente imanente*; quarto, avançam considerações inéditas sobre as questões de religião, lançando as bases de *crenças religiosas fideístas*. Uma mesma origem e três revoluções, portanto: método, ética e religião. O que dá para constituir um esboço de definição.

Primeiro tempo, portanto: *o libertino barroco lê Montaigne*, atenta e precisamente. Sabe-se a filiação da biblioteca de Montaigne e do seu pensamento, primeiro via Marie de Gournay, depois via François de La Mothe Le Vayer, pessoalmente ligado por vínculos de amizade à "filha adotiva" do filósofo. Marie herda de Montaigne; La Mothe Le Vayer, de Marie de Gournay. Os *Ensaios* constituem o livro de cabeceira dos barrocos, tanto quanto *De la sagesse* de Charron, que também pensa com e a partir desse livro sem igual. A obra possibilita uma temática importante e não há uma ideia libertina que já não exista implícita ou explicitamente no *corpus* do bordelês.

Do mesmo modo, *o libertino barroco pensa defrontando a descoberta do Novo Mundo*. O ano de 1492 funciona nele como uma data metafísica maior. Sabe-se que numerosas obras da biblioteca de Montaigne continham relatos de viagens e passaram a integrar a de La Mothe Le Vayer depois da morte de Marie de Gournay. O selvagem poupado pela civilização, o homem natural, o bárbaro que o outro sempre é, eis uma série temática maior: um Novo Mundo ontológico e metafísico vê o dia. Já não é europeu, branco e cristão, mas planetário, colorido e natural. A verdade una cede a vez a verdades múltiplas. Donde um perspectivismo e um relativismo metodológicos.

Além do mais, *o libertino barroco reflete lembrando-se das guerras de Religião*. Os massacres do dia de são

INTRODUÇÃO

Bartolomeu constituem um traumatismo considerável. O sangue derramado, as guerras, as cisões sociais, as feridas comunitárias da época do prefeito de Bordeaux persistem: as conversões de Henrique IV, os problemas de política externa, as guerras europeias, mais tarde as dragonadas, o edito de Nantes, depois sua revogação, mostram que essa questão não estava resolvida. A preocupação com uma paz civil anima esses filósofos. Donde a criação de uma postura religiosa singular: o fideísmo.

Segundo tempo: *o libertino barroco recorre a um método cético*. Um método, nada mais. Seu desenvolvimento é pirrônico, seu proceder convoca Pírron e Sexto Empírico, mas ninguém conclui pela suspensão de juízo ou pela incapacidade de concluir. A dúvida é metódica, como em Descartes aliás, e não conclusiva. Mesmo em La Mothe Le Vayer, provavelmente o pirrônico mais ativo da turma, as certezas abundam – notadamente as certezas libertinas! A dúvida trabalha a velha verdade antiga, ataca e corrói a antiga certeza moral, religiosa e política. Duvida-se, mas por uma tábula rasa útil e necessária à reconstrução. A tábula rasa não é o edifício, mas a fundação.

De maneira induzida, esses pensadores ativam o instrumento da dúvida para produzir efeitos. *O libertino barroco efetua dissociações de ideias.* Essa desconstrução supõe um desmonte em regra, uma decomposição como manda o figurino. O que parece uma verdade definitiva é objeto de uma preocupação conceitual: as estratificações intelectuais, as camadas de sentido cristalizadas numa ideia, um pensamento, um conceito, uma noção suportam a análise e o escalpelo libertino. A Verdade, a Lei, a Religião, a Moral e outros ídolos maiúsculos, mas também os ídolos minúsculos – os costumes, os modos, as crenças –, passam pela decapagem crítica.

Nota-se pois que *o libertino barroco reivindica uma liberdade filosófica total*: o emancipado [*affranchi*] assinalado pela etimologia. Ele exerce um direito de inventário intelectual com respeito às certezas de uma época, de um mundo, de uma civilização. Seu princípio? Não confiar no que é habitualmente difundido sem antes tomar a precaução de examiná-lo com cuidado. Ver-se-á Descartes compartilhar essa preocupação com os libertinos, como tantos outros, e visar sua segurança pessoal com a ajuda de meios propriamente individualizados.

Assim, *o libertino barroco cria uma razão moderna*. Em relação à História, como se sabe, a coisa parece definida desde o *Discurso do método* e os fracassos de Gassendi em preservar a religião católica dos usos abrasivos da razão. Mas os procedimentos, as análises e as conclusões do pensador poitevino mantêm uma relação íntima com o contexto libertino que ele conhecia muito bem. Sua legendária prudência faz que ele evite deixar vestígios que testemunhem, mas nem ele nem Pascal teriam pensado e concluído como fizeram sem o debate filosófico com a constelação dos famosos espíritos fortes. A razão se torna um instrumento, ao mesmo título que a dúvida. Segundo um ou outro, dá-se mais ou menos poder a ela, fixam-se limites para ela, ou não. A razão econômica de Gassendi está longe da razão profética de Cyrano ou da razão prudente de Charron, ou mesmo da razão desenvolta de Saint-Évremond.

Apesar das divergências sobre o grau de confiança a conceder à razão, sobre os poderes concedidos ou não, limitados ou não, *o libertino barroco generaliza o modelo científico*. Muitos desses filósofos praticam as ciências, e não apenas como amadores: Gassendi descobre as leis da inércia, pratica a anatomia e a dissecação, dedica-se à astronomia, como La Mothe Le Vayer e Cyrano de Bergerac, ou mais tarde Fontenelle. Donde uma confiança nos resultados científicos, nas observações, nas deduções efetuadas a partir do real. A verdade se deduz, se calcula, já não procede de um argumento de autoridade.

Terceiro tempo: *o libertino barroco reativa as sabedorias antigas*. Claro, o Renascimento havia posto a Antiguidade novamente na moda, porém muito mais sob o signo de Platão. A escolástica também se havia valido do viveiro pré-cristão, mas para subjugar Aristóteles à sua causa. O estoicismo, submerso no dolorismo católico, também podia produzir algum efeito. Mas silenciava-se sobre o relativismo cético de Pírron e de Sexto Empírico, sobre o antiplatonismo cínico de Antístenes e Diógenes, sobre o hedonismo dinâmico de Aristipo e dos cirenaicos, sobre o homem medida de todas as coisas do sofista Protágoras, enfim, e sobretudo, sobre o materialismo atomista e voluptuoso de Epicuro e dos seus.

Essa exumação de um continente grego e romano esquecido atesta uma preocupação de filosofia viva, encarnada na vida de todos os dias. *O libertino barroco propõe uma sabedoria existencial.* Gassendi confiava, nas primeiras páginas do seu livro sobre Aristóteles, que havia sofrido muito nos bancos da universidade, onde se destilava escolástica o tempo todo. Ele confessava preferir sabedorias capazes de produzir efeitos na existência pessoal. A teorética pura? Eis o próprio alimento da escola e da Sorbonne. A pragmática, eis a nova questão.

Nesse trabalho da Antiguidade, tudo pode servir, conforme as ocasiões: a dúvida dos céticos, o naturalismo e o nominalismo cínico, o hedonismo cirenaico, o perspectivismo sofista, mas sobretudo a moral de Epicuro. Porque *o libertino barroco reabilita a moral imanente epicurista*. Depois de precisar em que consiste a ataraxia e pôr em perspectiva o prazer com a ausência de distúrbios físicos e psíquicos, ele apela para uma moral reduzida a uma regra do jogo dos homens para o próprio uso deles. A virtude? Um assunto que diz menos respeito ao céu, a Deus e à vida *post mortem*, do que à beatitude na terra, aqui e agora. Fim do reinado da transcendência em moral.

Essa imanência supõe uma preocupação com a Terra, com o Real, com Este Mundo. *O libertino barroco busca seus modelos na Natureza*. O selvagem, esse homem primitivo recentemente descoberto na América pelos viajantes, fornece um modelo de simplicidade. Longe dos entraves da civilização, longe do que encobre o bom e o saudável nele, essa criatura ainda à vontade e em seu lugar na Natureza deve servir de modelo. O enselvajamento cínico não está longe, o Montaigne dos brasileiros no porto de Rouen também não...

Do mesmo modo, *o libertino barroco pratica uma zoofilia filosófica*: como êmulo de Diógenes de Sinope, que toma lições filosóficas com os camundongos frugais, os arenques defumados eletivos, os peixes masturbadores, as rãs ascéticas, o galo antiplatônico, ele convoca o ácaro, mas também um número considerável de animais, para deles tirar ensinamentos filosóficos. Ancestrais dos etologistas e netos do Montaigne da *Apologia de Raymond Sebond*, o bicho desempenha nos libertinos um papel cardeal, permite ver o que parece humano nele, bicho, quando não o que

INTRODUÇÃO

resta de animal no homem, antes de concluir que entre um macaco e um homem existe menos uma diferença de natureza do que uma diferença de gradação. Lição aprendida por Darwin alguns séculos mais tarde.

Nessa mesma ordem de ideias, *o libertino barroco trata o corpo como cúmplice* enquanto a civilização oriunda da cultura judaico-cristã pratica o ódio paulino aos corpos, a detestação dos desejos e dos prazeres, a desconsideração da matéria corporal. Primeiro, nenhum deles maltrata seu corpo; depois, quase todos se preocupam com ele de maneira filosófica: do vegetarianismo abstêmio de Gassendi aos prazeres báquicos de La Mothe Le Vayer ou de Cyrano de Bergerac, é amplo o espectro. Mas em todos os casos trata-se de dar o melhor ao corpo para dele fazer um parceiro.

Porque somente o corpo permite conhecer. Um corpo sensual que sente, prova, toca, olha, ouve e informa um cérebro que constrói a realidade, fabrica imagens e produz representações. O sensualismo empírico de Gassendi atesta: só conseguimos conhecer o mundo com ajuda desta carne. Donde o interesse de não condená-la nem maltratá-la. O corpo pode um certo número de coisas, mas nem tudo. Ele se engana, é impreciso, decerto, mas sem ele é impossível. O ideal ascético não encontra nenhuma justificação: para quê? Agradar a Deus? Que ideia... Donde uma ontologia materialista e uma ética hedonista.

O libertino barroco desenvolve uma ética além do Bem e do Mal. Não imoral ou amoral, mas utilitarista. Procuraríamos em vão os conceitos de Bem e de Mal, dificilmente encontraríamos considerações sobre essas noções. Em compensação, existem convites a visar o *bom* e evitar o *mau* definidos em relação com um objetivo: a realização da ataraxia individual ou a tranquilidade coletiva. É bom o que permite a execução desse projeto. A moral deles não é prescritiva, mas consequencialista. Esse além do Bem e do Mal em benefício de um Bom e de um Mau se encontrará na *Ética* de Espinosa – e, mais tarde, nos *utilitaristas franceses* (ver *Contra-história da filosofia*, tomo IV).

Por outro lado, *o libertino pratica a comunidade filosófica risonha e discreta*. Longe do que o exterior exige e necessita (a conformidade ao princípio ético e político do país em que vivemos), ele cria microssociedades eletivas úteis para as experimentações e a prática de novas possibilidades de existência, construídas com base no princípio da amizade epicurista. O lado de fora quer a submissão aos valores gregários, o lado de dentro possibilita o foro interior libertino. As reuniões na casa filosófica de Charron, a Tétrade, a Academia Puteana, os salões parisienses, o solar de Luillier, os passeios na Provença de Gassendi se inspiram, em pleno Grande Século, no Jardim de Epicuro.

Quarto tempo: *o libertino barroco cultua o fideísmo.* Nenhum libertino barroco é ateu. A crítica universitária muitas vezes assim supôs, mas para tanto tinha de desprezar o que estava escrito, a pretexto de que essa afirmação era uma forma de estar hipocritamente em ordem com a censura, ao mesmo tempo que uma confissão de ateísmo por baixo do pano. A menos que se desdenhe a pena dos filósofos, não se pode atribuir a nenhum deles uma franca e clara negação de Deus. Alguns são teístas, como Gassendi, católico e epicurista, outros mais deístas ou mesmo panteístas – como Cyrano de Bergerac. A maioria é francamente fideísta: Charron, Saint-Évremond ou

INTRODUÇÃO

La Mothe Le Vayer: poupam a "religião de seu rei e da sua ama de leite" – para retomar a expressão de Descartes –, deixam de lado a crítica da religião, ainda que dissertem ironicamente sobre as fábulas, os mistérios e os oráculos. Mas não está na hora do ateísmo. Cedo demais. Ninguém parte em guerra contra Deus. Deixam-no lá onde ele está, pensam-no epicurista, descuidado do destino dos homens. Essa maneira de abandonar esse tema contribui para a separação das duas esferas bem distintas: a Fé e a Razão, a Religião e a Filosofia. De um lado, a crença; do outro, os usos de uma razão bem conduzida. Agindo assim – e bem cedo: com Charron em 1601 –, *os libertinos barrocos criam a laicidade*, o princípio de separação das ordens que autoriza o desenvolvimento de uma sabedoria imanente, desconectada da religião católica, apostólica e romana. Alguns permanecem próximos da cristandade com uma fidelidade pia, como Gassendi, outros se afastam dela com uma alegre insolência, Cyrano por exemplo, mas todos compõem com Deus...

Enfim, pouco adepto dos além-mundos, dos destinos *post mortem*, não muito dotado para o Paraíso ou para o Inferno, *o libertino barroco defende um materialismo soteriológico*: se o mundo se reduz a uma combinação de átomos no vazio, se a matéria parece o sentido oculto de toda realidade, como encarar o que acontece conosco depois da morte, a não ser no terreno químico das moléculas? Imortalidade dos átomos que as compõem... Sobrevivência da alma? Imaterialidade do espírito? Sutileza dos átomos que o constituem... A morte se torna menos a ocasião de um temor – a danação, por exemplo, os tormentos eternos – do que o fim de uma combinação molecular. Assim, ela deixa de ser um mal.

8

Arrematar e consumar a libertinagem. O pensamento libertino não nasce do nada. Ele procede de Montaigne, disseram. Tampouco desaparece subitamente sem deixar vestígios na história das ideias, sem produzir efeitos nos tempos que a ele se seguem. Muito pelo contrário: é provavelmente porque seus efeitos no século dito das Luzes se medem no som e na fúria da História que se costuma esquecer tanto o papel da libertinagem barroca na genealogia da Revolução Francesa. Uma razão moderna catita, um fideísmo vivido como um progresso em direção ao ateísmo, uma liberdade filosófica ilimitada, uma celebração da imanência, um desacoplamento do pensamento e da religião, todos os ingredientes se acham reunidos para gerar o gênio colérico de 1789...

Enquanto poupam a religião católica, apostólica e romana, enquanto respeitam Deus e os princípios da monarquia francesa, para evitar as desordens e a guerra civil, os libertinos barrocos limitam suas potencialidades radicais e críticas. Antes disso, era preciso domesticar certo número de ideias: a possibilidade de viver sem Deus, de pensar sem religião, de realizar uma comunidade política sem rei. Ainda não chegou a hora, sob um Luís XIV que governa com mão de ferro junto com a Igreja católica que se conhece, de um mundo sem Deus e sem Amo. Demasiada impregnação cristã dos espíritos, ainda que fortes...

Para se desfazer do Deus dos católicos – Deus onipotente, criador do céu e da terra, do universo visível

INTRODUÇÃO

e invisível... Deus punidor dos pecadores, Deus que abre as portas do Paraíso ou do Inferno... Deus onipotente, onipresente, onisciente... – e do rei, encarnação de Deus na terra, era necessário um filósofo que não fosse francês, que não fosse formatado pelo pensamento cristão. Um pensador poupado pelo molde da episteme apostólica e romana.

Esse filósofo existe: ele escreve enquanto certos libertinos barrocos farreiam; encontra um desses na pessoa de Saint-Évremond; lê atentamente Descartes, escreve um texto sobre ele, seu primeiro livro, e o publica em 1663; escreve contra a monarquia, a favor da democracia e da república desde 1670; não tem o espírito atravancado pelas histórias da carochinha que os católicos cultuam, porque é judeu; não é culpado tampouco por se sujeitar às fábulas da sua comunidade de origem, porque esta o rejeitou violentamente; pule lentes tranquilamente nos Países Baixos para suprir às suas necessidades e não mendiga nenhuma pensão real; por conseguinte, é absolutamente livre; escreve um livro ímpar no qual acaba com o Deus separado do mundo, o Deus criador e a natureza criada, um livro maior com o qual é finalmente possível deixar de enxergar a moral pelo prisma paulino.

Esse homem tem por nome Baruch de Espinosa. Sua obra arremata, consuma, conserva, supera e realiza a libertinagem barroca francesa – entre outros traços de gênio desse pensador maior. Seu vigor e sua potência conceitual rebaixam e superam os libertinos barrocos. Mas estes trabalharam para que um pensamento como o da *Ética* se tornasse possível. Não necessariamente de forma direta, porque Espinosa não lê francês e eles não foram traduzidos nas línguas praticadas por ele, mas as conversas e os intercâmbios epistolares com numerosos correspondentes não deixaram de lhe dar a conhecer o detalhe dos debates libertinos: com e em torno de Descartes, por exemplo. Talvez até, apesar do que se crê, com Vossius e Saint-Évremond... Em todo caso, com Espinosa, se arremata um momento filosófico enquanto se prepara a imensa aventura das Luzes. Este terceiro tomo da *Contra-história da filosofia* propõe a história da genealogia do pensamento crítico do século das Luzes.

PRIMEIRO TEMPO

Os libertinos fideístas

I
CHARRON
e "a volúpia prudente"

1

Uma má reputação. Na historiografia da filosofia, a reputação de Pierre Charron é execrável: como, por conseguinte, ele poderia ser verdadeiramente ruim? Os textos e as notícias consagrados a seu trabalho nas Histórias da filosofia ou nas Enciclopédias desferem uma série de malevolências na pessoa e acrescentam uma montoeira de lugares-comuns sobre seu pensamento e sua filosofia. A melhor coisa que lhe pode acontecer é que esses importunos o esqueçam e passem em silêncio por sua existência. Pelo menos evita-se, com isso, associar seu nome ao que ele não é e nunca foi.

De onde vem essa má reputação? Porque são necessárias muitas razões para fuzilar assim um homem de bem e contribuir para a negação de um trabalho que teve sobre a história e o desenvolvimento da filosofia ocidental uma influência considerável. De fato, pouco se sabe que, muito provavelmente, Descartes lhe deve em parte sua concepção da dúvida e seu talento sofístico para poupar a religião do seu rei e da sua babá; Pascal, sua teoria da aposta e seu quadro da miséria do homem sem Deus; Bayle, sua revolucionária doutrina do ateu virtuoso; Espinosa, uma quantidade considerável de pensamentos da *Ética*: a identificação de Deus e da natureza, a definição da Liberdade como consentimento à necessidade, ela própria outro nome de Deus, da Natureza e da Razão; seu desenvolvimento sobre as paixões tristes, a identificação do soberano bem à alegria; Montesquieu toma emprestada sua teoria dos climas; Rousseau o lê quando afia sua doutrina do homem naturalmente bom; etc.

De onde lhe vem portanto essa pouca consideração? O culpado tem um nome, que todos conhecem. O local do feito não apresenta nenhum mistério, foi identificado. As razões desse assassinato são conhecidas. A data de nascimento dessa maquinação também. O nome: Garasse, François. Suas datas: nascimento em Angoulême em 1585, falecimento em Poitiers aos 46 anos de idade no dia 14 de junho de 1631. Sua profissão: matador de aluguel a serviço dos jesuítas – aliás, eles acharão seu zelo tão excessivo que eles próprios lhe causarão problemas! O local do crime: um livrão, repleto de insultos, de ataques *ad hominem*, recheado de desconsiderações pessoais, besuntado de perfídias em todas as páginas, saturado de fofocas. O título dessa máquina mortífera: *Doctrine curieuse des beaux esprits de ce temps, ou prétendus tels: contenant plusieurs maximes pernicieuses à la religion, à l'État et aux bonnes moeurs, combattue et renversée par le Père François Garasse de la Compagnie de Jésus* [Doutrina curiosa dos luminares deste tempo, ou pretensamente tais: contendo várias máximas perniciosas à religião, ao Estado e aos bons costumes, combatida e derrotada pelo padre François Garasse da Companhia de Jesus], também conhecido pelo título de *La Doctrine curieuse*. Data: 1623 – com privilégio e aprovação.

Nem dá para contar as fórmulas assassinas, os nomes de pássaros – no sentido próprio, pois Charron é comparado a um "tucano, por só ter bico e plumagem", antes de se tornar, algumas páginas depois, "uma roda velha quebrada, desconjuntada"... "Beberrões", "biltres", "asnos" e "porcos" compartilham a retórica de Garasse com "covardes", "poltrões", "lorpas", "plebeus" ou "taberneiros", ou ainda "pé-rapados do populacho", "consciência degenerada", "miolo rachado", "dogmatistas autores de bufonarias", "arremedo de ateísta", e outras graças de linguagem...

Quando qualifica o trabalho dos espíritos poderosos, Garasse não recua diante de nenhum exagero, ou de nenhuma aproximação. Sua constante e despropositada utilização de certos termos torna problemático o uso destes há séculos: é o caso de "idólatra", "heresiarca", "epicurista" ou, mais ainda, "ateísta" e "libertino". Não lhes atribuindo nenhum conteúdo teórico, transforma esses substantivos em insultos – como fascista, stalinista, nazista, hoje em dia... –, vedando assim que no futuro possam ser utilizados em seu verdadeiro sentido: um adorador de divindades politeístas; um cristão que desvia da ortodoxia, mas cristão mesmo assim; um discípulo de Epicuro; um franco negador de Deus ou dos deuses; um pensador livre e emancipado dos dogmas da sua época.

2

Charron insultado, ultrajado, desprezado. O padre Garasse ataca portanto Pierre Charron no que concerne à sua vida privada, aos seus modos. Como quer fazer dele um ateu, o imoral príncipe dos libertinos, será portanto epicurista, na linhagem depreciativa estoica, paulina e cristã, um porco de Epicuro. Sua vida deve portanto demonstrá-lo. Para tanto, basta praticar a calúnia. Sabe-se que, utilizando esse veneno, sempre se obtém alguma intoxicação. Para Garasse e os seus, o benefício é considerável, tanto que seus efeitos ainda são sentidos em pleno século XXI.

Descrição do caso: Charron elogia a continência e a castidade, mas somente para os que devotam sua vida a Deus; faz trâmites para entrar num mosteiro; mora por vários anos com um cônego e sua sobrinha num convívio de muito respeito, em sua casa em Condom; não se sabe de nenhuma indecorosidade dele. Pois bem, na pena do sicário cristão, torna-se um apreciador de garotinhos – a "garotada" que corria e borboleteava em sua casa, um mulherengo, um mundano, etc.

No púlpito, teriam ouvido ele dizer que o que acontece na intimidade de um quarto e de uma cama não gera nenhum mal. Fino demais para isso, consciente demais das graves consequências sociais e políticas desse gênero de provocação, por demais teórico das verdades destinadas aos espíritos agudos e que não se devem entregar à gente comum, Charron por certo escreveu páginas sobre esse tema – em *De la sagesse*, ele dissocia claramente a sexualidade da culpa ou da vergonha –, mas é difícil imaginá-lo tendo a imprudência, logo ele, o teórico da prudência, de dizer coisas assim aos seus paroquianos!

CHARRON

Como epicurista convicto, o filósofo teoriza a recusa do luxo, do supérfluo, depois legitima a satisfação, e só ela, dos desejos naturais e necessários. Toma o exemplo da roupa, sustentando que ela deve proteger do frio e das intempéries, só isso. Donde sua crítica à seda, aos brocados, pérolas, tecidos preciosos. Que faz Garasse? Põe em circulação o boato de um Charron vestindo um comprido capote de tafetá cinzento sobre uma batina da mesma cor e de textura semelhante, com gola de pele de castor; outra vez, exibindo-se em trajes coloridos – gibão branco ou cores chamativas –, outra com os da sua missão.

Evidentemente, segundo a lógica do jesuíta, Charron só pode viver num lugar dispendioso, mobiliado com ostentação graças às somas consideráveis ganhas com as suas pregações. Ora, sua casa é um objeto filosófico, um local adequado, um gênero de Jardim de Epicuro em Condom. Na porta, mandou escrever: "*Não sei.*" Numa carta a La Rochemaillet, ele fala desse lugar saudável, bonito, que lhe permite receber seus amigos, conversar com eles numa bela biblioteca. É aqui, na calma do interior, que em 1601 ele termina seu grosso volume depois de mais de três anos de trabalho. Nem uma biboca, nem um bordel.

Por não ter gasto tudo em sua casa (!), Pierre Charron deixa uma soma considerável ao morrer. Além de uma parte destinada à irmã de Montaigne, seu amigo, ele destina *post mortem* esse dinheiro a jovens de Condom: a meninos, para seus estudos; a meninas, para seu dote. Pérfido, o padre Garasse escreve sem a sombra de uma prova que Charron tem por que se preocupar, em seu túmulo, com as crianças, pois concebeu tantas ilegitimamente e nunca as reconheceu. Decididamente, o jesuíta lida mal com o amor ao próximo e o respeito à verdade: nem pedófilo, nem luxurioso, nem caricatura de dândi, nem gastador, nem genitor negligente, Pierre Charron parece ter vivido como um sábio. Seu retrato real? Um filósofo solitário, trabalhador, amante da tranquilidade e da serenidade. Uma autêntica existência filosófica. Seu lema? "Pouco e paz."

Pierre Charron sofre do que Diógenes Laércio já nota em sua *Vida de Epicuro*: caluniar o homem para evitar a obra, desconsiderar a pessoa a fim de impedir a leitura do seu trabalho, sujar a memória de um ser com o objetivo de vedar o acesso a seus pensamentos. Pois quem pode ter vontade de ler os livros de um personagem que vai para a cama com garotinhos numa casa transformada em lupanar; que se exibe e passeia em trajes extravagantes nas ruas da sua cidadezinha; que escreve livros de moral e transforma sua paróquia em terreno baldio para mães solteiras? Quem?

3

Retrato de um sábio. Sua vida e sua obra depõem a favor da sua moralidade, da sua retidão e da sua coerência. Cristão ele sempre foi, do primeiro ao último livro. Certamente não como a Igreja gosta que as pessoas sejam, mas como filósofo inteligente que pensa sua fé, seu cristianismo e até se dá ao luxo, em *Les Trois Vérités contre les athées, idolâtres et juifs* [As três verdades contra ateus, idólatras e judeus] (1593), de proclamar o catolicismo como verdade do cristianismo. Em relação a essa ideia, ele nunca voltará atrás.

Esse filho de livreiro tem vinte e quatro irmãs e irmãos. Depois dos seus estudos de direito, torna-se advogado, abandona a advocacia por incapacidade de cortejar o mundo jurídico. A partir de então, utiliza seus talentos de orador em pregações e sermões muito concorridos no interior – Angers, Agen, Cahors, Bordeaux, Condom –, porque não gosta de Paris, oficialmente por seu clima. Pessoas se acotovelam onde quer que ele apareça no púlpito. Torna-se aliás pregador ordinário da rainha Margarida de Valois em sua corte de Neyrac. Na Igreja católica, ocupa certo número de cargos e funções: padre, pregador, cônego, teologal, escolastra (diretor de escola episcopal), delegado ao capítulo provincial, chantre, vigário-geral, reitor de várias paróquias. Por algum tempo quer ser cartuxo ou celestino – os monges lhe recusam a entrada no mosteiro. São muitas funções católicas para um ateu, um ímpio, um farrista...

Na década de 1580-1590, Pierre Charron encontra Michel de Montaigne. O acontecimento constitui uma sorte e uma maldição. Uma sorte, porque o escolastra de Bordeaux frequenta o filósofo no cotidiano e em sua intimidade. Suas conversas permanecerão sigilosas: nem um nem outro falam da sua amizade em seus livros. O próprio nome do amigo não aparece nenhuma vez nem nos *Ensaios* nem em *De la sagesse*, que, no entanto, tanto aquele quanto este contêm longos e substanciais desenvolvimentos sobre o assunto – Montaigne como romano, Charron como leitor da *Ética nicomaqueia*.

Uma maldição, porque, quando não atacaram Charron em sua pessoa e suas supostas indecorosidades, assassinaram-no como filósofo: ora dão destaque à sua carreira de religioso, lembrando sua breve filiação, logo lamentada, à Liga, e apontam os *Discours chrétiens* [Discursos cristãos] (1600) para confiná-lo na teologia e na apologética cristã, opção católica, se não militante contra a Reforma; ora, quando lhe concedem uma densidade filosófica, tratam-no de ladrão que saqueia Montaigne e não escreve nada de seu; ora retomam pura e simplesmente as alegações pérfidas de Garasse e o apresentam como um libertino nos piores sentidos do termo; ora, na esteira de um Hegel, que nunca chega atrasado para dizer uma tolice, denegam-lhe a qualidade de filósofo por não tomar o pensamento como objeto da sua reflexão (postulado ridículo!); ora, enfim, quando admitem lhe deixar um lugarzinho no pensamento, transformam-no em cético, rótulo que permite evitar uma verificação mais acurada, particularmente no texto...

4

A consistência de um pensamento. Que pensar dessas alegações? Deixemos de lado as mais ridículas. Quando Hegel escreve, em suas *Lições sobre a história da filosofia*, que Charron e Montaigne não pertencem à filosofia mas à "cultura geral", avalia-se o ridículo do filósofo alemão que tolera somente hipotéticos precursores para a sua obra. Outro mal-entendido, Charron reescrevendo os *Ensaios* de Montaigne e acrescentando confusão, desordem, peso. *De la sagesse*, no fim das contas, resumiria os *Ensaios*. Oitocentas páginas, isso é que é resumo!

Abordemos enfim Charron como tal. Porque, por muito tempo, lê-se menos sua obra por si mesma do que para nela encontrar a influência de Montaigne. Como eram amigos, trata-se de encontrar a prova disso, particularmente fazendo de um o mestre e do outro o discípulo, se não o escravo. Os especialistas em coisas montaignianas perseguem em Charron citações de frases, de ideias, de metáforas provenientes dos *Ensaios*. Ora, é preciso ler com os olhos da época: o direito autoral não existe, a propriedade literária e sua proteção também não, as convenções tipográficas – as aspas que assinalam o empréstimo, as notas de rodapé, as bibliografias – tampouco. Montaigne recheia seu texto da mesma maneira com os pensamentos antigos, e às vezes contemporâneos, sem ninguém se escandalizar.

Montaigne se encontra nele? Sim, mas outros também. É o caso de Guillaume du Vair ou de Justus Lipsius, que funcionam como interlocutores intelectuais ao mesmo título que o bordelês. *De la constance* [Da constância] (1590) de Du Vair proporciona a Charron numerosas ocasiões de reflexão: a relação razão-imaginação-produção das paixões tristes; relatividade dos males como a pobreza, a perda de filhos ou de amigos, a morte; a necessidade da temperança e da moderação; a universalidade das religiões como prova da existência de Deus; a crença no bem natural; o uso terapêutico da filosofia; e tantos outros temas...

Do mesmo modo no caso de Justus Lipsius que, com *Da constância* (1584), também fornece uma outra série temática: a necessidade de uma dietética das paixões para alcançar a sabedoria; a construção de uma força capaz de triunfar sobre os golpes da sorte; o necessário domínio de si sobre si; a possibilidade de construir uma sabedoria a partir apenas da razão; a utilidade do pensamento antigo para edificar uma reflexão contemporânea... E muitas outras ideias que, por não serem especificamente de Montaigne, Guillaume du Vair ou Justus Lipsius, estão no ar do tempo.

Não se preste pois a Charron uma mentalidade de ladrão onde ele reflete uma parte do espírito do momento! *De la sagesse* prova menos a ausência de originalidade do seu autor do que fornece o exemplo de um pensamento à escuta do que a história do momento pede: uma sabedoria prática desacoplada da teologia cristã, um recurso ao *corpus* da Antiguidade grega e latina, uma verdadeira vontade de filosofia terapêutica e não mais teorética.

5

O contrário de um cético. Quando se evitam os ardis que impedem o acesso à sua obra, quando se toma o cuidado de trabalhar o texto, descobre-se a necessidade de pôr igualmente fim a outro lugar-comum: Pierre Charron, filósofo cético. Todos conhecem a anedota de Montaigne mandando gravar uma medalha com estas palavras: "*Que sais-je?*" [Que sei eu?]. Se porventura Charron inscreve na porta da sua casa de Condom "*Je ne sais*" [Não sei], um turbilhão de tolices aparece nos comentadores: ele não entendeu o alcance da citação de Montaigne, ele transforma e transfigura uma questão em afirmação, empobrece a mensagem montaigniana, etc.

À parte o fato de que uma afirmação não é muito do estilo e da natureza do cético, parece peremptório transformar em pirrônico um filósofo que passa sua vida enunciando, em todos os seus livros sem exceção, as mesmas teses, as mesmas ideias, as mesmas exortações. Com essa inscrição, Charron afirma o seguinte: as certezas são obtidas dificilmente, com prudência; toda verdade parece frágil; a dúvida tem uma função heurística – Descartes se lembrará disso, como se sabe... – mas pouco sistemática: dúvida metódica aqui também, não como uma certeza de verdade, mas como uma técnica de pensamento. Em suas obras, Charron examina com precisão o que passa por verdade e que, muitas vezes, decorre do lugar-comum, da opinião pública e da crença popular. Contra a *doxa* da maioria, ele propõe a "*sophia*" do sábio.

Do mesmo modo que não se pode fatiar Montaigne e encerrar seu pensamento dinâmico, heraclitiano, em escaninhos úteis para colar etiquetas – período estoico, cético, epicurista, um depois do outro... –, Charron tampouco pode ser posto numa categoria. Claro, um trabalho de levantamento sempre possibilita fazer dele um discípulo do Pórtico ou um êmulo de Pírron, a não ser que se isolem citações que o reduzam somente ao Jardim ou ao Cinosargo...

Tudo isso parece parcialmente verdadeiro: ele é simultaneamente isso tudo por ser trabalhado, como todos os pensadores da época, pela totalidade da filosofia antiga, sem exclusões. Charron cético? Se quiserem. Charron estoico? Pode ser. Charron epicurista? É possível... Charron cínico? Claro. Mas com certeza não uma coisa com exclusão de todas as outras. *De la sagesse* vale menos pelas referências, citações, empréstimos – sempre fáceis de apontar, comentar, depois julgar – do que pela cor, estilo, tom e tonalidade geral da obra.

6

O trabalho da Antiguidade. Aos estoicos, ele toma emprestado um pedaço essencial da sua visão do mundo: a identificação da Razão, do Cosmo e da

Natureza, a ideia de que existe, nessas instâncias capazes de serem reunidas sob uma mesma realidade, uma força, uma potência, uma energia que percorre, funda, gera e mantém a totalidade do vivente. Uma espécie de Deus que não tem grande coisa a ver com o cristianismo, muito mais com o panteísmo pagão. A essa cosmologia que gera uma ontologia, depois uma teologia imanente, Pierre Charron acrescenta um gosto pela moral estoica: a célebre máxima "Suporta e abstém-te" faz maravilhas em todas as.épocas!

Do Pórtico, mas também do Cinosargo, cuja proximidade original é grande (Zena, Crisipo, Cleanto e Antístenes compartilham vários pensamentos maiores), *De la sagesse* toma emprestados a excelência das leis da natureza e o papel pedagógico dos animais, indicadores do bom caminho. Todos se lembram do camundongo ético, do arenque seletor, do peixe masturbador, do polvo metafísico de Diógenes... Ante as lições do Montaigne da *Apologia de Raymond Sebond*, Charron celebra a besta humana – ou descreve o animal humano.

Do estoicismo e do cinismo, ele retém a ideia de que a liberdade coincide com a obediência à necessidade, logo às leis da natureza. Estrada real para chegar à felicidade: perguntar à natureza como devemos nos comportar, o que podemos e devemos fazer. Os cães e os gatos, os pássaros e os ácaros nos ensinam isso tudo... Contra a opção cristã que submete o animal ao homem, depois instala Adão no topo da criação, e a serpente, depois os seus, bem abaixo, Pierre Charron defende a ideia de uma diferença, não de natureza, mas de graus entre ambos. Darwin dará a essa excelente hipótese sua formulação científica...

O filósofo acrescenta que às vezes, muitas vezes até, os animais mostram uma grandeza superior aos humanos: de fato, eles não tiram a vida pelo prazer de matar, não se comprazem infligindo dor e sofrimento; matam para comer, sem nenhuma outra razão cruel. Tampouco agem, aliás, como os filhos de Adão e Eva que se comprazem em voltar contra si a pulsão de morte, paixão funesta, e não acrescentam às suas misérias, já bem numerosas, as que eles produzem inteirinhas por si mesmos. Superioridade do cão (cínico) sobre o homem (cristão)!

Essa opção hedonista – crítica do ódio a si – trabalha o próprio texto de *De la sagesse*, em particular os numerosos momentos epicuristas do livro. Claro, como Montaigne, Charron não crê nos Átomos de Epicuro, como tampouco nas Ideias de Platão ou nos Números de Pitágoras. Mas, tal como o autor dos *Ensaios*, não desconsidera a vida nem a obra de Epicuro. Louva o rigor, a austeridade, a retidão, a honestidade, a temperança, a moralidade do "grande doutor de volúpia" (III, 39). Depois retoma por conta própria: a dietética dos desejos e sua distinção a partir dos critérios natural/necessário; a identificação da ataraxia – a "verdadeira tranquilidade de espírito" – ao soberano bem (II, prefácio e II, 12); as terapias do *tetrafarmacon* sobre a morte, o sofrimento, a dor, a felicidade...

Não se encontram nele referências a Platão. Nem favoráveis, nem desfavoráveis. Não há elogios ao dualismo, Charron considera o corpo e a alma intimamente unidos, indissociáveis – muito embora uma vez (I, 2) fale do "estrume" do corpo e do "pequeno deus" que é a alma, mas quase na abertura da obra, como que para dar garantias aos leitores mal-intencionados e apressados...; não há referências ao *Fédon* e à sua tanatofilia, Charron a critica, mas tem a habilidade de não remeter nem ao platonismo nem, é claro, ao cristianismo...; não há citações prazenteiras da *República*, a política do filósofo de Condom procede do Príncipe doce, esclarecido, temperante, justo, e não do Rei com plenos poderes.

Aristóteles, o filósofo emblemático da escolástica, nunca aparece. No entanto, quando Charron consagra um capítulo inteiro à questão do amor e da amizade, quando prossegue sobre a economia doméstica, quando trata da família em suas considerações sobre a mediedade como virtude, do justo meio, da temperança e da prudência, imagina-se mais uma leitura da *Ética nicomaqueia* que uma demarcação em relação a Montaigne!

Poder-se-ia reescrever indefinidamente *De la sagesse* sob o signo do trabalho da Antiguidade. Não é interessante... As cores céticas, estoicas, cínicas, epicuristas, mas também a ausência de cromatismos platônicos ou aristotélicos produzem uma pintura singular. Para dar uma unidade a esse comércio efetuado na ágora e no fórum dos grandes antigos, existe uma figura sintética, cardeal, emblemática: Sócrates. Não o de Platão, mas o filósofo que, à maneira de Diógenes e Aristipo, empreende uma construção de si, visa e quer a sabedoria, põe tudo em cena em sua existência para construir uma vida filosófica. *De la sagesse* avança uma proposição socrática para todos.

7

Procurar em si o que se mexe. A empreitada de Pierre Charron se situa mais efetivamente sob esse patrocínio intempestivo: um projeto socrático, uma vontade de reativar para esse novo século os princípios de sabedoria do sileno. Primeiro procurar nos conhecer, saber quem somos. Nesse sentido, e somente nesse, ele excele como discípulo de Montaigne. Mas, como bom discípulo que se desprende de um mestre que não teria nem desejado nem querido uma pálida cópia, Charron se faz fiel – ele parte em busca do homem interrogando-se a si mesmo –, depois infiel: porque o que encontra é ele, e não seu amigo... Montaigne fala de si, conta anedotas, esboça uma autobiografia literária, depois filosófica, sem distinguir os dois registros. Charron se recusa a recorrer à primeira pessoa. Ele nunca diz eu – salvo duas vezes, revelando seu lema – "Pouco e paz" –, depois falando da sua casa filosófica em Condom. Duas ou três linhas somente.

Vocês se lembram, o ancião conta sua queda do cavalo, os mistérios do seu gato, seus encontros com assaltantes nos bosques ou no castelo, dá notícias do seu pênis pequeno, recorda o gosto dos beijos femininos em seu bigode, fala do seu vinho clarete e da sua paixão pelas ostras, etc. Não há nada disso no teologal: ele olha para si, claro, mas para extrair uma teoria, tirar uma quintessência. Parte com isso em busca do homem, por e para o qual constrói sua sabedoria imanente.

Donde um elogio da introspecção: tentemos conhecer o que somos para saber o que podemos, depois o que devemos. Trabalho longo, considerável, que requer uma atenção a todo instante e uma preocupação com a minúcia. Observar-se como um outro si mesmo com a paciência do entomologista. Deter-se nas palavras e nas ações, nos fatos e nos gestos. No corpo do livro, Charron convida até a ir mais longe, a questionar os pensamentos mais secretos, suas origens, movimentos, durações e repetições. Visar "em si o que se mexe", escreve ele. Não negligenciar nada: buracos, cantos, recantos, desvios, esconderijos e segredos. A que acrescenta a necessidade de se preocupar com os sonhos – os sonhos vindos durante a noite. Preocupação barroca – e moderna...

8

A invenção de uma sabedoria laica. Volta a Montaigne. Pierre Charron dirige a escola episcopal de Bordeaux quando provavelmente encontra o filósofo pela primeira vez no âmbito das suas respectivas funções. Na época, Montaigne havia publicado os dois primeiros livros dos *Ensaios,* havia sido prefeito e se preparava para um novo mandato. Temos certeza de uma data, a de 2 de julho de 1586, pouco depois da peste que assola a região. Nesse dia, na torre de Montaigne, o filósofo oferece a Pierre Charron um volume de Bernardino Ochino (1487-1564), *O catecismo ou a verdadeira instituição cristã* (1561). Numa página interna, o dono da torre redige uma dedicatória, assina, data e acrescenta, em latim: "*livro proibido*"...

Por que proibido? O que contém essa obra de tão sulfuroso para que a Igreja católica, apostólica e romana vede a sua leitura? Que relação mantêm esses dois amigos para que o livro do italiano – Bernardin Ochin em francês – seja objeto de um presente do filósofo ao teologal? Houve discussões sobre, em torno de, com, a partir de, a propósito de ou em relação a esse *Catecismo?* Provavelmente, mas nunca se saberão os motivos. Só hipóteses...

Porque podemos supor, especular a partir do conteúdo: Bernardino Ochino – Bernardinho do olhinho... – não para de intrigar! Pregador sem igual – faz as pedras chorarem... –, esse franciscano que virou capuchinho converte-se ao protestantismo mas não abandona seu cargo de padre, a fim de promover a religião reformada em suas pregações! Notadamente a ideia da preeminência da fé sobre o resto. Inquietado, perseguido, exilado, finalmente pastor na Suíça, casado, pai de família, viúvo, erra na Europa na segunda metade do século XVI. A morte o encontra numa comunidade anabatista morávia em 1564. Está com 77 anos...

E a obra? Ochino advoga a abolição da pena de morte e, principalmente, a separação entre registros espirituais e temporais. Ele deseja que magistrados e religiosos evoluam cada um em seu registro. Claro, a ideia não é nova, pois, na Itália, Marsílio de Pádua a sustenta em *O defensor da paz*, em 1324. Muito cedo portanto. Essa ideia não é de ateu, de mau crente, de infiel, ao contrário do que deixa crer a Igreja, mas de laico. Cada um no seu canto, nada de os assuntos políticos se imiscuírem na religião, nem o inverso.

Montaigne, evidentemente, defende essa ideia de uma autonomia da filosofia, logo da moral, e da teologia, mas Pierre Charron dá um passo além e o faz saber claramente no início do seu livro maior: não escreve para os teólogos, para os padres, para a Igreja, não quer "instruir para o claustro ou para a vida conciliar" – como esclarece desde as primeiras linhas –, mas "para a sabedoria humana, e não divina". Trovoada na história da filosofia: preto no branco, eis sem meias palavras a certidão de nascimento da moral laica. Estamos em 1601...

Entendamos laico como o que se emancipa da religião, da teologia, dos Evangelhos. Emancipar-se não quer dizer renegar, dar as costas, contrapor-se sistematicamente. O tempo da transvaloração ainda não chegou, é preciso aguardar Nietzsche – que, para informação, presta homenagem a Pierre Charron e a "seus lados fortes"... Independência, autonomia, separação, demarcação. De uma parte, de outra; de um lado, de outro; aqui, ali. Dois registros, dois mundos, dois universos, cada um dispondo das suas leis. Vale dizer, uma revolução, naquele momento em que as cinzas de Giordano Bruno repousam, apenas frias, no Campo das Flores romano...

Baldassare Castiglione efetua, já em 1528, um trabalho de emancipação discreta da moral e da religião com *O cortesão*, um tratado em que faz o elogio da graça, do estilo, do *páthos* da distância, da grandeza de alma, do corpo e da alma sublimes, mas destinado à gente da corte, da aristocracia, distante do homem em geral e de todo homem em particular; Giovanni Della Casa procede do mesmo modo em 1558 em *Galateo ou Dos costumes*, um manual do refinamento, uma arte do bem viver e das boas maneiras – a urbanidade, a polidez, a cortesia, a delicadeza, a conversa –, mas aqui também o público visado é muito restrito: a nobreza, com exclusão de qualquer outra categoria social. Um pouco mais tarde, Baltasar Gracián e seus tratados (*A arte da prudência*, 1647, e *O discreto*) segue os passos deles. Mas o povo não tem nada a ver com essas coisas, o Evangelho lhe basta. Que trabalhe e sofra em silêncio, é só o que lhe pedem.

Pierre Charron escreve um livro para todos e para ninguém. Seu público não é a corte da França, a aristocracia do país, as cabeças coroadas; nem os teólogos da Igreja católica ou os membros do clero; tampouco os filósofos especialistas na escolástica aristotélica; mas se dirige desde o prefácio ao "homem como homem". Montaigne fala a si mesmo, sobretudo, acessoriamente aos outros homens, se porventura eles acham modo de garimpar nos *Ensaios* material para sua própria edificação. De sua parte, Charron destina suas palavras a todo o mundo. Laico, portanto, mas também explicitamente universal...

9

A progenitura de um padre. Mais um desvio por Bordeaux: Montaigne deplora sua descendência sem filhos homens. Nessa família em que sua esposa, sua mãe e as filhas ocupam todo o espaço, ele lamenta a ausência de um genro ao qual possa deixar seu legado. Ele que construiu sua nobreza com grande determinação – para deixar bem longe, lá atrás, suas recentes origens plebeias de peixeiro... –, ele que amava suas armas a ponto de mandá-las pintar na capela da sua Torre, ele que deu sumiço a todo vestígio de plebeísmo recente desde a morte do pai, ei-lo que transmite a Pierre Charron as insígnias do *Sieur* Michel, Senhor de Montaigne. O que isso significa? Que o teologal pode valer-se delas, claro, mas, além desse aspecto anedótico, o que significa essa transmissão de armas, de nome, de distinção nobiliárquica, a um homem da Igreja, obrigado como tal ao celibato, à virgindade e à castidade? Porque Charron não podia ter filhos, seu estatuto lhe impedia uma descendência de carne e osso.

Por conseguinte, o gesto pode significar que Montaigne espera do amigo um ensejo de continuar um combate, de defender ideias, de dar à luz uma linha espiritual da qual não teria de se envergonhar. *De la sagesse* vê o dia após a morte de Montaigne; o livro existe como um filho: fiel e infiel, que veio de si mas depois se foi, dependente e independente, saído do seu corpo e da sua alma, mas dispondo da sua própria carne e do seu espírito, capaz de aproveitar desse dom para negá-lo, esquecê-lo, superá-lo. Além da morte, Montaigne e Charron realizam nessa operação uma amizade que a historiografia não avalia por seu justo valor... Porque houve em Montaigne um após e um além de Étienne de la Boétie.

10

Rins, testículos e outros miúdos. Quando começa seu imenso trabalho em busca de uma sabedoria imanente e laica, Pierre Charron deseja responder primeiro a esta pergunta: o que é o homem? Ele mantém sua aposta de não resolver esse problema indo procurar nos teólogos e nos filósofos, tantas vezes cúmplices, e pesquisa antes nos tratados de anatomia, de fisiologia e de medicina. Um homem é, antes de mais nada, uma montagem de matérias, de órgãos, de sentidos – peças que descobre, quase todas, "redondas ou orbiculares"! Ossos, medula, músculos, veias, sangue, nervos, artérias, tendões, ligamentos, cartilagens, humores, gordura, vísceras, estômago, quilo, baço, rins, tripas, coração, pulmão, cérebro, nariz, boca, etc. Nada mais material, ou materialista, como ponto de partida! O homem como homem é, antes de mais nada, o homem físico: um corpo.

Esse corpo não é mutilado, cortado, separado, com a alma de um lado, a carne do outro. Claro,

Charron é partidário de dois princípios, mas suas digressões sobre a primeira não fazem dela uma entidade imortal, eterna, incorpórea, mas antes uma "forma essencial vivificante" (I, 7), ativa tanto nas volutas da planta, na alma sensitiva do animal, quanto na vida intelectiva do homem. De fato, menos uma alma católica, apostólica e romana, mais uma alma estoica – "*pneuma*", "*physis*"...

Aliás, ele não separa a alma do corpo. Não se isolam esses dois princípios à maneira de duas substâncias dissociáveis. Sua união é absoluta; sua ligação, total. Montaigne ensina essa verdade descoberta por ocasião da sua queda do cavalo. Charron defende igualmente essa tese que, embora não sendo materialista, tampouco é monista: "a alma está toda no corpo" (I, 7), uma jaz no outro, como a forma na matéria, impossível de considerar separadamente e constituindo uma só "hipóstase", um sujeito inteiro: o animal.

Charron vê a alma nos lugares estratégicos do corpo: a genitália para a libido, o fígado para as faculdades naturais, o coração para as vitais, o cérebro para as intelectuais. Imaterial, portanto, mas localizável, visível e identificável. Esse monismo constituído de focos irradiantes com partes específicas parece uma visão das mais imanentes! Após a morte, o filósofo pensa que a alma pertence à religião – e, esperto, conclui que não é esse o tema do livro!

11

Um Deus não muito católico. Evidentemente, Pierre Charron é cristão. Inaceitável imaginá-lo como personagem dúplice: de dia católico, dizendo a missa, confessando, ministrando os sacramentos, escrevendo livros em que exalta os méritos da religião cristã; de noite, ateu, farrista, amigo dos pederastas, fomentador de pensamentos ímpios. Alguns, mal-intencionados, creem ver uma contradição entre as *Trois Vérités* e *De la sagesse*: a primeira obra defende a religião católica contra todas as outras, a segunda enuncia proposições não muito católicas.

Ora, de 1594 – data da sua primeira obra, *Trois Vérités contre tous athées: idolâtres, juifs, mahométans, hérétiques et schismatiques* [Três verdades contra todos os ateus: idólatras, judeus, maometanos, heréticos e cismáticos] – a 1603, ano da sua morte, Charron defende uma só e mesma ideia: a superioridade do catolicismo sobre o judaísmo, o protestantismo, o islamismo e o ateísmo. Por uma razão bem simples: é a religião do seu país, e ele quer a paz civil numa França que acaba de sair de guerras de Religião fratricidas, sanguinárias e deploráveis. Demonstração agora: Deus é universal, mas as formas assumidas por seu culto, múltiplas e particulares. Na esteira de Montaigne, ele sabe que as pessoas nascem católicas, como perigordinas ou alemãs. A religião? Um fator de coesão social, um cimento comunitário. A Igreja, evidentemente, não aprecia esse gênero de argumento. Tampouco a Sorbonne, que declara em 1603 ser o livro inaceitável por motivo de fideísmo. Até que não enxergou mal...

O Deus de Pierre Charron não tem muita coisa a ver com o dos *Pensamentos*: o famoso Deus de Abraão, de Isaac e de Jacó. Charron não é por um Pai de Cristo – de que não trata nesse livro –; nem por uma figura antropomórfica que represente a forma do corpo, o rosto, nem pelos sentimentos, paixões e afecções que lhe atribuem: um Deus ciumento, vingador, contabilista das ações humanas, um Deus colérico, zangado, quantas inépcias; nem mesmo uma potência com a qual a gente entra em comunicação no modo das oferendas, do sacrifício, da prece ou da invocação; do mesmo modo, portanto, Deus também não entra em relação direta, pessoal e particular com os homens. Diante de todas essas crenças, o autor de *De la sagesse* utiliza uma palavra que Lucrécio e seus epicuristas não renegariam: "superstições" (II, 5)...

Conclusões: não se tem nada a esperar de Deus, decerto, mas, melhor ainda, não se tem nada a temer ou a recear. O Juízo Final? Impossível nesse caso. A balança divina, o pesador das almas, a destinação infernal ou paradisíaca? Histórias que não dizem respeito ao sábio ou ao filósofo. Uma danação definitiva, uma salvação para sempre na forma de vida eterna? Não há por que temer, essas hipóteses não são consideradas pelo amigo de Montaigne – o qual também não acreditava nelas...

12

Dois regimes de Deus. Deus dos filósofos então, para retomar o termo da alternativa pascaliana? Sim, se quiserem. Deus de um filósofo. De um filósofo que deixa a teologia para os teólogos, para a gente da Igreja, decerto, mas que, no terreno da sabedoria humana, imanente, convoca outro Deus: Deus é a Razão; a Razão, a Natureza; e a Natureza, a Necessidade. Está assim resolvido o problema da maneira mais simples. Quando na pena de Pierre Charron lê-se uma dessas três palavras, pode-se com igual vantagem substituí-la pelas duas outras, à vontade (III, 38).

Anteriormente, a ideia existe nos estoicos; posteriormente, vamos encontrá-la alguns anos mais tarde na pena de Espinosa, poderosamente trabalhada pelas ideias libertinas. É conhecida a célebre fórmula "*Deus sive natura*" – Deus ou a natureza – encontrada no prefácio da quarta parte da *Ética*. Essa fórmula "Deus ou a Natureza" se acha explicitamente em *De la sagesse* (III, 2). E, com ela, as teses decorrentes: esse Deus, benevolente, age como ideal da razão pura prática, organiza o real, lhe dá um sentido, estrutura a realidade e suas modalidades, porque coincide com a razão, o real, o sentido, o mundo e o que existe. Não há separação entre Deus e o mundo.

Deus? A natureza nos instrui sobre ele. Ela nos ensina a encontrá-lo. A introspecção leva a ele, a interrogação do que, em nós, provém da natureza desemboca em sua verdade. Os animais levam a esta razão essencial: os homens, desnaturados, esquecem seu destino que consiste em seguir o que a natureza (lhes) ensina. Logo o que Deus (lhes) diz. O soberano bem, conquanto se identifique com a tranquilidade de espírito, também é a vida segundo a natureza (II, 3). Essa indexação do seu pensamento ao querer de Deus, logo da natureza, gera uma alegria – idem para Espinosa... – que atesta a natureza hedonista da moral laica de Pierre Charron.

De sorte que somente as inteligências extraviadas ao longo da leitura dos seus diversos escritos fazem da obra de Charron um campo de batalha ateu, se não anticristão. Porque, por um lado, o escolastra ensina a necessidade da religião católica; por outro, o filósofo nos diz que Deus coincide com a Razão na Natureza: a primeira é necessária à existência e à duração de uma comunidade social e política – francesa, no caso –; a segunda permite a existência e a duração de uma sabedoria humana e imanente – universal de fato.

Nenhuma contradição entre essas duas opções, mas a manifestação de um pensamento realmente, fundamentalmente laico, com uma separação das duas ordens e um ponto de junção entre o coletivo e o individual, a particularidade de uma Nação e a existência de uma multiplicidade de soberanias subjetivas. Assim, o teologal pode muito bem justificar o fato de ir à missa aos domingos (II, 5) – obrigação do primeiro regime de pensamento –, mas por ele, e não por Deus – princípio do segundo regime de pensamento. Diante do altar, numa igreja da sua terra, o católico reza: ele pergunta o que Deus ordena, solicita-lhe o poder da Natureza e da Razão nele. Assistindo ao ofício, o cristão preserva a essência da sua terra e assegura a excelência da sabedoria.

13

Rumo à alegria de existir. Quando se compreende a teologia imanente, a ontologia monista, a metafísica laica de Pierre Charron, Deus existe, decerto, mas como em Epicuro, Lucrécio e os epicuristas: sem risco para os homens, sem representar uma ameaça permanente em sua vida cotidiana. Antes como um cordial, uma ajuda a ser. Viver sem cessar sob o olhar de Deus deve ser lido assim: viver sem cessar sob o império da natureza, ou ainda: viver sem cessar na ordem da razão. É o bastante para conjurar e dispensar um motivo poderoso de temor – paixão triste: o medo do juízo de Deus.

Procura-se em vão, no calhamaço de oitocentas e noventa e seis páginas que é *De la sagesse*, considerações sobre o pecado original, o erro, o inferno, a danação ou a cólera de Deus. Ou então a condenação da sexualidade, a desconsideração do corpo, que daí habitualmente decorrem desde as teorias de santo Agostinho. Sem Deus travestido de bicho-papão, a moral volta a ser o que nunca deveria ter deixado de ser: uma proposição de regras de boa conduta visando uma intersubjetividade pacífica e jubilosa. O trabalho do amigo de Montaigne contribui poderosamente para isso.

Primeiro trabalho, a crítica do cristianismo quando ele preza a dor e o sofrimento. Charron fustiga esse talento que têm os homens de acrescentar males às suas mal-aventuras costumeiras – "*heautontimoroumenos*", dizia Terêncio – e a hábil utilização desse tropismo funesto pela religião católica. O sofrimento? A dor? Como discípulo de Epicuro, faz dele o mal absoluto (III, 22), o único, o maior, o que é preciso impedir e evitar absolutamente, tarefa prioritária de toda moral. Fundamento de toda ética hedonista...

Nessa ordem de ideias, os homens, preocupados em contribuir para o aumento da negatividade, inventam sofrimentos *post mortem*. Prevenidos pela montagem metafísica de um Deus-Natureza-Razão-Necessidade, não subsiste mais nenhuma razão de temer. Ao que Charron acrescenta que um Deus que se deleita com o espetáculo que os homens se infligem por ele, em seu nome – mortificações, macerações, cilícios, ascetismo extremado, continência sexual, etc. –, definiria uma divindade bem estranha! Privar-se dos prazeres da existência, esta é a falta maior: porque, praticados com moderação, se não são contrários à natureza, nenhum deles é proibido.

A finalidade? "Fruir lealmente do seu ser" (II, 5). Recusar a vida? Passar ao largo do que ela oferece? Preferir a morte? Proibir-se as recreações e outros passatempos? Detestar as funções naturais, como comer, beber, fazer amor? Achar o sofrer fascinante? São sinais de um espírito perturbado, de uma alma doente. Contra essa perversão mortífera, patológica, visemos a sabedoria alegre a que Charron convida desde o prefácio do seu livro: uma filosofia "gaia, livre, alegre, picante e, se for preciso dizer, festiva, mas bem forte, nobre, generosa e rara". Eis o programa: aviso aos apreciadores...

14

As volúpias moderadas. Outro sinal hedonista, a condenação não do prazer em si, em absoluto, mas relativamente ao seu uso. Charron se detém um pouco na questão da sexualidade. Por que razões deveria ser vergonhosa? Ela é natural porque desejada por Deus. Melhor: ela é divina, já que natural. Faz parte do plano divino que a libido encontre sua justificação na Natureza, que quer o acoplamento para atingir seu fim: a propagação da espécie. Assim, o prazer é um tempero da Natureza. Por conseguinte, a volúpia pertence à razão corretamente compreendida.

A religião católica quer a continência para todos? Erro. Charron não questiona o celibato dos padres, não convida os membros do clero a uma sexualidade livre e confirma a excelência da abstinência no caso de uma vida consagrada ao serviço do Deus cristão. Em compensação, para o homem comum, que ideia esquisita! Proibir-se a sexualidade e o prazer que a acompanha? Como, diabos, essa mutilação poderia ser agradável a Deus?

A sexualidade – e o mesmo vale para a comida, a bebida, o sono e toda modalidade de relação com o mundo – deve evitar os excessos: excesso na carência, excesso no dispêndio. Nem demais, nem de menos. Nem ascetismo, continência ou virgindade perpétua; nem devassidão, luxúria ou estupro. Como no caso do mel: com a ponta dos dedos, não a mancheias. De tanto querer bancar o anjo, escreve Charron citando Montaigne, o homem acaba bancando a besta. Pascal se lembrará disso... A solução? A moderação, a medida justa, o equilíbrio, a boa distância entre privação e intemperança. Em matéria de sexualidade conjugal, o teologal chega ao ponto de dar conselhos: três vezes por mês para uma "volúpia moderada" ou uma "volúpia prudente e consciensiosa" (III, 12)... Mas Charron se retifica: esse número, indicativo, não obriga ninguém!

Lição epicurista: não se comprometer no que perturba a tranquilidade adquirida. A prudência tem por objeto o contentamento de si e todas as virtudes que permitem um livre e pleno gozo do seu ser. Emprestar-se, sempre; dar-se, nunca. Guardar dentro de nós o que constitui nossa força, nossa autonomia, nossa independência, nossa soberania. Nada é pior, para o sábio, do que um estado, um fato, uma situação, uma pessoa pondo em risco a serenidade obtida com tanta luta graças ao controle das paixões e dos afetos.

15

A arte de uma sabedoria alegre. Como realizar essa sabedoria laica e imanente? Um corpo desculpabilizado, desviado da paixão mortífera, preocupado com volúpias prudentes se obtém por uma terapia. Charron efetua um retrato aterrorizante da miséria do homem – Pascal acrescentará "sem Deus"... Fraqueza, vaidade, inconstância, miséria, orgulho, presunção, joguete da fortuna: "semente de ouro em seu começo, esponja de imundice e saco de misérias em seu meio, fedor e carne para vermes, seu fim" (I, prefácio do capítulo 36). Frase barroca sublime... Retrato de uma verdade crua, absolutamente crua, da natureza humana.

Para deixar para trás a miséria, façamos tábula rasa. Descartes utiliza essa expressão no *Discurso do método*, como se sabe. Charron fala sucessivas vezes da necessidade de esvaziar a alma para obter um suporte branco que se possa tingir. E como obter esse suporte virginal? Suprimindo o parecer da maioria, livrando-se dos lugares-comuns, descartando as opiniões do homem comum, fazendo a faxina metafísica. A dúvida metódica, dirá o poitevino...

Uma vez reencontrada essa simplicidade das origens, basta apelar para a ascensão da razão em nós: ela é sempre boa conselheira. O objetivo? Alcançar a probidade, virtude das virtudes. Ela define a arte de nos acomodar à natureza pela razão; ela permite escolher o melhor modo de vida adaptado ao natural de cada um; ela torna possível regrar seus desejos e pensamentos; ela assinala a piedade, que é submissão a Deus-Natureza-Razão e Necessidade; ela traz consigo a doçura – entre si e si, depois entre si e os outros; ela abre a possibilidade da meditação justa, da ação prudente e do comportamento temperante. Com a probidade, o sábio sabe viver, e pode portanto morrer sem medo nem angústia.

OS LIBERTINOS FIDEÍSTAS

As receitas se parecem como duas gotas d'água com as de Epicuro: uma aritmética do desejo, uma dietética do prazer. Distinguir os desejos naturais, logo justos, dos outros. Naturais? Comer, beber, vestir-se, deitar-se com sua companheira, tudo isso no justo equilíbrio que se sabe. Os contrários à natureza – todos os demais... – devem ser evitados, ou melhor, deve-se até mesmo trabalhar para impedir seu surgimento, o que é muito mais simples do que se bater para fazê-los desaparecer uma vez que apareceram. Estratégia do evitamento.

Dentre as coisas a evitar, as "paixões incômodas", de que encontramos um eco em Espinosa na expressão "paixões tristes"... A saber: medo, tristeza, cólera, ódio, inveja, vingança. A forma de vida habitual da maioria. Um sábio se arranja para dominar a definição delas, seu modo de surgimento, suas manifestações, seu perigo, sua perfídia, etc. Uma vez teoricamente circunscritas, ele evita, ao menor sinal de reconhecimento, dar-lhes oportunidade de agir: disso depende a sua serenidade.

O medo? Inútil: o real tem mais de um trunfo na manga e se manifesta com frequência sob formas inesperadas e imprevistas. E, depois, ter medo é ampliar os riscos, torná-los presentes apesar de sua ausência. Enfrentar o real, sim; bater-se contra moinhos de vento, ficções, fantasmas, não. Já existem desgraças demais, não é útil suportar catástrofes potenciais, o real basta. A tristeza? Não é necessária: o divertimento – futura munição para Blaise... – parece preferível. Dirigir o espírito para coisas agradáveis e doces proporciona um remédio eficaz para a acédia. A cólera? De jeito nenhum: deixá-la estourar é dar razão ao adversário que deseja nos pôr nesse estado. O ódio? Nunca: mais vale ter dó da pessoa que cogitamos detestar. A inveja? Deve ser afastada: a cobiça sempre se paga com uma renúncia à serenidade. Mesma observação quando obtemos o que desejamos: conservá-lo nos coloca no mesmo estado – trabalho à vista para o sapateiro e o financista... A vingança? Ao contrário: esse vício avilta, a clemência engrandece. Evitemos condescender com essas espirais mortíferas. A inveja? Não: se duvidamos do pouco, mais vale se tornar digno do seu desejo.

A técnica parece simples: transformar um inconveniente em vantagem, uma negatividade em positividade. Um escolho? Boa oportunidade para medir nossas forças. Uma dificuldade? Uma razão para mobilizar nossa energia. Um aborrecimento? Uma oportunidade para tensionar nossa vontade. Todas essas paixões devem nos ajudar a nos construir sábios. Na descoberta de uma emoção detestável encontremos, antes, o poder de evitar, de represar, com técnicas úteis para forjar nosso caráter e nosso temperamento.

16

Aparecimento do ateu virtuoso. Essa sabedoria imanente, laica, não sem Deus nem sem religião, mas com novas definições dessas duas velhas instâncias, afasta o padre e o teólogo para ceder todo o lugar ao sábio e ao filósofo. Não é de espantar que a Igreja e a Sorbonne não tenham gostado de *De la sagesse*! Pede-se para Pierre Charron *abrandar*, conforme a expressão consagrada, certas passagens que parecem vivas demais à casta cristícola. O teologal trabalhava na segunda edição quando a morte o surpreendeu indo encontrar seu editor – que responde pelo bonito nome de David Douceur [Davi Doçura] – na rua Saint-Jean-de-Beauvais, em Paris, no domingo 16 de novembro de 1603, por volta das treze horas. Algum tempo antes, dificuldades cardíacas haviam chamado sua atenção para a saúde afetada. Tarde demais: cai de joelhos na rua, vem abaixo fulminado por uma apoplexia – conforme a expressão da época.

Os médicos o declaram morto, depois se retratam – ah! Molière... Pierre Charron, dizem, é posto no túmulo, depois tirado da sepultura para se certificarem do seu passamento. Dois dias mais tarde, seus funerais são celebrados na igreja Saint-Hilaire. Na nave, expõe-no com rosto descoberto, em seus trajes sacerdotais. Termina sua existência onde a tinha começado, porque nesse edifício ele havia recebido o batismo sessenta e dois anos antes.

Depois da sua morte, o pensamento de Pierre Charron se difunde como um rastilho de pólvora: um número considerável de edições, de leituras por tudo o que o Grande Século tem de grandes e pequenos, de oficiais e alternativos, uma influência considerável. Lido com atenção, também encontramos em *De la sagesse* um elogio da virtude, mas principalmente esta ideia revolucionária: pode-se ser ímpio, incréu, ateísta até, *e* virtuoso (II, 3 e II, 5). Essa ideia passa por ser de Pierre Bayle em seu *Dictionnaire historique et critique* [Dicionário histórico e crítico] (1696); ela se encontra quase um século antes (1603) na pena de Pierre Charron.

A que – pepita para os libertinos... – podemos acrescentar um elogio da máscara (II, 2, 8, 9) e dos comportamentos dissociados. Sua concepção laica supõe a separação entre Fé e Razão, Religião católica e Sabedoria filosófica. Mas como fazer quando se é um só e mesmo homem? Charron resolve a contradição: fora, dizer e fazer de uma maneira; dentro, pensar como quiser, livremente. Nunca renunciar à sua liberdade de espírito, de juízo e de consciência. Para o mundo, um comportamento; para si, um pensamento outro, até mesmo em contradição. O corpo deve dizer uma coisa e mostrar que permanece fiel aos princípios, às leis, aos modos e costumes do país; o espírito tem toda latitude para crer no que quiser. Porque o sábio vai mais depressa, mais longe que a maioria das pessoas. Se ele diz em voz alta o que pensa em voz baixa, ninguém duvida de que choque ou, pior, cause distúrbios. Publicamente, o sábio irá portanto, aparentemente, contra sua razão, mas com razão e com o fito de preservá-la intacta dentro de si.

Fica evidente que, uma vez morto e enterrado, Pierre Charron ausente, mas autor dessas teses revolucionárias, serve de acelerador para um pensamento realmente subversivo. O ateu virtuoso e o filósofo mascarado, eis uma boa matéria para debates, pensamentos, escritos, livros, libelos, discussões em todos os níveis da sociedade e da comunidade filosófica. Charron inaugura outro Grande Século, alternativo, sucessiva ou simultaneamente cético, hedonista, materialista, epicurista: o dos libertinos barrocos. A partir de então, o cristianismo inicia um suave mas irremediável declínio.

II
LA MOTHE LE VAYER
e "o gozo de si mesmo"

1

Retrato de um discreto. Na miscelânea que são as obras completas de François La Mothe Le Vayer – opúsculos, pequenos tratados, diálogos, discursos, considerações, juízos, observações, homilias (sic), memorial, solilóquios, etc. –, buscam-se em vão considerações autobiográficas. Mal encontramos uma ou duas confidências, e mesmo assim é preciso deduzi-las, supô-las, avaliá-las em função do que já se conhece do personagem. A obra inteira ocupa a frente de uma cena confidencial, o personagem desaparece sob seu discurso... Mais discreto? Impossível...

O que é um discreto? Retomemos a definição dada por um barroco contemporâneo de La Mothe Le Vayer, Baltasar Gracián, em *El discreto* (erroneamente traduzido para o francês como *L'Homme universel* [O homem universal] por Joseph de Couberville). O discreto, uma das modalidades do herói, segundo o jesuíta..., sabe esperar sua hora; ele dispõe de uma grandeza d'alma sem ostentação; excele na equanimidade; em todas as horas sabe se emprestar preservando-se, sem nunca se dar nem se alienar; penetrante, é impenetrável; reservado, sabe não se prodigalizar; singular, pratica a polidez como uma arte da boa distância, sendo essencial não se prodigalizar em demasia; o sábio de Gracián pratica a virtude, outro nome das boas maneiras, do estilo, do bom-tom, do que num outro livro, *O herói*, ele chama de "não sei quê".

François de La Mothe Le Vayer se parece menos com a enguia, falsa e perfidamente associada ao homem por René Pintard (o papa crítico da libertinagem erudita, avaro de bênçãos e condenações), do que com o gato, prudente, discreto, de sobreaviso, encolhido, olhar vivo, insubmisso, agindo solitário, obediente às lógicas aristocráticas. Se ele celebra aqui a nuvem de tinta da lula, é a fim de melhor gabar alhures a falsa bonomia do boi de juízo tardio (a suspensão cética) ou a pretensa candura do asno (a ignorância cética), bestiário de um presépio filosoficamente desnaturado...

Esse misto de gato prudente, de boi bonachão, de asno ingênuo, caracteriza um filósofo difícil de captar, logo fácil de aprisionar em clichês e de petrificar em mal-entendidos. Esse cristão passa por ateu, esse cético parece um dogmático, esse filósofo permanece à sombra de um polígrafo, esse barroco dá a impressão de um oportunista, e nunca o leem de fato, preferindo repisar sobre ele os juízos da historiografia bem-pensante: autor menor, pensador médio, "Plutarco francês".

2

Na luz do século. Como filósofo barroco emblemático, La Mothe Le Vayer vive de sombra e de luz, luzes públicas, sombras filosóficas. O belo negro emprestado por Paul Valéry a Blaise Pascal drapeja-o às mil maravilhas quando se trata de ideia, de teses e de teorias. O homem se esconde, se dissimula, ao mesmo tempo que empurra seus pensamentos para a frente da cena. Enquanto isso, ele fica nos bastidores. Primeiro uma visão do mundo, o essencial; em seguida, se for conveniente, um personagem, um autor, um demiurgo apenas perceptível entre os jogos de obscuridade.

Na luz do seu século, François de La Mothe Le Vayer vê o dia em agosto de 1588. Entrementes, em Veneza, no palácio dos Doges, Tintoretto pinta *O paraíso*, um dilúvio de corpos, uma barafunda de carne, um cafarnaum de volumes, uma embrulhada de contorções, uma obra-prima de movimentos, uma série de arabescos concêntricos, composição em abismo*, um modelo do gênero barroco. O pensamento do autor dos *Dialogues faits à l'imitation des Anciens* lembra a pintura de Tintoretto, com o qual compartilha uma vitalidade vegetal, uma força em expansão, um vigor dionisíaco. La Mothe Le Vayer pensa tal como uma planta tropical cresce.

Infância em Le Mans, estuda Direito, advogado no Parlamento, substituto do procurador-geral já aos

---

* A composição ou estrutura em abismo (em francês: *mise en abyme*), também chamada "em espelho", é aquela pela qual um elemento da obra remete à totalidade desta, p. ex. um quadro dentro do quadro, um relato dentro do relato, um filme dentro do filme; ou, no caso, os elementos citados reproduzidos um dentro do outro. (N. do T.)

18 anos. Aos 37, depois de quase vinte anos de exercício, a cátedra herdada com a morte do pai passa a lhe pertencer definitivamente. Quando se torna preceptor do duque de Anjou, futuro duque de Orléans, abandona a função. Para agradar a Richelieu, escreve de encomenda textos que atacam as pretensões imperialistas espanholas, outros que celebram as alianças protestantes da França, ou ainda uma obra dirigida contra os jansenistas, intitulada *De la vertu des païens* [Da virtude dos pagãos], que, evidentemente, exaspera Arnauld, além de publicações de circunstância sobre a instrução dos grandes. No auge da Fronda, graças às suas relações com Mazarin e Ana da Áustria, ensina por algum tempo o futuro Luís XIV.

Hábil, redige um *Discours chrétien sur l'immortalité de l'âme* [Discurso cristão sobre a imortalidade da alma] e conclui sustentando a prova da existência da alma pela excelência das suas atuações na realidade! Esse opúsculo lhe abre as portas da Academia Francesa, apesar das suas imprecações contra Vaugelas sobre a pureza da língua francesa e seu *parti pris* por uma língua viva, dinâmica, evolutiva e não fixada pelos gramáticos. À sua morte, Racine herda sua cadeira. O trágico foi tão ruim na posse, dizem, que seu discurso não foi conservado...

3

A penumbra privada. Familiar da corte, próximo dos grandes, useiro e vezeiro nas viagens diplomáticas em numerosos países da Europa, autor de obras assinadas com seu próprio nome, educador dos príncipes, autor cortesão – etimologicamente –, La Mothe

Le Vayer oculta sua vida privada. O que se sabe dela, apesar disso? Um casamento tardio aos 33 anos com a viúva de um professor real de eloquência grega, uma vida conjugal banal durante trinta e três anos, um filho brilhante que virou abade, cúmplice do estabelecimento do texto das obras completas do pai.

Depois, a morte da sua esposa quando ele está com 67 anos. Nove anos mais tarde, falece por sua vez seu filho amado. Com 35 anos, esse amigo íntimo de Boileau e de Molière morre por causa da imperícia de dois médicos que o encheram de antimônio – o cúmulo para um padre... Molière, o grande Molière, provável aluno de seu amigo Pierre Gassendi, escreve um magnífico soneto de consolação que envia ao pai. Depois recicla a matéria dessa dor pessoal criando para a cena Diafoirus e outros médicos dotados para enviar *ad patres* seus pacientes à força de vinho emético...

Viúvo, privado do filho, La Mothe Le Vayer se casa aos 76 anos com uma jovem quarentona. Zombaria dos amigos... Indiferença do velho sábio cético... Ninguém se espanta em vê-lo pôr sua pena a serviço de uma defesa anônima – o cético é antes de tudo um prudente... – do *Tartufo* (1664). Presume-se que, depois desse retrato corrosivo dos devotos, tenha apreciado particularmente o do libertino em *Dom Juan* (1665) ou do jubiloso assassinato dos médicos em *Médico à força* (1666)... Alguns veem La Mothe Le Vayer como modelo do Alceste do *Misantropo*...

Em seu leito de morte – no dia 9 de maio de 1672, aos 84 anos –, conta-se que François Bernier, autor do *Abrégé de la philosophie de Gassendi* em oito tomos e sete volumes (mais resumido, impossível!), que também foi por doze anos médico particular da corte de Aurangzeb, ouviu o cético ainda curioso lhe perguntar: "E então? Que novidades o senhor tem do grão-mogol?" antes de dar o último suspiro.

Dois anos antes da sua morte, sempre vivaz, havia republicado seu *Hexameron rustique* [Hexameron rústico], uma obra de juventude que é tida como um livro obsceno quando é, antes, um formidável exercício irônico de desconstrução alegórica de um episódio da vida de Ulisses. O herói de Homero volta ao antro das Ninfas, fiel a Penélope, para encontrar o que La Mothe Le Vayer põe em evidência: menos uma pátria rochosa e geológica do que um antro bem mais ameno, escondido debaixo da saia da dama.

4

Uma figura diabólica? Quando morre, La Mothe Le Vayer, o discreto, o prudente, se torna um paradigma de personagem diabólico: ateu dissimulado, incréu encoberto, autor a ser decodificado, retórico hábil e esperto, adepto da linguagem dupla, cristão à luz, dublê de libertino à sombra, oportunista à vontade com todos os grandes, cortejados segundo os mesmos métodos – de fato, morto Richelieu, ele recicla sem pejo sua necessidade de reluzir com Mazarin, sucessor daquele...

Os antifilósofos do século XVIII, preocupadíssimos com a genealogia das Luzes, lhe prestam a paternidade do ateísmo do século – que, de resto, era deísta... Voltaire contribui para esse mal-entendido utilizando, como fez com Jean Meslier, o nome de filósofo para lhe prestar afirmações estranhas ao seu pensamento a fim de expor suas próprias ideias e proteger assim sua retaguarda. Voltaire, o trapaceiro...

A tradição universitária contemporânea não contribui para a clareza. Familiarizada com o método da coleta de amostras, um explora as citações epicuristas para batizá-lo como discípulo do Jardim; outro o enxerga como um paradigma de pirrônico estrito; um terceiro aponta aqui ou ali referências em forma de reverência a Antístenes ou Aristipo, e ei-lo um pouco cínico ou vagamente cirenaico; alhures, acentua-se um relevo cético para concluir por um ateísmo patente, embora dissimulado; mais um outro, preocupado em pôr em primeiro plano esta ou aquela referência à religião católica, apostólica e romana, à qual ele aconselha submeter-se por fideísmo e preocupação com o bem público, conclui por seu franco compromisso cristão; enquanto isso, analisando sua demonstração do poder da vontade e da razão no diálogo, um último descarta todas as observações com um safanão e lhe ergue uma estátua de mármore estoico.

Ora, nele como em todos os libertinos barrocos, o trabalho da Antiguidade é constante e visível em focos *simultâneos*, a mina do pensamento antigo funciona em permanência e a céu aberto para tantas coletas quantas forem necessárias. La Mothe Le Vayer, inapreensível com tão grandes instrumentos, não se encontra em nenhum lugar onde se espera. Com certeza, não como discípulo servil de um desses dogmáticos antigos detestados mais que tudo. Discípulo de Pírron? Claro, mas certamente não como leitor ortodoxo das *Hipotiposes*.

Porque esse amigo de Marie de Gournay, esse membro ativo da Tétrade (a academia de amigos que reunia Pierre Gassendi, Gabriel Naudé, Guy Patin), esse leitor de Montaigne (ele herda, através da tal "filha adotiva", uma parte da biblioteca do filósofo da Torre, que passou às mãos de Marie depois do passamento do seu Mestre), esse apreciador de Pierre Charron é *primeiramente* cristão, *depois* cético. Um gênero de misto, uma espécie de quimera produzida pelo século barroco com um prazer não dissimulado nos gabinetes de curiosidades: uma mistura de Pírron e de Jesus, um são Paulo que possui na ponta dos dedos os tropos céticos...

Assim, longe da figura diabólica e do riso sardônico do anjo decaído, nos antípodas da sua má reputação, La Mothe Le Vayer propõe um pensamento equilibrado, singular, inédito (ou, pelo menos, muito recente, já que em 1562 o tradutor das *Hipotiposes* para o francês, Henri Estienne, não esconde seu catolicismo) de *cristão cético* ou de *cético cristão*. Uma dose de papa, uma dose de Pírron... O ateísmo ainda parece distante!

5

O modo de usar de si mesmo. Na obscuridade do personagem, uma confidência me parece essencial para captar de que modo, tal como os outros, La Mothe Le Vayer filosofa com suas impotências, seu temperamento, sua pessoa e seu caráter. Com, contra ou apesar disso tudo, ele pensa para viver com a sua natureza e transforma em verdades gerais o que pertence às necessidades fisiológicas, biológicas e particulares. Ele também tenta, pela elaboração de um sistema, se tornar o que é. Lição intempestiva de Píndaro!

Onde se encontra essa confissão? Não está de forma alguma assinalada à maneira de uma informação útil para compreender seu trabalho em sua integridade. Mas de passagem, assim, submerso no corpo do texto, perdido no meio das acumulações de exemplos, dissimulado nos fios sapientemente emaranhados de uma demonstração de um dos *Petits Traités* [Pequenos tratados] intitulado *De l'amitié* [Da amizade]. La Mothe Le Vayer afirma que ninguém pode se gabar "de viver bem de acordo consigo mesmo". Para um cético avaro de detalhes autobiográficos, vale a pena reter essa ideia: La Mothe Le Vayer – são suas palavras – "indeciso"? "Indeterminado"? "Instável de espírito"? "Sujeito à contradição"? Provavelmente... E eis por que esse homem, estruturalmente incapaz de parar e de manter firmemente uma posição, fustiga conjunturalmente o dogmatismo dos outros para celebrar o ceticismo da sua natureza profunda. Ele pensa com seu temperamento e transforma seu provável caráter passivo em decisão querida, depois se reapropria do que lhe escapa. Por conseguinte, esse cético por natureza se torna inimigo dos dogmáticos por cultura...

De sorte que serão consideradas nulas e inválidas essas graçolas universitárias da linguagem dupla, da escrita cifrada, do verbo codificado, da prática da máscara, das estratégias da dissimulação, da libertinagem como não dito, nele como em toda a constelação de pensadores barrocos do dito Grande Século. La Mothe Le Vayer proporciona menos uma ocasião para exercícios de contorções sorbônicas do que um novo exemplo de pensamento existencial: ele procura pela escrita estabelecer o modo de uso do seu ser. Nesse sentido, brilha como discípulo fiel de um certo Michel de Montaigne...

6

Desemburrado, trágico e solitário. La Mothe Le Vayer não crê na amizade perpetuada no mármore. Lendo *De l'amitié*, pensa-se no túmulo de papel edificado por Montaigne para La Boétie. Esse homem indeterminado vê o mundo tal qual ele é, como trágico, sem desejo de embelezá-lo ou obscurecê-lo. Quando escreve no fim da sua existência sua *Prose chagrine* [Prosa triste], possível fonte de Molière, revela um olhar extremamente lúcido sobre o mundo. A amizade romana? Uma ficção, uma ilusão, uma bela quimera, um voto vazio, um mito. Orestes e Pílades? Uma fábula... Nunca ele viu algo que se parecesse muito ou pouco com esse exercício retórico latino. Confunde-se a camaradagem, as relações ocasionais e de interesse com um sentimento inexistente nos fatos. Depois, esse homem perturbado pelo curso das coisas e do mundo, existencialmente requerido pelos movimentos barrocos de uma alma inquieta, conclui que um sábio não necessita de amigo, porque seu ideal supõe a solidão, a autonomia, a paz consigo mesmo. A felicidade terrestre? A acatalepsia – em outras palavras: a quietude consubstancial à renúncia a procurar soluções para os problemas.

Como proceder? Excluindo os excessos. Como bom cético, como familiar dos costumes do burro, La Mothe Le Vayer conhece a história do asno de Buridan: não escolher também é uma escolha. Por recusar o balde d'água ou o cocho de aveia, seu amigo de orelhas compridas morreu de fome e de sede. Donde uma suspensão, a célebre *epokhé* pirrônica, não em benefício do nada ou de nada, mas a favor do meio-termo, do equilíbrio.

Concretamente? Na amizade, por exemplo, se ele não cultua o mito do mármore montaigniano, tampouco vai no sentido inverso crendo na impossibilidade de toda relação de afinidade eletiva. Ele, que participa regularmente da Tétrade, mas também da famosa Academia Puteana (o Cenáculo Dupuy), frequenta Cyrano de Bergerac, dispõe em Molière de um verdadeiro cúmplice, conhece a existência de relações privilegiadas entre pares intelectuais. Com Pierre Gassendi, o epicurista a quem assiste em suas observações astronômicas, com Gabriel Naudé, o aristotélico, seu interlocutor na questão da razão de Estado, ou com o viajante Diodati, uma das suas fontes sobre os costumes do mundo, La Mothe Le Vayer constitui uma vanguarda discreta que discute livremente, sem preconceitos, e pratica uma amizade menos ficcional do que vivida. A igual distância do excesso romano à Montaigne ou da falta misantrópica, La Mothe Le Vayer defende um equilíbrio em que talvez não se diga tudo, mas em que nem por isso se ocultaria o essencial: uma conversa, uma troca nas quais benevolência e concórdia representam um papel maior.

Em política? Ele, que foi tido por um bajulador, um hábil sedutor de grandes e poderosos, um indivíduo pronto a propor seu preceptorado aos príncipes, invoca como referência Aristipo de Cirene, que frequenta a corte de Dionísio de Siracusa, mas como homem livre guarda a sua independência de espírito. O duque de Anjou, Luís XIV criança, Ana da Áustria, Richelieu, Mazarin, claro, mas também gente de menor estatura, ele conhece os poderosos da sua época. Mas sem perder com isso sua alma: suas publicações filosóficas atestam-no durante quase meio século. Nem próximo demais, não obstante as aparências, nem afastado demais, pratica a distância adequada.

Mais anedótico, mas igualmente eloquente para captar sua teoria da justa medida: em "gastrologia", para retomar a palavra utilizada em *De la bonne chère* [A boa mesa], La Mothe Le Vayer evita a ascese, o jejum, as privações tanto quanto os excessos contínuos, as orgias báquicas. Nem são Pior que, em seu deserto, come durante cinquenta anos um pãozinho seco e cinco azeitonas por dia, nem Petrônio degustando fartamente vulvas de porca recheadas e regadas com os melhores vinhos de Falerno, mas o necessário para matar a fome, único guia nessa matéria. Ainda que às vezes justifique a embriaguez, ver *Le Banquet sceptique* [O banquete cético], o faz ocasionalmente, como uma maneira de obter a verdade graças à desinibição que o álcool proporciona. A boa mesa supõe o apetite e a satisfação do corpo e do espírito, lembrança dos jantares da Tétrade! Engana-se quem supõe o convívio com seus amigos libertinos como associado a exageros de todo gênero. O Jardim de Epicuro é um modelo de convivência sóbria, intelectual e amistosa, e não uma espécie de delírio como no *Satiricon* de Petrônio.

Sobre uma multidão de temas da vida cotidiana e da vida filosófica (seu amigo Cyrano de Bergerac dizia que ele vivia como filósofo), La Mothe Le Vayer procede de acordo com o mesmo princípio: a boa distância. A moda? Evitar as ridículas manias do momento, os calçados compridos com extremidades intermináveis, as botas com sanfona de couro enchendo-se nos tornozelos, e preferir a roupa nem nova demais nem usada demais, trajes que não choquem ninguém, utilizados sem ostentação. O sono? Não ficar acordado desconsideradamente, ele tem dó dos insones, nem dormir como uma marmota, mas dar ao corpo o que ele pede. O dinheiro? Nem a indigência, insuportável, nem a fortuna, que escraviza demais, seja para adquiri-la, seja para conservá-la. A regra? Nem demais, nem de menos, um meio-termo, a prudência e a célebre acatalepsia, a ausência de perturbação que gera a verdadeira inquietude.

7

Coerência de uma vida filosófica. La Mothe Le Vayer frequenta a corte para viver, porque não tem fortuna familiar. Pintard diz que ele se desmente. Ora, ele nunca se contradiz: ele desenvolve discursos que não se podem comparar, porque destinados cada um a pessoas específicas e pertencentes a objetivos heterogêneos: o preceptor dos filhos do rei redige *De l'instruction de Monseigneur le Dauphin* [Da instrução do senhor Delfim] para propor seus serviços; uma vez obtida a função, acrescenta vários volumes, *La Géographie du Prince* [A geografia do príncipe], *La Morale du Prince* [A moral do príncipe], *La Rhétorique du Prince* [A retórica do príncipe], *L'Oeconomique du Prince* [A economia do príncipe], *La Politique du Prince* [A política do príncipe], *La Logique du Prince* [*A lógica do príncipe*], que são os trabalhos práticos teóricos; o pensador a serviço do Cardeal publica um *Discours sur la bataille de Lützen* [Discurso sobre a batalha de Lutzen], bem como um *Discours sur la proposition de la trêve aux Pays-Bas* [Discurso sobre a proposta de trégua nos Países Baixos]; o eleito para a Academia dedica a Richelieu seu *Petit Discours chré-*

tien de l'immortalité de l'âme [Pequeno discurso cristão sobre a imortalidade da alma]. Cada vez, trabalha para ganhar seu pão, exerce seu ofício de cortesão...

O filósofo exprime o fundo do seu pensamento alhures, não nesses textos de circunstância: notadamente na série dos *Dialogues faits à l'imitation des Anciens*, mas também nos *Opuscules et Petits Traités* [Opúsculos e pequenos tratados], ocasiões para formular um pensamento que não se dobra e não contradiz a outra faceta do personagem. O filósofo dispõe do seu foro interior, tem a liberdade de manifestar as ideias claras do seu ceticismo cristão. Ao mesmo tempo, o profissional da política, da diplomacia e da pedagogia mostra que a *epokhé* não se faz acompanhar da inação, do não agir de uma espécie taoísta, mas da ação em favor do meio-termo requerido pela obediência das leis e costumes do seu país. Dá para ser mais coerente?

Renunciemos à *moralina* para apreender o homem, a vida, a obra, o pensamento. A hipocrisia, com que o enfarpelam desde Pintard, supõe processos de intenção. Prestam-lhe ideias que ele não tem, atribuem-lhe comportamentos que não são seus, abordam seu trabalho como se o que ele escreve não valesse nada e o que calasse constituísse o essencial. Ora, o que ele cala é sempre o que o universitário pretende mostrar submetendo o texto à tortura. La Mothe Le Vayer afirma a existência de Deus? É a fim de dissimular seu ateísmo... Fala da necessidade de ser cristão? Para melhor esconder sua descrença... Sua obra não comporta nenhuma confidência biográfica? Claro, ele esconde uma existência de depravado e de libertino! Quando ele afirma, consideram nulas e inválidas as suas palavras; se ele se cala, extrapolam de seus silêncios o mau cheiro das suas intenções. Seguindo nesse ritmo, pintam o personagem com as cores que convêm ao zelador, por certo, mas em detrimento das lições de vida e da obra do filósofo...

8

O gabinete de curiosidades filosófico. Desde Alexandre Koyré, desenvolveram-se bastante as consequências metafísicas e ontológicas da passagem do mundo fechado de Ptolomeu ao universo infinito de Copérnico. Ao trocar o geocentrismo aristotélico, logo cristão, por um heliocentrismo moderno, as visões do mundo antigo mudariam. Fim do mundo antigo, nascimento da modernidade. Deus, o espaço, o espírito, a matéria, o universo, o tempo, o mundo, a genealogia, tudo isso é pensado de outro modo. Destruição do cosmo finito e ordenado, hierarquizado, possibilitando a existência de um universo inteligível, depois geometrização do espaço, laicização do céu: o homem se encontra desde então num mundo que obedece às suas próprias leis, redutíveis a formulações matemáticas, e não mais a ficções alegóricas ou teológicas. Muito bem.

Mas esqueceu-se também que, paralelamente ao descentramento dessa revolução astronômica, devemos contar com a descoberta de um Novo Mundo em 1492. Esse momento também engendra uma revolução intelectual e conceitual de um gênero coperniciano: passa-se do mundo limitado da Europa branca e cristã para um universo diversificado, múltiplo, colorido, com uma proliferação de pontos de vista religiosos, filosóficos e metafísicos. O relato de viagem desempenha um papel pelo menos tão importante quanto a descoberta do movimento dos planetas na economia da mudança de episteme. O que está em jogo no céu de Copérnico também está na terra e no mar de Cristóvão Colombo.

La Mothe Le Vayer filosofa nesse movimento barroco caracterizado pelo desaparecimento do centro e pelo advento da elipse. Não é de espantar que no *Dialogue sur le sujet de la divinité* [Diálogo sobre o tema da divindade] ele recicle uma ideia e uma metáfora de Hermes Trimegisto, à qual Blaise Pascal dá sua popularidade escolar, ao definir Deus como uma "esfera inteligível cujo centro está em toda parte e cuja circunferência, em parte alguma". Já não há ponto focal, desaparecimento do centro, fim do círculo e da esfera, alegorias da perfeição desde pelo menos Parmênides. Restam o movimento achatado, a oval, a curva e sua contracurva, em outras palavras, a essência do barroco.

Um dos objetos característicos dessa época é o gabinete de curiosidades, no qual se expõem, tudo misturado, objetos raros, exóticos, estranhos, insólitos, pitorescos. A obra filosófica de La Mothe Le Vayer se assemelha a um gabinete de curiosidades de papel. De fato, encontramos aí todo um bricabraque aparentemente heteróclito, diversificado, irredutível, mas que, apesar da desordem e da incoerência da primeira vista, convida para uma nova visão do mundo, em que a verdade única cede a vez às verdades múltiplas, vale dizer à desordem consubstancial e à ausência de referente único.

Nicolas Peiresc, amigo de Gassendi, logo de La Mothe Le Vayer, correspondente de Rubens, interlocutor de Galileu, dispõe de um dos mais belos gabinetes da época. Nessa espécie de museu em germe, encontram-se objetos vindos de longe, seja no tempo, seja no espaço: múmias egípcias, manto de penas brasileiro, calçados tibetanos, bicos de aves raras, gemas extravagantes (as pedras-de-águia, os fósseis, o âmbar...), as mandrágoras que acreditam ser produzidas pelo esperma dos enforcados, as rosas-de-jericó que só desabrocham na noite de Natal ou nos dias de parto, os dentes de narval que se tornaram apêndices de unicórnio, ou ainda monstros, quimeras: um dragão ou uma hidra, na verdade um hábil trabalho de costura de uma raia e um lagarto ou de um coelho e uma cobra...

Ler a obra de François de La Mothe Le Vayer equivale a passear o olhar por um gabinete de curiosidades; o conceito, decerto, mas também o móvel que o porta, muitas vezes incrustado de pedrarias, de metais preciosos, de escamas raras, pintado por artistas de renome. Quando se exprime como pensador, como filósofo, ele o faz com o estilo e o temperamento de um artista barroco familiarizado com as acumulações, a exuberância, a quantidade, a desordem, a expansão vital. O apolinismo? Uma virtude nos antípodas de La Mothe Le Vayer que não constrói com linhas retas, verticais e horizontais, planos limpos, fachadas sóbrias e arranjos radicais, mas com forças, energias, eflorescências.

9

Aquém do bem e do mal. O plano movediço em que o filósofo instala suas demonstrações impede a leitura moralizadora. La Mothe Le Vayer não utiliza o elogio ou o anátema, a celebração ou a desconsideração. Seu trabalho não se situa *além*, mas *aquém* do bem e do mal. Antes, num estado de inocência, como nos bons tempos de um antes da falta e do pecado original. Na terra austral, ao pé das montanhas tibetanas, à margem de um rio chinês, à sombra das arquiteturas peruanas, no vento gelado das terras islandesas, na areia ardente da Anatólia, nas pegadas de Marco Polo ou de Vasco da Gama, o filósofo desenvolve seu pensamento: uma proposição ótica sobre o mundo, uma consideração voyeurista do universo. A Bíblia? Nem mais nem menos que o Alcorão ou os relatos de viagem. Esse homem olha como um descobridor de novo mundo, reflete à maneira de um conquistador, conclui como capitão de uma nau transatlântica.

A moral judaico-cristã baliza nossos comportamentos? Legisla sobre os usos do corpo? Certamente. La Mothe Le Vayer não escreve nem diz nada contra. Mas ele precisa que, fora da terra europeia, pensa-se de outro modo, vive-se diferentemente, abordam-se as coisas de uma outra maneira. Aqui, utilizam-se colheres, lá come-se com os dedos; num país amaldiçoa-se o incesto, noutro os pais defloram as filhas; certo povo enterra seus mortos e os destina aos vermes, já outro os come depois de cozinhá-los; um acredita que Deus julga o comportamento dos homens, outro que os deuses habitam as pedras, as plantas, os animais, etc.

De sorte que, como etnólogo que filosofa, ou como filósofo apoiado na etnologia, o cético cristão pensa menos com livros e bibliotecas do que encarando os usos e costumes dos homens em lugares e espaços diferentes. Sobre os costumes, por exemplo, a doutrina judaico-cristã importa menos que a lição do gabinete de curiosidades planetário. Claro, existe um decálogo, disposições testamentais, mas o filósofo não pensa contra, nem além, mas sim aquém dessas coerções intelectuais. Exemplos.

10

Zoófilo, canibal e coprófago. Na perspectiva de diálogos pretensamente feitos à imitação dos antigos, La Mothe Le Vayer joga como o autor com personagens no palco de um teatro. Sabe-se desde Calderón de la Barca que "a vida é um sonho", o teatro tão verdadeiro quanto o real, o mundo uma ficção com uma consistência igual à das fumaças. Os personagens representam seu papel no proscênio e não se diferenciam de modo algum do que cabe a cada um no detalhe de uma vida cotidiana. Marcellus, Orasius, Divitiacus, Xenomanes, Eraste dialogam em *Le Banquet sceptique* à maneira de discussões de amigos em tempo normal.

Eraste (aquele que ama, o ativo no amor grego...) inicia a conversa com os convidados. Ele se apoia nas descobertas de uma natureza menos corrompida, feitas no Novo Mundo. O que ela nos ensina? Que a antropofagia decorre de razões racionais e razoáveis, e não de lógicas bárbaras; a omofagia, a coprofagia, a zoofilia, a homossexualidade, o incesto também, idem quanto à masturbação – "gentil cirurgia" ou "decepção dos nervos". Tudo isso não é em absoluto contra a natureza, já que os animais, os povos primitivos, as civilizações originárias assim praticam...

Em parte alguma se fala dos interditos da religião católica, apostólica e romana. Melhor ainda, La Mothe Le Vayer não recua diante de abundantes citações do Antigo Testamento para mostrar que os povos antigos, nos tempos e geografias recuados, mostram bem claramente seus tropismos naturais. A suma veterotestamentária depõe a favor do filósofo cético e irônico, que transforma a Bíblia em documento etnográfico epistemologicamente tão válido quanto um relato de viajante ao Tibete!

Entremos no detalhe: tomemos o caso da zoofilia. Os grandes textos mitológicos atestam-na, Homero e Virgílio à frente, ver Pasífae e seu touro, Semíramis e seu cavalo... Os historiadores também, como Heródoto contando das mulheres egípcias copulando com bodes. Leitor de Cirilo de Novogardia, La Mothe Le Vayer sabe que em Moscóvia também foi praticada a copulação com bichos, visto que o autor legitima o consumo da carne e do leite de uma vaca... que um homem possuiu sexualmente!

Além disso, numerosos relatos de viagem confirmam: assim, os portugueses descobriram na Índia Oriental que os autóctones acham que um peixe chamado "*pescadomuger*" se parece muito com suas mulheres para que eles o usem do mesmo modo. Mesma observação sobre os negros de Moçambique. Assim também, não longe do rio Cochin, Nicolò Conti relata que um mesmo gênero de animal sai da água, acende fogueiras na margem, atrai outros peixes e os consome biblicamente. Outras provas? Não seja por isso: nas margens do lago Titicaca, os uros de Acosta se definem menos como homens do que como criaturas aquáticas, o que sua sexualidade atesta. E depois, retornando às fontes antigas conhecidas, Plínio relata os amores de um filhote de ganso e Oleno em Argos, enquanto Glauce, uma tocadora de guitarra, sofre os assédios sedutores de um carneiro. Em outro lugar: a história de uma foca apaixonada por um pescador de esponjas. Ou então: citada por Jean Léon, o hábito de certos leões de perdoar as mulheres (não sabemos aliás de quê...), se elas levantam as saias!

Como amador de gabinete de curiosidades onde as quimeras ocupam um lugar de destaque, o filósofo remete aos acoplamentos extravagantes e dá a receita do dragão: o resultado da união entre uma águia-macho e uma loba. Ou a do avestruz: um camelo copulando com uma ave... Idem no caso dos peixes. É o caso dos amores pitorescos entre a esquatina [cação-anjo] e a raia, geradores do *rhinobatos* ou da *squatinorhaja*... É bom saber! O diálogo de La Mothe Le Vayer, numa só página, propõe o inventário de um gabinete de curiosidades, zoofílico, no caso.

11

Dobrar, desdobrar o pensamento. O que visa La Mothe Le Vayer com essas séries de um gênero fourierista? Criar tumulto pela acumulação, estontear, impedir a certeza estabelecida, inquietar, suscitar uma dúvida: e se essas verdades múltiplas invalidassem a verdade em que creio desde sempre? Se o mundo inteiro tem razão, estou errado; em compensação, se ele está errado, tenho razão. Mas o que vai me provar que um dos protagonistas tem razão, em vez de outro? Se Montaigne tem razão afirmando que chamamos de barbárie o que não é de nosso feito, então nada é bárbaro, tudo é possível, pelo menos tudo parece se equivaler... Já não há lado de cima, já não há lado de baixo, já não há direita, já não há esquerda, nenhuma bússola, nada para se orientar, mas uma embriaguez mental, um inebriamento conceitual: o prelúdio, o método para alcançar pelo menos uma certeza que detenha o tumulto, a *epokhé* pirrônica.

Cada tese pede a sua antítese, uma curva acarreta uma contracurva, uma afirmação gera a sua negação. A dialética cética propõe uma aritmética em que todo valor surge acompanhado por seu contravalor que visa um resultado nulo ou neutro. Branco e preto, logo ausência de cor; direita e esquerda, cima e baixo, logo ausência de posicionamento; aqui e ali, de um lado e de outro, um diz, o outro acrescenta, segundo fulano, depois segundo beltrano. Nesse jogo dinâmico, dialético, em perpétuo movimento, barroco nesse sentido, o ganho é igual a zero. Todos esses trajetos fazem ficar no mesmo lugar...

Estranhamente, La Mothe Le Vayer utiliza uma metáfora de que Gilles Deleuze se apossa para qualificar o barroco: a Dobra. Num dos *Cinq Dialogues faits à l'imitation des Anciens* [Cinco diálogos feitos à imitação dos antigos], *De l'opiniâtreté* [Da obstinação], ele fala dessas "imagens dobradas que nos representam figuras totalmente diferentes conforme o lugar de que olhamos". Uma frase arrolável na demonstração do pensador contemporâneo das forças e das linhas de fuga! Como discípulo distante de Protágoras, para o qual o homem é a medida de todas as coisas, o filósofo cético crê na verdade do perspectivismo, logo na inexistência de uma verdade única. E acredita nisso sem a menor reserva!

A biografia é dobrada; a filosofia também; a escrita igualmente; o personagem depois; as demonstrações vêm em seguida; as conclusões enfim. Sem falar de estratégia voluntária da parte de La Mothe Le Vayer que afirma a pregnância de uma forma e de uma força vindas da época e que influenciam a música, a pintura, a literatura, a arquitetura, mas também a filosofia que quase sempre é esquecida. A obra cética cristã se inscreve, com esse sublime oximoro no espírito do tempo, à maneira de um corpo pintado por Rubens, de um mármore talhado por Bernini ou de uma ópera de Gesualdo.

12

Apagamento do autor. A dobragem do autor supõe o desaparecimento do seu nome próprio, sua retirada para a sombra e o foco na frente da cena, posto todo ele em seu pensamento. François de La Mothe Le Vayer cede pois seu lugar a pseudônimos, num piscar de olhos para os antigos. Passados os 40 anos, publica seu primeiro livro: os *Quatre Dialogues faits à l'imitation des Anciens* [Quatro diálogos feitos à imitação dos antigos]. Mas com o nome de Orasius Tubero. Quando lança, depois relança com mais de 80 anos, seu *Hexameron rustique*, assina Tubertus Ocella...

Através do latim *ocellus*, diminutivo de *oculus*, olho, Ocella significa a vista, o que corresponde a Le Vayer, forma evoluída de Le Voyer, isto é, o *voyeur*; Tubertus remete a *tubero*, a elevação, a proeminência, La Mothe portanto... O filósofo vê do alto da elevação [*motte*], a partir de lá, e vê também a elevação. Ver bem, ver melhor, ao mesmo tempo que se esconde... E, além do mais, sejamos freudianos, o licencioso autor de "L'antre des nymphes" [O antro das ninfas], quarto dia dos seis do *Hexameron*, não ia se furtar à alusão sexual!*

---

* *Motte*, elevação, proeminência, morro, é também, em gíria, a elevação pubiana da mulher. (N. do T.)

Dobragem do nome sob o pseudônimo, mas também dobragem do seu aparecimento em lugares também dobrados: a obra é publicada com datas falsas (antedatada de 1506, em vez de 1630, verdadeira data dos quatro primeiros diálogos, 1606 no caso dos outros cinco), com um editor falso (Jean Sarius), num falso lugar de edição (Frankfurt). A obra tem uma tiragem de apenas trinta e cinco exemplares, um dos quais chega às mãos de Descartes, que fala sobre ele a Mersenne em 6 de maio de 1630 como sendo um "livro mau"...

Prudência, provavelmente, desejo de tranquilidade animam La Mothe Le Vayer. As fogueiras de Giordano Bruno e Giulio Cesare Vanini não estão muito distantes... Um sábio cético não vai ao encontro de complicações assumindo riscos por causa de ideias, importantes a seu ver, claro, mas não a ponto de pôr em perigo a sua preciosa acatalepsia obtida por uma constante ascese! O que tem importância? A cena, o teatro, a peça, os atores, a representação, a intriga, as lições, não o autor. O *deus ex machina* permanece nos bastidores...

13

Dobragens, desdobragens, sobredobragens. Continuemos a variação sobre o tema da dobra. La Mothe Le Vayer efetua as mesmas torções no corpo, na concavidade e no âmago do seu texto. Apagado o autor, nem mesmo assim o pensamento se oferece. O jogo de sombra e luz prossegue no texto; aqui também a historiografia clássica, em outras palavras, o enfoque universitário, privilegia uma estratégia de máscaras e dissimulações cifradas, de travestimentos dispostos com base no princípio da composição em abismo.

Menos prosaicamente, vejamos aí em vez disso um efeito do claro-escuro pictórico muito apreciado na época: La Mothe Le Vayer (1588-1672), recordemos, é contemporâneo de Caravaggio (1571-1610), de La Tour (1593-1652) e Rembrandt (1606-1669). Ora, que eu saiba, esses três não escondem nada nos belos negros das suas pinturas... O escuro age como valor necessário para a epifania da luz, torna possível uma claridade incisiva nas trevas. Os livros do filósofo ativam a mesma dialética da sombra e da luz, em parte por razões de prudência, claro, mas também por consubstancialidade ao pensamento barroco do momento.

O filósofo barroco dá as costas para o desejo cartesiano do claro e distinto. O claro-escuro lhe agrada, ele prefere o jogo das sombras e das luzes. Trabalhando com a clareza do dia e a escuridão da noite como matérias prediletas, propõe às vezes a escuridão do dia contra a clareza da noite. Nas belas noites do texto denso estão contidos, prontos para surgir, os relâmpagos do pensamento que brilham com todos os seus fogos na forma de máximas potenciais: as teses maiores de La Mothe Le Vayer.

Contenhamos portanto, assim, esse pensamento ondulante, sinuoso em sua arquitetura geral, em algumas ideias claras: a verdade não existe, somente o verossímil; os excessos são condenáveis, desejemos o meio-termo; a razão é impotente, submetamo-nos aos costumes; o dogmatismo estraga a vida, o ceticismo a encanta; a intranquilidade é detestável, a acatalepsia nos salva. O conjunto dessa filosofia conduz ao essencial: "o gozo de si mesmo", lições que nos transmite em *De la vieillesse* [Da velhice].

14

As lógicas da noite. Precisemos a escuridão barroca do filósofo: uma das maneiras de criar a fumaça, de tornar opaco o horizonte e de escurecer o discurso consiste em *multiplicar as citações*. Claro, na época, pouca gente compra e lê livros. A quase totalidade da população é iletrada, pobre. Os padres, os nobres com um verniz de educação leem latim. Por conseguinte, não há a menor necessidade de traduzir para eles os empréstimos tomados a Sêneca, Plutarco e outras estrelas da época barroca. Mas à língua de Cícero, La Mothe Le Vayer acrescenta o grego de Aristóteles, o espanhol e o italiano de provérbios citados em sua língua original.

É conhecido desde Montaigne o papel da citação na economia de um texto e de uma obra: ideia tomada de empréstimo, tese de outro que não se é obrigado a subscrever abertamente, claro, mas que o artifício da incrustação permite, sem parecer, propor ao seu leitor. Lucrécio diz em *Da natureza* que os deuses provêm dos homens que os criam para conjurar seu medo? Lucrécio diz, mas não La Mothe Le Vayer que o cita, claro, mas a coisa é apesar de tudo dita...

Às vezes também a referência não age em reverência, porque não é claramente reivindicada. Na época, o direito autoral não existe, logo a legislação sobre a citação tampouco. A ética não é levada em consideração, pode-se tomar emprestado, pinçar sem revelar a fonte, não há nem malícia nem desonestidade nisso. Os *Ensaios* são constituídos de citações, por certo, mas também de ideias vindas de Cícero, Sêneca, Plutarco. O material importa menos do que a construção obtida. Assim, La Mothe Le

Vayer escreve duas ou três vezes falando bem de Pierre Charron, mas não o cita quando lhe toma emprestado o lema "Pouco e paz" para colocá-lo na boca de Xenomanes, um interlocutor do *Banquet sceptique*.

15

O teatro filosófico. Outra dobra na obra, após a multiplicação das citações, *o uso dos diálogos*. Platão deu seu título de nobreza ao gênero, mas construindo interlocutores confiáveis, o sofista do *Górgias* ou do *Protágoras*, o cirenaico do *Filebo*, etc. Assim, é mais fácil triunfar com um Sócrates platonizado, adornado de todas as virtudes e dotado de todas as forças! Cícero, claro, mas no objetivo de um diálogo ficcionado. Ou Luciano, engraçado como Aristófanes, profundo como Plutarco. Cada vez se dá a impressão de uma troca, mas com base no princípio agônico: a verdade contra o erro, o bem oposto ao mal, a ideia em face da opinião, etc.

A prática do diálogo em La Mothe Le Vayer não obedece a essas lógicas, porque, na sua pena, cada um está por sua vez certo ou errado. O jogo não se efetua com base no princípio binário que supõe a verdade aqui e o erro em todas as outras partes. Porque o triunfo de uma ideia importa menos que o espetáculo de um pensamento cenografado e proposto ao leitor a fim de produzir nele a tontura, a embriaguez, a vertigem, o desequilíbrio, a desestabilização. A troca de palavras age como entre os dervixes rodopiantes, preocupados em produzir um estado psíquico, mental e intelectual propedêutico à acatalepsia.

OS LIBERTINOS FIDEÍSTAS

Onde está La Mothe Le Vayer? Dobrado no tecido do pseudônimo? Dobrado nos personagens? Por inteiro num só ou pouco em todos? Estará inteiramente em Eraste e seus elogios do incesto, da masturbação, da homossexualidade, da zoofilia, etc.? Ou somente um pouco? Mas onde e quando? Se esconderá em Telamon dialogando com Orasius no *Dialogue de l'ignorance louable* [Diálogo da ignorância louvável] e afirmando a necessidade de se conformar às leis, costumes e religiões do seu país? Ele, que foi solteirão, depois casado por muitos anos, viúvo e bem tardiamente recasado com uma jovem que poderia ser sua filha, tem a ver com o Cassander solteiro que celebra as virtudes do casamento ou com Filocles casado que elogia o celibato? As dobragens se efetuam indefinidamente: La Mothe Le Vayer encarna uma espécie de Molière que observa seus Tartufo, Dom Juan, Alceste, Diafoirus e outros se animarem em cena, falarem, ocuparem os tablados, depois desaparecerem caído o pano.

Após a primeira dobragem, a *abundância de citações*, e a segunda, *a habilidade dialógica*, eis a terceira: a *prestidigitação dialética*. O pensamento do filósofo ondula entre os extratos de textos antigos, a atuação dos personagens em cena, mas também entre os jogos de espelho das tomadas de palavra. Porque a dialética dos diálogos aumenta profusamente as linhas de fuga em detrimento das linhas de força. Eflorescências vegetais incontroláveis em lugar de arquiteturas apolíneas... O líquido dos jogos de água barrocos contra a pedra imóvel das fontes clássicas.

Terminado um discurso, a refutação o segue imediatamente. Depois, a refutação da refutação. Ao fim de alguns diálogos, não dá mais para acompanhar:

quem refuta a tese de quem? A refutação de uma refutação, já? Sim, mas qual era o objeto inicial? Que tese? Assim em *Le Banquet sceptique*, esse diálogo maior no conjunto da obra que põe em cena não menos de seis personagens: Marcellus, Orasius, Diodorus, Divitiacus, Xenomanes e Eraste.

A dobragem atravessa igualmente as figuras em que se misturam personagem conceitual e biografia real: o Cético e o Dogmático, tão convocados quanto Naudé ou Diodati. O Dogmático fala, expõe suas ideias; o Cético o segue e critica as teses expostas, mas para tanto as reformula; um terceiro anula a perspectiva do segundo sobre o primeiro propondo a sua: sobre um, depois sobre o outro, falsamente ingênuo, não dá razão a ninguém; restam as ideias trocadas, como vestígios, eflúvios, evanescências, volutas perfumadas num jardim pirrônico.

Falso registro oral, verdadeira construção barroca, o estilo se soma aos jogos de espelho e de luz: uma forma quebrada pela pontuação, torneada pela sintaxe, ritmada pelos períodos, estirada em comprimento, inserida num desenvolvimento assimilável ao catálogo de anedotas, La Mothe Le Vayer não abusa nem da metáfora, nem da alegoria, nem das figuras de estilo, mas trabalha sua escrita como o marceneiro trabalha o móvel do seu gabinete de curiosidades destinado a conter, composto em abismo, um... gabinete de curiosidades.

16

Traços de luz no escuro. No escuro mantido pelas dobragens do pseudônimo, da citação e da dialética, às vezes encontramos algumas luzes, alguns clarões que nos oferecem alguns esclarecimentos. Mas as informações são parcimoniosas. Em dois ou três lugares, notadamente nas *Lettres de l'auteur* [Cartas do autor] que abrem as duas séries de diálogos, La Mothe Le Vayer apresenta o modo de uso. Esses prolegômenos falam de "liberdade de estilo", de "mercadorias de contrabando", de "fábula" e de "paradoxo" – mas para um cético tudo é fábula e paradoxo... –, de "mão libertina", de "capricho" e de "fantasia", de "extravagância libertina da pena", de "riso democritiano".

Somam-se a isso um elogio da confidencialidade, uma proposta técnica singular – deixar um manuscrito repousar nove anos antes de publicá-lo... –, um desdém das proteções e das honras, farpas contra a conjuração de leitores imbecis e invejosos, uma rejeição das limitações, um desprezo por esse "século ignorante e perverso", chutar para fora as coisas religiosas, uma preferência manifesta pela escrita de pequenos livros não muito numerosos. E depois, depois, quanto à metáfora barroca que é nosso assunto: uma nítida preferência pelo "escuro de um gabinete amigo" ao "brilho e ao céu aberto de uma luz pública". Como libertino emblemático, La Mothe Le Vayer não gosta da "tola multidão", do povo, da maioria tenebrosa. Às avessas, ele opta pelas Luzes da comunidade reduzida – Tétrade, Cenáculo Dupuy, Academia Puteana... –, uma outra cena filosófica onde se representa o essencial.

Aliás, é difícil imaginar como os libertinos poderiam escrever para um povo acorrentado, submetido à exigência de garantir sua subsistência cotidiana, logo forçado a trabalhar com as suas mãos e alienar seu corpo, sua carne, sua alma, sua liberdade, sua inteligência. Como um camponês, um peixeiro, um carpinteiro, um pescador, enviados desde a mais tenra idade para os campos, as feiras, os canteiros de obras, o oceano poderiam aprender a ler, a amar a leitura, compreender as línguas estrangeiras, evoluir no mundo dos letrados e dos eruditos, captar as finezas dialéticas dos filósofos? Ainda que desejassem, o preço de um livro, em face dos seus rendimentos, lhes impediria...

A quem se dirige então esse libertino? Para quem escreve? Potencialmente para os letrados, no sentido etimológico, aquelas (raríssimas) e aqueles (um pouco mais numerosos...) que sabem ler, escrever e vagamente pensar. A saber: os padres e outros membros do clero, a quem incumbe a tarefa de educar a elite destinada à reprodução do sistema social; uma parte da nobreza, ainda assim nem toda; uma fração do exército, nas patentes elevadas; pouca gente do século.

Como seus semelhantes em libertinagem, Charron à frente, La Mothe Le Vayer teme ser "infectado pelo hálito do povo" – *dixit* o *Petit Traité sceptique sur cette commune façon de parler: N'avoir pas le sens commun* [Pequeno tratado cético sobre esta maneira comum de falar: não ter o senso comum]. Mas eles não têm muito a temer: as obras raras, caras, não caem nas mãos dos pobres ou dos iletrados, que estão pouco se importando, ontem como hoje, com ter de escolher entre a "Dogmática" e a "Cética", a "acatalepsia" e a "afasia"...

Logo: o escuro vai bem para o povo, deixemo-lo para ele; a luz convém às assembleias secretas, discretas e prudentes. Contemos antes com a vanguarda esclarecida ocupada em fazer brilhar a clareza (filosófica) no escuro (doxológico) com meios discretos e moderados. As crepitações luminosas dos libertinos se assemelham às breves luzes azuis dos arcos elétricos, densos, que logo aparecem e logo desaparecem, aumentando pela densidade da sua efêmera claridade o negro do escuro que logo recupera seus direitos.

17

As fábulas do filósofo. Como se sabe, La Fontaine excele na arte de pôr em cena animais a que empresta paixões humanas, comportamentos e lógicas dos grandes e pequenos deste mundo. La Mothe Le Vayer também recorre a um bestiário a fim de se valer do humor, da ironia, do riso. Como discípulo confesso de Demócrito, o antídoto de Heráclito que chora, como aluno distante de Diógenes e de Aristipo, que atordoam os raciocínios de Platão com trocadilhos conceituais, ou de Luciano, que dá ao galo e à mosca o cuidado de servir a uma demonstração filosófica, La Mothe Le Vayer convoca o asno, pelo qual tem uma afeição toda particular, e o boi, a lula e o pavão.

Comecemos pela lula. Nos *Petits Discours chrétiens sur l'immortalité de l'âme*, o autor por certo celebra a alma, como diz o título, mas o texto não a mostra tão cristã assim, porque as provas da sua imortalidade residem em sua ação e em seus efeitos... Eleito para a Academia (o texto serve de início ao projeto de discurso de posse...), acrescenta um elogio da lula, que desaparece lançando sua célebre nuvem de tinta. Sempre o negro, útil para tirar a luz e reencontrar a tranquilidade.

Em seguida o pavão. No *Traité sur le sens commun* [Tratado sobre o senso comum], La Mothe Le Vayer se reserva o direito de tornar sobre suas antigas palavras. Mais uma vez, recorre à metáfora trevas/luzes e se autoriza a corrigir os pensamentos do dia com os pensamentos da noite... Eis por que deseja uma pena que se assemelhe à do pavão, ocelada, sarapintada, vistosa, capaz de todas as cores e capaz de mudar cada vez que se mexe...

Enfim, o boi e o asno. Salta aos olhos que o presépio não está muito longe desse estábulo filosófico... Do bovino, La Mothe Le Vayer retém a "pesada tardeza"; do asno, a metáfora da ignorância humana. Dessa alegoria, ele extrai duas lições de filosofia essenciais para a sua capela: a necessidade de uma suspensão de juízo e a conclusão da ignorância cética. A *epokhé*, depois a insciência, as duas verdades desse pensamento negador de toda verdade...

O asno é seu animal predileto. Por isso lhe consagra um diálogo inteiro: *Des rares et éminentes qualités des ânes de ce temps* [Das raras e eminentes qualidades dos asnos deste tempo]. Uma obra-prima de comicidade no espírito de Luciano de Samósata, de Apuleio ou de Giordano Bruno, também autor de um elogio do asno – a "santa asnice"... – em abertura da sua *Cabale du cheval pégaséen* [Cabala do cavalo pegaseano] em 1585. Como paradigma da besteira e da tolice bitolada, o animal autoriza múltiplas variações irônicas, transposições lúdicas, subentendidos magníficos.

O retrato do asno é tal qual um autorretrato do libertino barroco: prudente, virtuoso, voluptuoso, modesto, risonho, independente, detestando obedecer e submeter-se, forte, valoroso, corajoso, fiel, silencioso, resistente, raramente abatido pelas saraivadas de pancadas, praticante do ponto de honra e do generoso desprezo, o "filósofo arreado" se inclina para a Cética, nos confia o autor do diálogo. Sua preocupação? Fundar filosoficamente os segredos da natureza.

Evidentemente, La Mothe Le Vayer insiste na reputação libidinosa do animal: ele tem "o diabo debaixo do rabo", a reputação do seu "lingote de amor" está mais que feita desde *O asno de ouro*... Evite-se portanto privá-lo de sexualidade por ele não dispor de mãos, úteis para resolver simplesmente o problema! O autor do *Hexameron rustique* sempre pensou alegremente as coisas do sexo.

18

O hedonismo cético. La Mothe Le Vayer gosta de Diógenes e das suas anedotas filosóficas. É o caso, quando o filósofo cínico sai do teatro andando para trás – do teatro grego, mas igualmente barroco... Por que razão age assim? Não é para rir bobamente, mas com o propósito de convidar ao contrário do que os outros habitualmente fazem. O povo entra no recinto andando para a frente? O filósofo, de marcha a ré... Contra o senso comum, invertamos os valores. A verdade aos olhos da maioria designa na maior parte do tempo o erro no absoluto.

O verdadeiro não existe, ao contrário do verossímil construído por um corpo que sente e percebe com ajuda de instrumentos imprecisos e pouco confiáveis. O homem, medida de todas as coisas, crê saber quando seu corpo, mais ou menos cansado, mais ou menos jovem, bem nutrido ou faminto, saudável ou doente, lesto ou lerdo, alegre ou triste, dá informações subjetivas. As verdades são tão numerosas quanto os indivíduos que pretendem detê-las. Nenhuma verdade, portanto? Em lugar nenhum? Nunca? Por que razão? Dispomos apenas de uma máquina muito imperfeita para alcançar o verdadeiro.

Como as coisas obedecem à relatividade do lugar e do tempo, aos tormentos da geografia e da história, o sentido encontra para si a suspensão cética do juízo, a célebre *epokhé*. Nosso filósofo lhe atribui um papel maior na genealogia do seu hedonismo: manter seu espírito em suspenso, depois se contentar em obedecer ao verossímil do nosso tempo e do nosso lugar, da nossa história e da nossa geografia, eis o que gera "o mais alto grau de beatitude humana", a "perfeita tranquilidade de espírito", o "verdadeiro repouso", o "sólido contentamento", o "último ponto da felicidade", todas elas expressões do diálogo *De la philosophie sceptique* [Da filosofia cética]. Elogio do ganho da acatalepsia: a doçura de ser e de viver.

19

Submeter-se para ser livre. À teoria da suspensão do juízo o cético acrescenta portanto o convite à obediência das leis, usos e costumes do lugar. Sem esse segundo tempo, a lógica hedonista do filósofo permanece incompleta e incompreensível. A França de La Mothe Le Vayer sai das guerras de Religião, dos distúrbios com os protestantes (a noite de são Bartolomeu: 1572), de trinta e seis anos (1562-1598) de guerras civis, venturas e desventuras das monarquias europeias.

A abjuração de Henrique IV, rei protestante que se torna hábil e mui oportunamente católico (1593), a proclamação do Edito de Nantes (1598) autorizando a liberdade de crença e de culto no reino, tanto aos luteranos como aos jesuítas, a nomeação de Sully para as Finanças, a restauração da monarquia na Europa dão garantias a uma política de paz social e civil.

Mas o assassinato do rei por Ravaillac (16 de maio de 1610) põe fim às esperanças. A Regência, depois o acesso de Luís XIII ao poder (1614), seu engajamento pela Contra-Reforma ultracatólica transforma o país num lugar perigoso para a política – e para os filósofos interessados nessa questão. A Fronda não está longe (1648-1650).

Nessas condições, que aspecto tem uma política cética? La Mothe Le Vayer aborda a questão num *Dialogue traitant de la politique sceptiquement* [Diálogo tratando da política ceticamente]. Política cética? Ou tratamento cético da política, logo de toda política? A formulação possibilita a dupla abordagem... Suspender seu juízo, pois, com base no princípio da diversidade dos usos e costumes acerca do tema: Monarquia? República? Aristocracia? Tudo existe, tudo parece se equivaler quando se olha o planeta. De um ponto de vista teórico, filosófico, cético, a sabedoria convida a suspender, também nesse ponto, o juízo. *Epokhé* e tranquilidade.

Mas *Que fazer?*, como dirá o outro... Concretamente, essa suspensão parece boa e bonita, mas na realidade o que pensar dessa França? O filósofo cético pensa como sábio, decerto, mas como age? Em conformidade com esse estado, claro... Mas o que significa "agir como sábio" nesse caso específico? Como herdeiro dos *Ensaios* de Montaigne, depois do *De la sagesse* de Charron, La Mothe Le Vayer precisa sua posição no penúltimo dos *Dialogues faits à l'imitation des Anciens*: obedecer às leis, costumes e usos do seu país. Depois da verdade cética, a submissão ao verossímil político: a monarquia francesa, católica e hereditária.

A França é uma realeza? Aceitemos esse augúrio. Ela transmite a soberania com base no princípio de primogenitura? Que o filho mais velho do rei se torne rei por sua vez, à morte do pai. A França, filha mais velha da Igreja católica, apostólica e romana? Concedido, não questionemos a legitimidade do cristianismo, de todo modo a razão é impotente demais para isso, contentemo-nos com as verdades reveladas e, principalmente, com suas consequências: o rei é o soberano único na terra, porque no céu o poder está nas mãos de um só... Eis de que modo se pode pensar livremente, como filósofo, depois agir aparentemente como homem livre, mas permanecendo todavia submetido à maneira do povo obediente cuja vilania, porém, fora isso e o tempo todo, se despreza...

20

Uma ética cética? Assim como existe uma política cética, também há uma ética cética. Fundada no mesmo princípio – *epokhé*, depois submissão aos costumes. Em *Le Banquet sceptique*, como vimos, Xenomanes examina as questões da zoofilia, da coprofagia, do incesto, da homossexualidade, do canibalismo, e conclui, como discípulo de Montaigne, a favor de práticas não bárbaras, mas outras. Contrárias à natureza? Claro que não, já que as encontramos na natureza. Viciosas? De jeito nenhum, além ou aquém do bem e do mal: no puro e simples fato bruto... Por conseguinte, há que justificá-las, validá-las? Pensar assim supõe que se aja em consequência? O fato de o incesto ser natural, pois é próprio de outras civilizações, justifica, na França, que se vá para a cama com a filha? Negativo...

Pensar como pirrônico, certamente, mas agir em conformidade com os hábitos do país. Singularmente, o duvidador profissional não duvida do bom fundamento dessa opção: por que seria melhor obedecer aos erros em casa do que adotar as verdades do vizinho? O que faz que, na ausência de verdade una e na profusão de verossímeis, se deva seguir uma falsidade em vez de outra? Como e por que não ser persa?

Um diálogo permite examinar o caso concreto do casamento: o autor se distrai pondo em cena um casado que faz todo um discurso a favor do celibato e um solteirão que gaba os méritos do casal legítimo. Quiasma barroco. Argumentos clássicos. A favor do casamento: Platão convida a ele; no celibato, as pessoas se entediam; possibilidade de delegar a intendência da casa; grandeza moral das mulheres, excelência do convívio com elas; facilidade de dispor em casa de uma parceira na cama; evitamento, pois, de amores dissipados; arranjo dos temperamentos com o tempo; conjuração da violência das paixões perigosas pela tranquilidade de espírito; doçura da ligação antiga; etc.

Contra o casamento: fim da sabedoria e da paz; satisfação de uma parte do corpo, é verdade, mas à custa da renúncia ao resto; sacrifício de todos os prazeres por um só deles; casados, não sabemos se amamos por hábito ou amor; monstruosidade do caráter das mulheres: gastadeiras, faladeiras, superficiais, obstinadas, teimosas, mentirosas; impossibilidade, depois do juramento, de escapar delas de outra forma que não seja pela corda, pelo fogo ou pelo precipício – a não ser que se simule a impotência –; certeza de ser traído, enganado, ainda que se disponha, diz ele, de uma "verga de baleia", vai-se no rumo da "inevitável chifrada"; impossível escapar das crianças, das chatices da casa, das maçadas domésticas. O melhor? Curar um amor com amores e celebrar o "modelo das carnes" – diz Filocles...

Volta da questão: que fazer? Já deu para entender: o filósofo cético suspende seu juízo, pratica a *epokhé*, duvida, dá como igual o pró e o contra, gera um neutro, imobiliza a dialética. Mas e o homem cético? Como se comporta? Devemos dissociar o homem comum, a quem se deixam as chatices do casamento, do libertino que, perspicaz, evita a cilada das bodas? Ou, em virtude do método já comprovado, guardar em seu foro interior suas ideias sobre esse assunto e, exteriormente, para os outros, agir como o povo de cuja burrice se debocha e contrair núpcias na igreja da aldeia? La Mothe Le Vayer experimentou todos os estados: por muito tempo solteiro, por muito tempo casado, não muito tempo viúvo, logo casado de novo, sempre *teoricamente* filósofo cético, mas *praticamente*, digamos... francês médio!

A opção descende em linha reta das *Hipotiposes* de Pírron: claro, a esquizofrenia ameaça entre o foro interior livre, crítico, soberano, e a aparência submetida à lei da maioria. O que separa o pensador do homem comum? A consciência do seu estado, o cálculo estratégico que desemboca no essencial: uma jubilação, uma tranquilidade, uma paz interior, aquilo a que o filósofo antigo visa de maneira eudemônica ou hedônica, mas também o pensador do século XVII, o libertino barroco.

21

Um cristão cético. A parelha formada pelo monarquismo político e pelo conformismo ético, tudo isso em pleno respeito ao catolicismo, produz uma quimera estranha, mas viável: um *cristianismo cético*. A construção dessa arquitetura barroca supõe, dá para perceber, muitas torções conceituais, mudanças de perspectiva mental e deformações intelectuais. Nessa empresa fantástica, os paralogismos poderiam florescer muito! Apontemo-los...

A crítica da razão se faz com o uso da razão, mas segundo sua ordem: pois como chegar a qualquer conclusão com um instrumento tão pouco confiável? A crítica da verdade se efetua em nome de uma concepção da verdade: o artifício que distingue o verdadeiro impossível do verossímil real não recebe a maioria dos sufrágios: o cético critica o dogmatismo, claro, mas em nome de outro dogmatismo. A dúvida, a suspensão do juízo não poupam nada, salvo o essencial: a religião católica e a monarquia hereditária, nunca atacadas, tratadas com deferência na melhor das hipóteses, ou mesmo respeitadas, incensadas ou aconselhadas... O que é uma dúvida que se detém nos objetos politicamente perigosos? E depois: duvidar de tudo, salvo da excelência da dúvida; proibir as verdades, salvo a que afirma a inexistência da verdade; criticar dogmaticamente o dogmatismo, tudo isso dá o que fazer à filosofia cética...

Navegando em meio a esses escolhos conceituais, o olhar longe na linha do horizonte, o queixo alto, o ar falsamente à vontade na proa do seu navio filosófico, La Mothe Le Vayer persiste e assinala: a razão não deve servir para duvidar das questões de religião. Deixemos essas verdades a seu mundo e em seu registro, porque envolvem os "mistérios da Fé", um "Dom de Deus", "luzes hiperfísicas do cristianismo", "verdades reveladas", "graças sobrenaturais do céu", um "além do espírito humano", todas elas expressões que, salvo desonestidade de leitura universitária, depõem contra o ateísmo de um autor banalmente fideísta. Deixemos Deus com seus assuntos, ocupemo-nos dos homens, a lição procede diretamente da *Carta a Meneceu...*

Não encontramos em parte alguma, em La Mothe Le Vayer, considerações sobre Deus, sua definição, sua natureza, seus nomes, sua genealogia, nada tampouco sobre o papa, a Igreja, Roma, nem mesmo sobre os milagres ou sobre os sacramentos cristãos. Nem a favor, portanto, nem contra tampouco. Sobre o deus dos povos primitivos, sim, o filósofo se estende, sobre os cleros polinésios, sim, as fábulas gregas ou romanas, sim, as religiões ameríndias, sim, num tom crítico, às vezes zombeteiro, muitas vezes destrutivo, porque o desmonte de um deus peruano deixa em paz o dos cristãos... Pelo menos enquanto o instrumento se acha nas mãos dos libertinos barrocos do século XVII.

Para completar o retrato do fideísta, a ausência de crítica ao catolicismo se acompanha, nele, de um elogio do cristianismo. Lendo os textos de Paulo de Tarso, La Mothe Le Vayer enuncia uma tese clara: a verdade cética? O cristianismo. A verdade cristã? O ceticismo. Não é possível ser mais claro. Um é o outro. A realização do primeiro supõe a do segundo, e vice-versa. Como Valla, Erasmo, Montaigne fazem com Epicuro e Jesus, assim La Mothe Le Vayer procede com Pírron. Demonstração.

Quando Pôncio Pilatos dirige a palavra a Jesus, o que ele faz? "Ele se cala", escreve em *De la divinité* [Da divindade]. Não vamos verificar nos Evangelhos, porque, em Mateus (27, 11), Marcos (15, 2), Lucas (22, 3) e João (18, 34), Jesus, que no entanto só fala aramaico..., responde de bate-pronto a Pilatos, cuja língua é o latim... Mas o filósofo cético assevera um silêncio de Jesus e o põe em perspectiva com a afasia pirrônica celebrada no *Petit Traité sceptique sur cette commune façon de parler: N'avoir pas le sens commun*. Outro exemplo? La Mothe Le Vayer vai buscá-lo em Paulo de Tarso, na primeira Epístola aos Coríntios, que critica a ciência, a pesquisa intelectual, o pensamento pessoal, opção cética. Como provável leitor perspicaz de *O banquete epicurista* de Erasmo, o filósofo cético acrescenta que a etimologia do nome Epicuro (*epikouros*, aquele que salva e socorre) não contradiz em nada o magistério de Jesus. CQD...

A remissão incorreta aos Evangelhos poderia parecer ao universitário uma técnica de dissimulação libertina: ostenta-se uma referência aos textos legitimadores, porque sagrados; na verdade, ela é falsa; logo, composição em abismo do sentido, o filósofo debocha de todo o mundo... Mas por que, então, completar a demonstração citando Paulo, contratando Erasmo, despedindo Epicuro, afirmando enfim que a *epokhé* pirrônica age como uma preparação evangélica do espírito esvaziado, por conseguinte, do inútil e pronto para acolher as verdades da fé católica ("preparar o caminho para os conhecimentos revelados da divindade" ou ainda: "catecismo da Fé cristã", pode-se ler em *De la divinité*).

22

Uma pura máquina de desconstruir. Concluamos pois. O que essa filosofia barroca dá à luz? Uma temível máquina de desconstruir. Claro, os libertinos barrocos não estão prontos para conduzir um cavalo de Troia para dentro da Igreja católica ou dos palácios da realeza. Essa máquina parece monstruosa demais aos olhos dos seus construtores! Separar a Fé da Razão, ainda que esse corte se efetue à custa de uma humilhação da Razão, permite fazer avançar a coorte filosófica em direção aos mosteiros e aos castelos. Um pensamento laico, ateu, se constrói com avanços dessa natureza.

O que quer La Mothe Le Vayer? O que querem os libertinos barrocos? A paz, a tranquilidade, a serenidade. Pública e privada. O término das guerras e dos massacres, o desaparecimento das violências e das intolerâncias religiosas, o fim de um século turbulento e o advento, enfim, de uma época feliz. A *epokhé*, a acatalepsia, a afasia permitem a doçura, virtude cardeal, ideia da razão do século.

Alguns pedem essa epifania da alegria a Epicuro, outros a Sêneca, outros ainda a Pírron. Madame Guyon, por sua vez, se abisma no quietismo – aproximada do não agir taoísta por Jean Grenier, especialista... em Sexto Empírico! Mas todos querem a serenidade, a tranquilidade de espírito, a paz da alma e nenhum pretende pagar esse difícil equilíbrio com uma declaração de guerra a Deus e à religião católica. A máquina de desconstruir dos libertinos barrocos trabalha, produz efeitos. Nos cenáculos, entre os grupos de filósofos, discreta mas seguramente, a razão se emancipa.

Porque essa maneira barroca é potencialmente perigosa na longa duração da História. O fideísmo poupa a religião católica e lhe evita assim o perigo das críticas, decerto, mas ao mesmo tempo o cristianismo permanece no seu canto, sujeito ao esquecimento, deixado ao abandono. Esse excesso de respeito ostentado se parece, e muito, com um enterro de primeira classe. Não voluntariamente, mas de fato, a História atesta. É evidente que os libertinos barrocos não são ateus, mas sem dúvida a genealogia do ateísmo se encontra neles.

Nessa época propedêutica de tempestades desejadas, La Mothe Le Vayer opta pelo "divino ceticismo". Gosto de lembrar *in fine* que Pírron acompanhava Alexandre em suas campanhas no Oriente. Na Índia, o pensador encontrou os gimnosofistas, ou seja, iogues, filósofos budistas, hinduístas e outros. Num museu imaginário da filosofia, a acatalepsia do sábio grego se exporia ao lado do rosto no qual se lê a doçura do sorriso budista a que aspira, em sua vida, sua obra, sua carne, seu corpo e seu pensamento, um certo François de La Mothe Le Vayer. Intempestiva lição de sabedoria para toda época de céus ameaçadores...

III

SAINT-ÉVREMOND

e o "amor à volúpia"

1

O manifesto com dobras. Em 1640, Philippe de Champaigne trabalha numa estranha telinha (58 × 72) intitulada *Triplo retrato de Richelieu,* obra destinada ao escultor Francesco Mochi, que prefigura um busto do cardeal representado simultaneamente de frente e nos dois perfis. Uma impressão de estranheza surge desse quadro que compõe em abismo um mesmo personagem, três vezes num mesmo plano, num tempo semelhante.

A pintura é destinada a um homem que exerce sua arte em três dimensões. Para realizar a estátua do cardeal, ele deve contornar o rosto. Philippe de Champaigne pinta ideias e mostra aqui a relatividade segundo os ângulos. Como discípulo de Protágoras, não propõe uma verdade única, monolítica – como nos dois grandes retratos em pé, de Londres e do Louvre –, mas uma difração, perspectivas, uma relatividade.

OS LIBERTINOS FIDEÍSTAS

As dobras que trabalham essa tela de Philippe de Champaigne parecem muito mais interessantes do que as da tradição barroca sobre a qual, bem antes de Gilles Deleuze, Roger de Piles disse, em seu *Cours de peinture par principes* [Curso de pintura por princípios] (1708), o quanto elas definem esse período da arte. Antes de pintar o jansenismo – Saint-Cyran, Singlin, Sacy, Arnauld d'Andilly, Omer Talon e outros –, Champaigne propõe aqui um manifesto da arte barroca francesa do início do século XVII. Considero o retrato de Charles de Saint-Denis, cavaleiro senhor de Saint-Évremond, natural de Saint-Denis-le-Gast na Mancha, dobrado nessa aparição, por sua vez duas vezes dobrada, do cardeal de Richelieu.

Se Gilles Deleuze tem razão sobre esse tema, no que acredito, a dobra proporciona o conceito operatório do barroco. Não só a dobra dos drapejados, das pedras que imitam tecidos, das pinturas que ficcionam a ilusão – Hyacinthe Rigaud, Simon Vouet, Nicolas Coypel, Laurent de La Hyre –, mas as dobras invisíveis que organizam o espaço em dobras, portanto, mas também em sobredobras, redobras e desdobras.

Quando Saint-Évremond fala, ele próprio, de "dobras" e "retornos" em nossa alma, ele fornece a chave para abrir essa fortaleza de múltiplas entradas que é ele próprio, militar e filósofo, moralista e historiador, orador admirado e autor retirado, epicurista libertino e católico fideísta, tudo sabiamente dobrado: o esgrimista na pele do orador, o cristão vestido com os trajes do sibarita, o falador transfigurado em escritor, o historiador dissimulado no burilador de aforismos. Várias facetas de um mesmo retrato...

2

As dobragens do personagem. Esse homem de ação, presente no *front* de numerosas guerras, esse esgrimista emérito que dá seu nome a uma estocada, esse ferido de guerra que corre o risco da amputação também é o pensador que acrescenta dobras fustigando a filosofia para melhor praticá-la, em outra parte e de outro modo: como moralista. Dobragem do militar no filósofo; depois, dobragem, nele, do moralista. Esse familiar dos grandes do mundo, que convive com os atores da História, ao mesmo tempo que contribui para ela; depois o pensador, que teoriza o que significa ser historiador ou escrever a História. Dobragem do teórico no prático.

Admirado nos salões, animador dos cenáculos mais apreciados do Grande Século, orador temido por sua ironia e por sua arte das farpas, artista do efêmero, Saint-Évremond também deita no papel pensamentos, reflexões, textos. Dobragem da conversa na escrita. No texto curto, numa carta, numa mensagem, num breve*, numa demonstração que tem a polidez da rapidez e a eficácia de um traço de pena, Saint-Évremond dissimula pepitas, farpas, ditos brilhantes. Dobragem do aforismo e da máxima na página de escrita.

E, depois, esse amador de volúpia e de prazeres, esse turibulário de Petrônio, esse discípulo infiel de Epicuro, esse homem dos prazeres básicos, alguns dos quais são pecados devidamente apontados pelo Vaticano, também defende a religião católica, apostólica e romana, aquela que, depois do concílio de

---
* Cf. p. 131.

Trento, toma partido da música e das imagens para ter acesso a Deus. Dobragem do libertino no católico.

Como decifrar esse enigma nas dobras? Eis um personagem difícil de apreender. Acreditamos ser ele homem de ação? Descobrimo-lo como pensador. Imaginamos ser ele um adepto estrito de palavras efêmeras? Surpreendemo-lo prosador a escrever com um escalpelo que trabalha rente ao osso. Nós o lemos praguejando contra os filósofos? Ele encontra Hobbes, Espinosa, Gassendi, depois desmonta sorrindo Descartes, seu cogito e sua metafísica nebulosa. Lemos sua carta a Ninon de Lenclos *Sur la morale d'Epicure* [Sobre a moral de Epicuro]? Tomemos conhecimento também do seu elogio do "verdadeiro catolicismo" numa correspondência endereçada ao marechal de Créqui...

O que, então, garante a unidade do personagem? Existirá uma linha de força que reúna esses fragmentos de ser? Este nome próprio – Charles de Saint-Évremond – dispõe de um modo de uso? Sim. Eis um homem que só apreciou uma coisa: a vida em todas as suas formas. Ele a praticou, provou, quis, desejou. Do jovem fogoso, apaixonado, bem-apessoado, cuja presença seduzia as mulheres, ao ancião exilado, ataviado com uma estranha e monstruosa excrescência – uma lupa entre os dois olhos! –, vivendo recluso entre seus gatos e cachorros, Saint-Évremond construiu sua existência para fazer dela o que seu mestre Montaigne chamava de "grande e gloriosa obra-prima: viver apropriadamente". Essa vida constitui a unidade de um homem adepto de um só Deus diversamente modificado: a volúpia...

3

Sob o signo do Espírito. Charles de Saint-Évremond nasce em dezembro de 1613 ou janeiro de 1614, ignora-se a data exata. Em compensação, sabe-se a data do seu batismo: ablução no dia 5 de janeiro de 1614, batismo dois anos depois, em 3 de janeiro de 1616, sem que se saibam as razões dessa demora. Já então ele recalcitra em pôr-se em regra com as coisas da religião católica! No ano da pia batismal, Richelieu se torna secretário de Estado, Agrippa d'Aubigné publica *Les Tragiques* [Os trágicos], Shakespeare morre e também Cervantes – Saint-Évremond punha o *Quixote* em pé de igualdade com os *Ensaios*.

Terceiro de uma família em que cada filho recebe um apelido dado pelo pai, Charles se torna "o Espírito"... Tinha com que começar na existência sob os melhores auspícios. A exigência parece grande, mas a escolha podia ser pior. Os irmãos são: "o Homem de Bem", "o Soldado", "o Caçador", "o Galante". Ele sozinho poderia concentrar a totalidade das designações. Nenhum deles opta pela carreira eclesiástica. O pai havia admitido sua preferência por um modesto cavaleiro a um padre escandaloso.

Com apenas 10 anos de idade, parte para Paris onde os jesuítas o formam no colégio de Clermont – o futuro liceu Louis-le-Grand. Retorna a Caen por volta de 14 anos onde se inscreve na universidade de Direito. Na época, provavelmente pensa numa carreira de *robin* – notário real. Decepção, abandono. Na sequência, no outono de 1626, volta a Paris, ao colégio d'Harcourt onde continua seus estudos ao mesmo tempo que faz uma preparação militar.

A equitação (para as paradas e os combates...), a heráldica (tratar convenientemente os patrocinadores e os clientes...), a matemática (brilhar na artilharia...), o tiro e a esgrima (exceler no ofício e ponto de honra...), a história (a fim de não esquecer as lições do passado nos campos de batalha...), tudo isso embala o rapaz de saúde vigorosa. Quando volta ao castelo da Baixa Normandia, fica às vezes emboscado horas a fio, metade do corpo na água dos lagos de Saint-Denis, para atirar nos patos selvagens...

Bem depressa, vamos encontrá-lo em todos os campos de batalha da França e da Navarra; não se contam os cercos, as campanhas, as batalhas, as promoções; combate sob as ordens dos duques de Enghien – pouco depois Grande Condé –, depois de Turenne: torna-se tenente de infantaria, ajudante de ordens, depois marechal de campo*; escapa regularmente da morte, bate-se em duelo, quase perde um joelho num grave ferimento à bala de canhão em Nordlingen.

4

O claro-escuro de um discreto. O militar ímpar recebe missões diplomáticas da mais alta importância. Aos 32 anos, o futuro Condé o envia a Richelieu para anunciar a este uma vitória – Furmes, em 1646 –, mas também negociar as condições de um cerco a Dunquerque. Aos 45 anos – 1659 –, acompanha Mazarin à Espanha: o cardeal, nomeado por Richelieu sem nunca ter sido padre, assina o tratado dos Pireneus.

---

* Equivale atualmente a general de brigada. (N. do T.)

SAINT-ÉVREMOND

Nada bobo, Saint-Évremond constata que essa assinatura permite que Mazarin goze de propriedades legadas muito oportunamente quando a guerra poderia ter sido ganha. O normando se abre a esse respeito numa carta confidencial: ela lhe valerá mais tarde muitos aborrecimentos uma vez descoberta, depois entregue por Colbert a Luís XIV. Saint-Évremond deverá deixar a França e se exilar para sempre.

Em 1660, diplomata mais uma vez, acompanha a embaixada do conde de Soissons, encarregado de felicitar Carlos II Stuart que recuperava o trono da Inglaterra. A missão dura seis meses, ele trabalha provavelmente para atar relações com a alta nobreza inglesa por conta de Fouquet. Nessa altura, ignora estar inaugurando com isso uma longa relação com sua segunda pátria. Dobragem do diplomata, às vezes do agente secreto, no militar. Dobras, redobras, desdobras e sobredobras do homem de poder e de ação nas mais altas esferas da realeza francesa...

Enquanto isso, dobra entre dobras, Charles de Saint-Évremond escreve... Aos 29 anos, assina uma *Comédie des académistes* [Comédia dos academistas] (1643) que zomba dos acadêmicos e da sua mania de controlar a língua francesa.

Durante o inverno de 1647 (está com 34 anos), redige um texto parcialmente dirigido contra Descartes: *L'homme qui veut connaître toutes choses ne se connaît pas lui-même* [O homem que quer conhecer todas as coisas não conhece a si mesmo]. Depois: *Sur les plaisirs* [Sobre os prazeres]. Nova dobragem do moralista, do filósofo, do pensador no homem de ação, que passa suas noites de guerra ou seus invernos – combate-se no verão, descansa-se quando chega o frio... – a redigir cadernos para si mesmo.

OS LIBERTINOS FIDEÍSTAS

Em 1662, publica umas *Réflexions sur les divers génies du peuple romain dans les divers temps de la République* [Reflexões sobre os diversos gênios do povo romano nos diversos tempos da República], em que mostra um excelente conhecimento dos historiadores romanos, mas também uma real habilidade para integrar a psicologia à escrita da história – dobragem do moralista no historiógrafo... –, e o talento do libertino para desnudar as quimeras úteis para fantasiar Roma.

Amador de história romana – Salusto e Tito Lívio, Alexandre e César, Suetônio e Tácito, Políbio e Dion Cássio –, Saint-Évremond pratica igualmente a história contemporânea: Richelieu, Mazarin, Condé, Turenne e outros grandes do momento. Ignoramos a natureza das suas relações com Fouquet, seu colega no colégio de Clermont. Provavelmente missões secretas por conta dele, depois arranjos providenciais quando seu amigo de infância se torna superintendente das Finanças: notadamente, as manobras com papel-moeda permitem ao chefe de guerra filósofo ter sua paga à custa das cidades e das populações sitiadas. A época pratica assim... Paga-se a tropa, depois enche-se o próprio bolso. Sua fortuna feita desse modo foi considerável...

Saint-Évremond cai com a desgraça de Fouquet. Já preso duas vezes durante três meses por ter desagradado a Mazarin (setembro-dezembro de 1653, depois junho-setembro de 1658), o amigo de Fouquet é procurado, porque haviam encontrado na casa de Madame du Plessis-Bellière a *Lettre sur la paix des Pyrénées* [Carta sobre a paz dos Pireneus], que descreve cruamente Mazarin como um oportunista esperto e cúpido, trabalhando para si só, sem nenhuma preocupação com o interesse da França. Colbert entrega o documento a Luís XIV, Saint-Évremond teme com razão por sua liberdade, se esconde por um tempo na Normandia, depois vai para os Países Baixos espanhóis e para a Holanda. Início de um exílio de quarenta e dois anos...

5

A cena do salão libertino. A biografia atesta, a obra também: Saint-Évremond tinha o intercâmbio verbal e a palavra em elevadíssima estima. O normando não carecia de pendor para a resposta incisiva, de ironia, de humor ou mesmo de causticidade e de talento para o deboche. Suas palavras podiam magoar, ferir, tanto quanto encantar e regozijar. Com a galanteria, a vinha e o vinho, os historiadores integram a conversa na lista dos "pontos memoráveis" franceses. Ninguém duvida que o filósofo é um dos primeiros a contribuir para tanto na França, depois na Inglaterra do seu exílio.

Para descansar das campanhas militares estivais, Saint-Évremond frequenta os salões franceses. Assim como a Academia Puteana reunia Gassendi, La Mothe Le Vayer, Naudé, os salões permitem aos espíritos agudos da época se encontrar em casa das mulheres do mundo, das cortesãs, em companhia de abades licenciosos, de nobres ociosos, de poetas confidenciais e variados aproveitadores mundanos.

É o caso do salão de Marion de Lorme, uma mulher fácil colecionadora de amantes célebres: Des Barreaux, o poeta libertino devorador de omeletes de presunto na sexta-feira santa, Cinq-Mars, os príncipes de Condé e de Conti, Buckingham e Saint-

Évremond. Nada ciumento, o filósofo aceita a concorrência de uma dezena de homens: em amor, ele sempre se empresta sem nunca se dar verdadeiramente, lição da felicidade. Depois de ter resolvido o problema do corpo, Saint-Évremond também passa rapidamente a outras mulheres mas conserva com suas ex-amantes uma indefectível relação de ternura amistosa.

É a época em que, com um grupo de normandos, durante o carnaval, Saint-Évremond sai fantasiado de mulher da rua ou de capuchinho. São vistos em todos os bailes. Às vezes, esse bando alegre tenta forçar a porta dos solares do Marais, antes de ser expulso pelos porteiros. No salão de Marion de Lorme, fala-se de ciência e letras. Nessa época, no Hôtel des Monnaies, a cortesã e o filósofo assistem às conferências de Gassendi sobre os astros. Cyrano de Bergerac e alguns outros libertinos da hora também estão presentes.

Marion de Lorme morre aos 38 anos, de um aborto espontâneo mal tratado com antimônio. Molière provavelmente toma notas... Saint-Évremond encontrou Ninon de Lenclos, que o acompanha nos salões do Marais. O filósofo a inicia à conversa, a Montaigne, a Epicuro. Ambos tocam alaúde. Depois da alcova começa uma longa história de amizade amorosa, casta e fiel. Durante as quatro décadas de exílio de Saint-Évremond em Londres, eles trocam cartas magníficas. Ela lhe manda ostras, champanhe – beberam muito champanhe juntos; ele lhe envia chá. Ela morrerá quatro anos depois dele.

E, homem de grupo e de cenáculo, de amizade viril com seus companheiros de bebedeiras ou de amizade amorosa com suas ex-amantes, Saint-Évremond impõe o champanhe no Marais. No salão de Madame de Sablé, em presença do moralista La Rochefoucauld, Saint-Évremond conversa. Sobre mil assuntos, entre os quais a gastronomia, o prazer de beber e de comer, a volúpia à mesa, etc. Também sobre os méritos comparados das bebidas. A época aprecia os vinhos da Itália ou da Espanha, saturados de açúcar, cravo e canela, o célebre hipocraz. Ignora-se o bordeaux, ainda não se conhece bem o borgonha, Saint-Évremond converte a roda ao champanhe que ele praticará, apreciará, elogiará por toda a vida. Cria então, depois anima, a "Ordem das Encostas". Nela, encontramos pessoas preocupadas com o jejum e a abstinência católica. Alguns fazedores de versos da Ordem celebram a coragem dos rompedores de quaresma. Nessa assembleia de comilões e beberrões, muitos nobres portam o cordão azul da Ordem do Espírito Santo, fundada por Henrique III. Logo se falará de "*cordons bleus*" na acepção comum.

A juventude do filósofo é passada portanto entre o barulho dos canhoneios do *front* e a conversa mundana dos salões. No verão se mata, no inverno se conversa. Com os militares sem vergonha, os chefes de guerra determinados, os comandantes de exército, sitia-se, saqueia-se, estupra-se, rouba-se, incendeia-se durante os meses quentes; depois, chegado o frio, com os mesmos, bebe-se champanhe, comem-se pratos finamente cozinhados, bole-se com as mulheres, compõem-se rimas, dança-se, canta-se, brinca-se. Tânatos, depois Eros. A arte da guerra, depois a da conversa. Cada momento funciona em verso e reverso da mesma medalha. Saint-Évremond excele em ambos os registros: as lamas de terra e de sangue do campo de batalha, depois os tapetes, sofás, cortinas e poltronas dos salões mundanos. Jano bifronte. Dobragem da vida na morte.

6

A arte verbal do espadachim. Saint-Évremond gosta da conversa, principalmente em presença de mulheres: Marion de Lorme, Ninon de Lenclos, portanto, mas também, no exílio, Hortense Mazarin, cujo salão no Relais Saint-James excita a marquesa de Sévigné... Quem fala? Para quem e para quê? Para agradar e seduzir. A conversa é compreendida graças à etologia... Os arrulhos do pombo, a ostentação do tetraz, a pavonada do pavão, a exibição de um traseiro rubescente de macaco, o inchamento de um saco no pescoço dos batráquios, eis a genealogia da conversa mundana tal como um moralista contemporâneo poderia traçar: ocupar o território, subjugar a assembleia, submeter o público ao seu olhar, obter o assentimento de todos, principalmente das fêmeas a conquistar.

Essa arte não se aprende propriamente, ainda que algumas das suas técnicas possam ser transmitidas. Certas qualidades naturais são requeridas: um espírito vivo, o senso da resposta incisiva, o talento para o improviso, a sorte de expressões felizes, o instinto do momento propício, a prontidão para afiar a farpa. A ironia, o cinismo, a graça, o sarcasmo produzem os melhores efeitos. Saint-Évremond não era privado deles. Gostavam dele por isso.

Em 1648, Baltasar Gracián, filósofo jesuíta e barroco, publica *A agudeza ou a arte do engenho.* Belo oximoro que faz crer que do engenho se pode propor uma arte! Esse tratado analisa as variedades de agudezas, os dardos engenhosos, exibe-se nele também o detalhe das maquinarias: correspondência e proporção, dissonância, observação enigmática, contrariedade, relevo, similitude, comparação condicional, simulada e esteada, prontas respostas, exagero, amplificações, paradoxos, derrisão, crítica e malícia, inversão, jogos de palavras, ficções, excessos, argumentos engenhosos, alusão, etc. O livro formiga de exemplos. O tratado fixa o eco dos salões em que a conversa fez brilhar fogos perdidos. Saint-Évremond foi um artista dessa arte sem vestígios.

Dá para imaginar as técnicas dele, que, iniciando-se bem cedo com um mestre-de-armas, marcou a história da esgrima com uma estocada que leva seu nome! Quando o professor de dança dá aulas de esgrima, a estética conta, e muito. *Golpe, golpe de ponta, golpes sucessivos, golpe indireto, golpe de tempo* – expressões que convêm tanto à espada quanto à conversa. Em outro trecho: *defesa, finta, guarda, desengajamento, envolvimento, golpe molinete, estocada, parada, resposta, toque,* tour d'épée, *tomada de ferro.* Ou então: *cruzar ferro, descobrir-se, desarmar seu adversário, travar armas, baixar a guarda, dar uma estocada,* enfim, *esgrimir.* Leiamos as *Máximas* de La Rochefoucauld ou La Bruyère como o vestígio de estocadas desferidas e acertadas durante uma conversa de salão.

Saint-Évremond sempre celebrou as felicidades e os benefícios da conversa. Em Paris, depois da época dos combates, na Inglaterra, durante a longa temporada de exílio, o filósofo se preocupa menos em pensar, meditar, refletir, escrever num gabinete, à maneira do filósofo ao pé da escada de Rembrandt, do que em agir pelo verbo: porque a conversa é uma ação. Ela se dá entre pares. O exercício parece *a priori* igualitário, porque nenhuma consideração social entra em jogo: para marcar o ponto, só conta a excelência pessoal.

Em sua *Lettre au Maréchal de Créqui*, Saint-Évremond dá a um homem – pelo menos... – uma lição dessa esgrima mundana dos ditos espirituosos destinados às mulheres: dizer-lhes o que elas esperam, lisonjeá-las, oferecer-lhes o meio de agradar mais, interessá-las no que se diz. Com tais munições, pode-se abordar o campo de batalha e esperar vencer. O cavaleiro normando conheceu nesse terreno numerosas vitórias.

7

Lembranças de fogos de artifício. A pirotecnia barroca também existe fora dos jardins, onde ela faz a noite vibrar em sombras e luzes. Ela qualifica também o engenho aforístico dos moralistas do Grande Século. Os autores de máximas e de aforismos guardam seus segredos: ninguém se instala numa mesa para escrever uma máxima saída prontinha do cérebro. Muitas vezes, a agudeza procede do que a precede: um texto sobre um tema útil para concentrar numa frase o mais inteligente e o mais brilhante da demonstração. Tira-se o texto como se tira uma escada, e a fórmula que resta acerta em cheio.

Ou então, voltando para casa depois de uma noitada em salões com fogos de artifício lançados em toda parte com maior ou menor sucesso, quando não com francos insucessos, registra-se por escrito o que concerne ao brilho e à inteligência de outro orador. Cala-se o nome desse, a máxima se torna pública, circula, depois, um belo dia, acaba num florilégio assinado por um esperto que logo se torna moralista... É o caso de La Rochefoucauld no círculo de Madame de Sablé, que ostentava o título de marquesa.

Saint-Évremond excele na forma breve: não o aforismo, a sentença ou a máxima, mas o *breve*. Cada um dos seus breves se endereça a um correspondente particular. Escreve *Sur la morale d'Epicure*? É uma missiva enviada a Ninon de Lenclos. Assina duas ou três páginas com o título de *Sur les plaisirs*? Somente o conde de Olonne descobre seu conteúdo. Ao conde de Saint-Albans, reserva *L'Amitié sans amitié* [A amizade sem amizade]. O marechal de Créqui recebe uma carta programática e sintética sobre a religião, a conversa, as letras, o texto se torna *À Monsieur le Maréchal de Créqui* [Ao senhor marechal de Créqui]. A Vossius, libertino holandês, seu acompanhante à casa de Espinosa, Saint-Évremond destina suas *Observations sur Salluste et sur Tacite* [Observações sobre Salusto e Tácito]. Sua defesa fideísta da religião católica, apostólica e romana, seu arrazoado pela tolerância entre as religiões – notadamente católica e protestante –, sua teoria da transubstanciação, dos sacramentos e dos mistérios, ele registra numa carta a Justel. O essencial do seu pensamento procede por fragmentos, parcelas múltiplas, dispersão entre diversos correspondentes.

Imagina-se que esses intercâmbios epistolares procedem de discussões. Em seu estilo nervoso, seco, sem gordura, austero, sem artifícios, direto, irônico às vezes, em meia-tinta em caso de necessidade, alusivo, Saint-Évremond semeia aos quatro ventos. No meio de quiasmas, de construções estilísticas invertidas, esboços de desenvolvimentos logo detidos, contidos, encontram-se, aqui ou ali, aforismos inseridos no corpo do texto. Um relâmpago, depois a volta à penumbra. Jogo barroco com o claro-escuro...

8

Lições de anatomia. Na época, Rembrandt pinta lições de anatomia. Em 1632, *Lição de anatomia do doutor Nicolas Tulp*; em 1656, *Lição de anatomia do doutor Joan Deyman*. Na primeira, o cirurgião trabalha num antebraço, na segunda num cérebro. O couro cabeludo aberto como uma romã partida, o osso trepanado, o homem de ciência remexe o encéfalo do cadáver com o busto levemente erguido. Seu rosto lembra o de um Cristo. Saint-Évremond utiliza a pena como um escalpelo e corta na alma tiras de verdades difíceis de suportar ao olhar.

Quando o homem comum se satisfaz com fábulas, histórias que douram a pílula, quando clama seu amor, com a mão sobre o coração, ou declama versos a favor da amizade, posando diante do mármore de uma estátua romana, o filósofo efetua seu trabalho, ergue o véu, descobre as quimeras e mostra a crueldade da evidência: não há amor, não há amizade, não há sentimentos nobres, mas mecanismos impuros, com motivos sujos. Interesse, amor-próprio, utilidade, vaidade, malícia, desejo de glória, orgulho e outras paixões vis.

Se analisa a devoção (por exemplo na *Lettre à una dame galante qui voulait devenir dévote* [Carta a uma dama galante que queria tornar-se devota] ou em *Que la dévotion est le dernier de nos amours* [A devoção, último de nossos amores]), não remete à pureza do sentimento, à nobreza do coração, à grandeza do gesto, à elegância ou à elevação das intenções do postulante, mas à incapacidade de continuar tendo uma vida dissipada que leva a fazer da necessidade virtude, à ilusão contida na transformação da sua baixa de ardor sexual natural em puro efeito do seu querer, ao gozo malsão de se vingar de um amante, a obscuras e bizarras paixões que hoje diríamos masoquistas, à esperança de escapar das amofinações mundanas que nos desesperam, e outras razões tão pouco gloriosas quanto...

Eis por que Saint-Évremond considera os homens como eles são, não os sonha, não compõe com o que eles poderiam ser. Donde sua preferência por Corneille a Racine. De tanto querer mudar os homens, nós nos fadamos a sofrer, vamos em direção a uma solidão inevitável. Em troca – os detalhes ele fornece em *L'Intérêt dans les personnes tout à fait corrompues* [O interesse nas pessoas totalmente corrompidas] –, prefiramos o útil ao honesto. Não esperar a pureza, evitar a extrema severidade com o vício, ir buscar o bem onde ele se encontra, mesmo que não seja total, satisfazer-se com o mal menor, praticar a temperança com o outro e a severidade consigo, compor com os vícios do mundo, senão optar pela reclusão, isolar-se de todos, praticar a delicadeza com o outro e não bancar o filósofo dador de lições – "como filósofo ou como devoto da profissão", escreve...

Praticar essa sabedoria trágica – falaram de "humanismo impuro" para qualificá-la... – se revela de salubridade pública, porque com uma moral demasiadamente pura e pessoas tão corrompidas, nunca nada seria possível. Bem antes de La Rochefoucauld – suas *Máximas* datam de 1678 – ou La Bruyère – *Réflexions ou sentences et maximes morales* [Reflexões ou sentenças e máximas morais] é publicado em 1688 –, o filósofo normando funda uma *maneira* bem francesa de pensar: a tradição dita dos moralistas. Com os do seu século, mas também com Vauvenargues, Chamfort, Rivarol e Joubert, Saint-Évremond constitui uma constelação de filósofos que a literatura abandona à filosofia e vice-versa. Os autores finalmente são lidos pelos espíritos livres – os únicos que os merecem...

9

Uma obra apesar dele. Irônico e sarcástico, temível e temido, Saint-Évremond não ignora que os fogos de artifício da conversa constituem uma obra de arte perecível, efêmera, destinada ao aqui e agora. O presente, eis a única dimensão do moralista. O oral, sua única modalidade. A ocasião, seu tempo. Quando tudo isso se torna um livro, como lê-lo? Do início até o fim? Certamente não... Buscando a esmo, borboleteando, indo daqui para lá. O aforismo é um álcool forte. Consumido em dose alta, pode se tornar um veneno violento. Mesma observação para os pequenos textos de Saint-Évremond, fórmulas muitas vezes próximas do *ensaio* – menos o de Montaigne, às vezes longo demais, que o de Francis Bacon.

Saint-Évremond nunca escreveu nem compôs um livro com o fim de publicar sob seu nome. Como discípulo de Montaigne, não gosta dos fazedores de livros... Suas cartas? Apreciadores as copiam, recopiam, distribuem, difundem; os erros abundam, voluntários ou não; o sucesso é enorme; as apócrifas se acumulam: as falsificações se somam às improváveis; atribuem-lhe textos de outro; as contrafações holandesas inundam o mercado; as reedições são consideráveis. Ele acaba de passar dos 50.

Suas reações a essas publicações selvagens? Acha graça, despreocupado. O renome? A reputação? O futuro do seu nome depois da sua morte? Tudo isso o faz rir. Acaso não escreveu em *Sur la morale d'Epicure*: "uma hora de vida bem aproveitada me é mais considerável que o interesse de uma medíocre reputação"? O fato de obras nas quais nenhuma palavra é dele serem vendidas com seu nome o deixa totalmente indiferente. Pelo menos por um tempo. Porque, avançando na idade, quatro anos antes de morrer, ele aceita reunir, certificar, autenticar o que pertence de fato à sua pena. Pragueja até contra Pierre Demaizeaux, amigo de Pierre Bayle, que se tornou organizador desse trabalho, quando sai de férias... As obras serão publicadas postumamente em 1705.

10

O contato com os filósofos. O moralista encontrou várias vezes filósofos maiúsculos do século XVII. Mas nunca parece verdadeiramente atraído por suas teses ou interessado pelos conceitos em jogo. Saint-Évremond parece ter se encontrado com Espinosa e Hobbes da mesma maneira que Marion de Lorme e Ninon de Lenclos... Nada que enriqueça uma meditação pessoal, cruzamentos sem continuidade intelectual.

Espinosa por exemplo: depois de partir de Londres, onde a peste faz milhares de mortos, Saint-Évremond vive no exílio em Haia a partir de 1665. Aloja-se no "Dauphin de France", de um compatriota. Trabalha em suas *Observations sur Salluste et sur Tacite*, frequenta os irmãos De Witt, o jovem príncipe de Orange, diplomatas. É amigo de Isaac Vossius, graças ao qual, por volta de 1669-1670, encontra Espinosa que, na época, só havia publicado os *Princípios da filosofia de Descartes* (1663). Nesse momento, o filósofo holandês trabalha no *Tratado teológico-político*.

Dessas conversas tidas em latim – falado com facilidade mas sem elegância por Espinosa, confia seu interlocutor... –, não resta nada, salvo uma questão levantada por Saint-Évremond sobre a existência de Deus. O futuro autor da *Ética* responde que crê em Deus, mas precisa: "Creio que Deus é a causa interior de tudo no mundo, e não sua causa exterior." Saint-Évremond pretenderá descobrir nas obras póstumas um personagem diferente do indivíduo que encontrou em Haia. Um ateu, no caso... No entanto, parece fácil retorquir ao normando que toda a *Ética* se resume magnificamente nesta única frase e que Baruch de Espinosa não se dissimulava ao seu interlocutor, contanto que este se desse ao trabalho de escutá-lo, ouvi-lo e desejasse compreendê-lo...

Nesse nível, a conversa mundana e a conversa filosófica não obedecem às mesmas regras. Quando Saint-Évremond quer provar a existência de Deus, convoca a "beleza celeste" da duquesa de Bouillon! Os argumentos dos dois homens se inspiram em registros no mínimo heterogêneos... Filosofia do conceito (pesado) contra pensamento existencial (leve), arquitetura destinada a sobreviver aos terremotos contra foguetes luminosos barrocos... Encontro malogrado!

Hobbes em seguida. Saint-Évremond encontra-o pela primeira vez no salão dos Cavendish, família de cujas crianças o inglês havia sido preceptor. O *Leviatã* é publicado em 1655, mesmo ano de *Do corpo*, alguns anos depois de *Do cidadão* (1649). Se o filósofo exilado saúda em sua *Lettre au Maréchal de Créqui* o "engenho" de Hobbes, não subscreve seus "excessos" nem seus "exageros". Mas não se sabe quais!

Justo uma frase, de passagem, com sua desenvoltura costumeira, permite pensar que Saint-Évremond conhece as teses do filósofo inglês, que talvez o tenha lido, pelo menos que conhece o essencial: notadamente a necessidade política de um contrato que supõe, de um lado, a renúncia dos indivíduos à sua liberdade selvagem; de outro (nunca esquecer isso, senão Hobbes se torna o inventor do totalitarismo...), uma garantia da segurança individual pelo soberano assim constituído, legitimado e justificado.

A um Saint-Évremond fideísta francês, no entanto, Thomas Hobbes, monarquista leal, católico galicano e libertino epicurista, dá matéria para discussão, diálogos e confrontação de pontos de vista. Ele despacha a questão numa linha e define, essencialmente: todo governo estabelecido supõe que se tire dos particulares uma parte da sua liberdade natural na perspectiva de construir o bem público. Comentários de Saint-Évremond? Nenhum. Concorda? Não concorda? O que pensa dessa versão do contrato social? Nada... Também não se sabe... Saint-Évremond provavelmente preferiu a saia que passava, o rostinho fresco de uma cortesã ou o pequeno cenáculo curioso de suas espirituosidades... Segundo encontro malogrado...

11

O efeito Gassendi. Saint-Évremond se encontrou regularmente, e não uma vez nas nuvens, com um filósofo, e este foi Pierre Gassendi, o grande, o imenso Gassendi – "o mais esclarecido dos filósofos e o menos presunçoso", escreve em *Jugement sur les sciences où peut s'appliquer un honnête homme* [Juízo sobre as ciências a que pode se consagrar um homem de bem]. Como se sabe, Marion de Lorme e Saint-Évremond assistiam às suas lições de astronomia no Hôtel des Monnaies, em Paris, em companhia de Cyrano de Bergerac. Provavelmente, nessa época o normando dialoga com Gassendi, que reabilita o filósofo do Jardim em sua *Vida de Epicuro*.

Lições de Gassendi? Após uma discussão sobre os limites da razão, sobre o caráter restrito de seus poderes, sobre a evidente limitação dos nossos conhecimentos – Kant não inventa grande coisa... –, sobre a possibilidade de pensar muitas coisas, decerto, mas também sobre a incapacidade de "pensar bem esta ou aquela coisa em particular", Saint-Évremond conclui: a filosofia não serve para nada. Não há por que investir energia, trabalho, tempo numa operação com benefícios improváveis...

Se em sua juventude acredita nela, com a idade vê-se ante a evidência da multiplicidade dos discursos contraditórios dos filósofos, desde o período grego e romano até os nossos dias. Em conformidade com o espírito cético, ele conclui pela necessidade de suspender seu juízo, de praticar a *epokhé* e de ir buscar alhures. O apaixonado desiludido dá as costas para uma filosofia teorética, dogmática, a fim de abraçar uma filosofia prática, pragmática. Seu imperativo categórico? "Falando sabiamente, temos mais interesse em aproveitar o mundo do que em conhecê-lo..."

12

Um distúrbio na glândula. Salta aos olhos: seguir os passos, embora como diletante, de Pierre Gassendi, obrigado a encontrar um dia Descartes no caminho. O filósofo poitevino – e não bretão, como acreditava o excelente Michelet! – ainda não é um mito francês, mas um pensador dentre outros, que esgrime com certo número de correspondentes, entre os quais Gassendi. O paradigma da razão razoável do cartesianismo ainda está por vir. Por ora, esse estranho personagem sonha com melões, monta andaimes a partir das suas noites de sonhos para construir a razão, vê passar homens na rua, se pergunta se eles são outra coisa além de mecanismos de mola cobertos por um chapéu, se inquieta com tudo o que certificasse sua existência!

Pensa-se que Saint-Évremond leu as *Meditações metafísicas* (1641), talvez também uma parte dos *Princípios da filosofia* (1644). Ignora-se se tomou conhecimento do *Discurso do método* (1637). O que ele retém dessas leituras? Que Descartes se propõe demonstrar a existência da alma, de uma substância espiritual, imortal, mas não cumpre a promessa. Não contente com alcançar seus fins, mostra, em vez disso, pensa Saint-Évremond, que a religião não persuade ninguém, nem mesmo o filósofo em busca de si.

O cogito? Matéria para piada: os artifícios de razões sutis, a pouca solidez dos raciocínios, a falta de segurança – *dixit* o normando... – não produzem nenhum efeito, a não ser um riso desenvolto. Ele escreve em sua *Lettre à Monsieur**** [Carta ao senhor***]: "amo, logo sou"... Paródia um pouco sumária da afirmação de Descartes, que mereceria uma refutação melhor – Gassendi vai se empenhar nisso... –, mas, lembremos, Saint-Évremond visa menos conhecer a vida do que vivê-la!

Saint-Évremond parece não querer compreender nada dessa preocupação ontológica. No entanto, para além dessa redução do filósofo à metafísica, Descartes propõe nas últimas linhas do célebre *Discurso do método* dar as costas aos conhecimentos especulativos em benefício de um projeto revelado anteriormente na obra: "tornar-se como que amo e possuidor da natureza". Para tanto, ele toma o caminho da medicina.

Descartes perdeu uma filhinha de dois anos, Francine. Ficou inconsolável. Para que serve a filosofia diante do cadáver de uma criança? Donde um desejo manifesto, no fim do *Discurso*, mas também em outros textos – uma carta a Huyghens datada de 25 de janeiro de 1638 –, de trabalhar no prolongamento da vida além dos cem anos. E o filósofo se põe a dissecar bois nos fundos de um açougue para descobrir os mistérios da anatomia e dos mecanismos da fisiologia. Paralelamente, trabalha em seu *Traité de l'homme* [Tratado do homem].

Que faz Saint-Évremond dessa informação, nele, de segunda mão? Ironia... Ei-lo prestando a Descartes o desejo de tornar os homens imortais, dizendo de caçoada que ele trabalhava para a "invenção de não morrer". É demais: o mundano faz do filósofo um louco, um desmiolado, e conclui, peremptório, que tem "um pouco de distúrbio em sua glândula"...

Depois arremata seu vil trabalho afirmando que Descartes provavelmente teria tido o mesmo sucesso nessa empreitada de medicina revolucionária que em sua demonstração da imortalidade da alma. Lembremos a esse respeito que Saint-Évremond dá sua própria prova da existência de uma alma imortal: "o desejo que tenho de sempre ser"... Um pouco sumário, aqui também. Terceiro encontro desperdiçado.

13

Encontro com os antigos. Se Saint-Évremond malogra seus encontros com os filósofos do seu tempo, não deixa passar os antigos. Em alguns textos, ele rejeita a mania antiguizante de autores que ainda se creem em Roma e escrevem em conformidade com isso. A Antiguidade, claro, mas aclimatada ao gosto dos modernos. De sorte que seus comentários contra Sêneca, por Epicuro ou, melhor ainda, a favor de Petrônio devem ser lidos menos como comentários de um filósofo (dogmático) sobre o texto do que como meditações de um *bon vivant* sobre a possibilidade de recusar o estoicismo com o fito de praticar melhor o epicurismo em pleno Grande Século.

Saint-Évremond faz pouco caso de Sêneca: não gosta nem do filósofo nem do escritor. Cada afirmação do estoico age singularmente sobre o baixo normando e deflagra nele uma furiosa vontade de fazer o contrário... Evitar as honrarias, escreve o ministro, íntimo do imperador Nero? Recusar as riquezas, ensina o milionário? Suportar o sofrimento, professa o homem que viveu tão mal o exílio na Córsega que até bajulou o imperador Cláudio com seu *Apoloquintose* para tentar voltar a Roma? O filósofo libertino vê-se querendo títulos e medalhas, dinheiro e bens, recusando toda dor e visando o maior dos bens: o prazer...

E, depois, circunstância agravante, Sêneca fala muito, fala demais sobre a morte. Sobre esse tema, Saint-Évremond pensa igualmente de maneira reativa: o problema consiste menos em morrer, ter de morrer, saber que se vai morrer, preparar a morte, meditá-la todos os dias, viver com o sentimento permanente do passamento, do que em viver, e bem viver. A melhor maneira de abordar a morte? Sabê-la inevitável, depois fazer da necessidade virtude. A filosofia não serve para nada. Filosofar não é aprender a morrer, mas a viver melhor na espera da morte, que é uma passagem natural, normal, inevitável. Mais vale "viver tranquilamente", escreve, do que "morrer com constância". O culto estoico das belas mortes não apresenta nenhuma utilidade para ter êxito na sua.

À tanatofilia de Sêneca ele opõe a grande saúde de Petrônio. Não só o autor do *Satiricon*, a que o reduzem com tanta frequência, mas o epicurista alegre, voluptuoso por natureza, o naturalmente sensual que possui o prazer mas nunca é possuído por ele. Governador da Bitínia, cônsul, mas preservando sua liberdade de agir, de viver uma vida feliz. Petrônio não cai no *páthos* na hora da morte. Enquanto Catão de Útica, o herói dos estoicos, pede que leiam Platão para ele em seu derradeiro momento, Petrônio pede poetas leves, autores jocosos, depois morre, simplesmente. Aos olhos do epicurista romano e do normando, a morte nada mais é que, banalmente, o fim da vida...

14

Epicuro sob Luís XIV. Saint-Évremond é epicurista, mas menos como discípulo fiel do ortodoxo filósofo do Jardim do que como companheiro de estrada dos poetas elegíacos, Horácio, Catulo, Tibulo, Propércio. Suas ideias sobre esse assunto se concentram em dois textos: *Sur les plaisirs* (c. 1658) e *Sur la morale d'Epicure* (c. 1684). Epicuro foi utilizado por Lorenzo Valla no Quatrocentos em *Sobre o prazer*, por Erasmo em seu *Banquete epicurista*, um pouco por Montaigne também.

Mas a verdadeira reabilitação em regra, monumental, imperial, definitiva, substancial, devemos a Pierre Gassendi com *Vida e costumes de Epicuro*, publicado em 1647. Saint-Évremond não podia ignorar esse texto, é difícil imaginar que não o tenha lido. Pelo menos, na falta de uma leitura verdadeira, seu convívio com o cônego de Digne faz que ele conheça as teses do livro.

Claro, Saint-Évremond retém o essencial do mestre grego: o soberano bem reside na volúpia; a existência de um tropismo natural nos conduz a desejar o prazer e a fugir da dor; a necessidade de uma ética imanente indexada na boa e bela vida; a existência de um divino despreocupado com o destino e a ação dos homens; a inexistência do que quer que seja de imaterial; visar o puro prazer de existir. Mas acrescenta considerações próprias nas quais toma distância da austeridade ascética da moral de Epicuro.

Como pensador moderno, põe em perspectiva o pensamento e o corpo, os humores e as opiniões, a carne e o conteúdo da filosofia. O gosto do filósofo antigo pela ascese? A redução do prazer apenas à ausência de distúrbio, à pura e simples supressão de qualquer dor? Eis uma autobiografia, uma confissão pessoal: Epicuro faz da necessidade virtude. Adoentando-se, sofrendo, suportando um corpo dolorido, elabora um pensamento para seu próprio uso. Mas e para quem dispõe de outro corpo e de uma ótima saúde?

Nada justifica o ideal ascético. Por que razão "comer erva", escreve Saint-Évremond (algo a que, ao contrário de alguns monges cristãos loucos furiosos, Epicuro afinal não convidava ninguém...)? A não ser para ganhar um céu em que o filósofo normando crê, decerto, mas como uma vasta extensão de éter onde se movem os astros... Por que mortificar os sentidos? O que justifica "o divórcio entre duas partes compostas da mesma matéria" (estrita profissão de fé materialista...) quando, conjuntamente, esses dois modos de um mesmo ser visam e querem os mesmos prazeres? De fato, se se pensar assim, a morte é o soberano bem, e não a vida...

Se Petrônio e Horácio celebram Epicuro, é evidentemente porque o epicurismo não se reduz à sua versão ascética e porque existe uma outra, a versão hedonista. A vida de Epicuro foi caluniada, em seu tempo, porém mais tarde também pelos Padres da Igreja. Ora, sua existência não foi de modo algum escandalosa: seus adversários sujaram sua vida para se dispensarem de ter de se medir com o seu pensamento. A volúpia epicurista não é o que se diz: nem gozo bestial, nem prazer cataléptico. Donde a necessidade de um novo Epicuro.

Supressão, portanto, de sua ética ascética, mas também da sua opção religiosa: o filósofo do Jardim crê na existência de deuses indolentes, despreocupados com o destino dos homens, mas, como filho de um ministro do culto, Epicuro convida mesmo assim a orar a eles? Não há utilidade em celebrar ficções ou ectoplasmas...

Mesma observação sobre essa oposição entre um prazer defensável, em repouso, e outro indefensável, em movimento. A velha oposição acadêmica Epicuro/Aristipo... Alternadamente e conforme as ocasiões, escreve Saint-Évremond, Epicuro praticava uma ou outra volúpia. Uma vez suprimindo distúrbio e dor, outra procurando gozos, criando suas ocasiões. Austero, sóbrio, asceta, ele foi, mas tanto quanto alegre, voluptuoso, sensual, segundo os momentos. E mais provavelmente libertino em sua juventude, quando seu corpo permitia, do que em sua velhice, quando a carne não acompanhava mais... Porque ninguém é totalmente branco ou totalmente negro, totalmente devoto ou totalmente libertino, e sim muitas vezes ambos, alternadamente, conforme as ocasiões, as circunstâncias, as oportunidades, conforme também as mudanças ocasionadas pelo tempo. Dobragem do libertino no asceta...

15

Uma filosofia do divertimento. Para viver feliz, não é necessário refletir ou pensar demais... Aprofundar dá ensejo a aborrecimentos! Saint-Évremond oferece sua solução em algumas palavras: "sair frequentemente como que fora de si", escreve em *Sur les plaisirs*. Não esperemos muito mais detalhes! Dita a coisa, o modo de uso fica à escolha do leitor... Contra as quimeras da introspecção teórica, preferir a prática de uma vida expansiva.

Essas poucas palavras ecoam singularmente nessa época. Sua data? Por volta de 1658. Pascal começa a trabalhar em seu projeto de grande obra apologética da *Verdade da religião cristã* – cuja construção interrompida, como todos sabem, constitui os *Pensamentos*. Naquele ano, ele começa a classificar em conjuntos de folhas as notas tomadas sobre esse tema. No fim do ano, confia a alguns amigos escolhidos a ordem, o objetivo e o plano do seu trabalho. Os quatro anos de sofrimento e de melancolia que o separam da morte não lhe permitirão levar seu projeto a cabo. Pascal morre no dia 19 de agosto de 1662 à uma hora da manhã.

Em 1669, é publicada uma primeira edição, dita "de Port-Royal", a tiragem comporta pouquíssimos exemplares. Ela será referência durante um século. Saint-Évremond a terá conhecido? É difícil imaginar que Saint-Évremond tenha ignorado algumas das célebres teses de Pascal – cujo nome não aparece em nenhum ponto da sua obra completa. Os dois infinitos, a aposta, a miséria do homem sem Deus, o espírito de geometria e o espírito de finura, o Deus dos filósofos ou de Isaac, mas também, e sobretudo, os trinta e quatro pensamentos consagrados ao divertimento.

Todos sabem que com esse grande *opus* Pascal visa a conversão dos libertinos. Ele argumenta a partir do ser deles, das suas ações, dos seus pensamentos no século. Um retrato do libertino se esboça em negativo na leitura desses fragmentos. Em quem Pascal pensa? No cavaleiro de Méré, em Damien Mitton, em La Mothe Le Vayer, dentre outros. Ele frequenta os salões nos quais encontrou os dois primeiros. De resto, Mitton, citado três vezes nos *Pensamentos*, escreveu uns *Pensées sur l'honnêteté* [Pensamentos sobre a honestidade], publicados por equívoco em 1680 em... *Oeuvres mêlées* [Miscelânea] de Saint-Évremond!

SAINT-ÉVREMOND

Escrevendo sobre o divertimento, Pascal parece esboçar um retrato filosófico de Saint-Évremond. Porque toda obra tão engenhosamente dobrada do filósofo normando pode se desdobrar e revelar seu conteúdo fora das dobras: ela é integralmente uma filosofia do divertimento. Ainda que não pense nele, ainda que um e outro se ignorem, desconheçam suas obras recíprocas, Pascal fustiga o modo de ser libertino que coloca o divertimento como objetivo mestre.

16

Como sair de si. Pascal afirma que toda a desgraça dos homens vem do fato de que eles não sabem ficar sentados, sozinhos, num quarto. Repliquemos primeiro ao cristão: por que deveríamos gostar de viver sozinhos num quarto, sentados numa cadeira? Isso lá é viver, remoer as mágoas, pensar sua condição miserável, rememorar sem cessar que logo vamos morrer? Por que somar o pior ao pior? Por que motivos dar voluntariamente amplitude à negatividade que nos atormenta naturalmente?

Tudo considerado, se for mesmo para pensar, Saint-Évremond acha mais interessante meditar sobre a vida do que sobre a morte – lembrança espinosista? Menos elencar as ocasiões de sofrer angústias existenciais do que levar uma vida alegre. Os sofrimentos? As dores? Evitar se fartar com elas, evacuá-las. Sempre Epicuro/Saint-Évremond contra Sêneca/Pascal... Querer a alegria, prepará-la, construí-la, viver plenamente o presente, interessar-se pelo passado somente se ele permitir reativar lembranças felizes, preocupar-se com o futuro unicamente na medida em que ele autorizar projetos hedonistas são perspectivas mais interessantes do que sentar-se em seu quarto como um solteiro moroso.

Pascal condena tudo o que diverte: a conversa, os jogos, a guerra, os altos cargos, a caçada, o barulho, o movimento, os prazeres, o bilhar, a dança, a comédia, o alaúde, a canção, os versos, o duelo – condenado também pela sexta *Provincial*. O autor dos *Pensamentos* denuncia o perigo do divertimento para a vida cristã. É exatamente isso o que o torna interessante para Saint-Évremond, cuja vida se opõe ponto a ponto à demonstração de Pascal!

Porque o Cavaleiro amou acima de tudo a conversa, praticou-a, celebrou-a por escrito; provavelmente jogou no sentido primeiro do termo, pelo menos sua juventude foi um longo jogo com as conveniências; passou mais de trinta anos nos campos de batalha; matou, portanto; foi diplomata, enviado e encarregado de missão pelos grandes; caçou nas propriedades da família; conheceu o barulho, ele próprio os fez: as casas de jogatina dos jovens anos, as farras do Marais; praticou todos os prazeres: as mulheres, muitas, o champanhe de todos os dias, uma dúzia de ostras no café da manhã, comidas finas, clubes gastronômicos; teve aulas de esgrima com um professor de dança, também deve ter tido mais de uma mulher em seus braços nas noites de baile; apreciou Corneille, apaixonadamente, escreveu comédias; frequentou os concertos, escreveu música, compôs poemas, tocou alaúde com Ninon de Lenclos; manejou a espada num prado mais de uma vez. Daria para entender que não tenha tido tempo de ler Blaise Pascal...

17

Um taoísta normando. O divertimento: eis como se sai de si, de que maneira se evita morrer de tédio e de cansaço ficando sentado tempo demais numa cadeira num quarto, sem companhia. Saint-Évremond filósofo? Certamente, provavelmente. Claro, não encontramos nele a potência, a força, o trabalho e o ardor em demonstrar de um Gassendi. Nem mesmo o gosto pelas ideias, as grandes maquinarias conceituais. Mas esse nunca foi seu propósito. Filósofo? Não por escrever livros, mas por bem viver. Não fazer filosofia, mas ser filósofo. Ele o *foi* sem muito *fazê-la*: eis toda a sua arte e seu talento para o paradoxo. Sem parecer, sem tocar nela, Saint-Évremond viveu uma vida filosófica dispensando-se de uma obra no papel. Porque sua obra era sua vida.

Na hora do balanço, o que concluir? Digamos que seu epicurismo é galante, delicado, mundano, voluptuoso, se não indolente e tranquilo nos últimos tempos da sua existência, quando o guerreiro de volta dos campos de batalha se torna, depois de anos de exílio londrino, governador da Ilha dos Patos de Saint-James Park, uma sinecura bem paga oferecida por Guilherme III ao filósofo de 85 anos de idade. O cavaleiro fogoso e mulherengo em sua juventude vive agora em seu criatório, entre seus animais domésticos, vestindo roupas velhas e nem sempre muito limpas.

Durante toda a sua existência, ele visou o neutro, por não suportar as posições extremas. Em religião: nem supersticioso, nem ímpio; em volúpia: nem asceta, nem depravado; em saber: nem certo, nem ignorante; nem curioso demais, nem de menos; em sensibilidade: nem aflito demais, nem de menos tampouco; em amizade: em igual distância da assiduidade e do afastamento; em sociedade: nem partidário das multidões, nem da solidão; até em gastronomia: nem o vazio demais, nem o repleto demais... Para utilizar a palavra na acepção de seu tempo, Saint-Évremond presta um culto imanente ao "medíocre".

Seu epicurismo do medíocre transforma nosso gentil-homem numa espécie de taoista normando... A saber? Um sábio no mundo, mas fora do mundo, implicado na sociedade, mas voltado para o seu foro interior. Sua divisa era "Jusqu'au bout" [Até o extremo], mas não se vê como a tenha honrado. Dos extremos, justamente, ele não gostava muito. As extremidades o irritam tanto quanto os extremismos. Não dá com isso para dele fazer um ateu, ainda que arvore uma fé bem pálida; não dá para encerrá-lo no materialismo, ainda que no torneio de uma frase se constate que não há nele muito mais coisa além da matéria; não dá para reduzi-lo ao estatuto de libertino: perder sua soberania e sua liberdade pelo prazer foi coisa que ele nunca consentiu, ainda que em sua vida tenha havido mulheres e vinho em quantidade; não dá para apreendê-lo como filósofo, ainda que ele afaste com um safanão os livros canônicos a fim de viver melhor como filósofo. Saint-Évremond é um oximoro, figura barroca por excelência...

18

E Deus em tudo isso? Saint-Évremond atravessa o século. Cada dia, a velhice leva um pouco dele: uma lupa aproximada da sua fronte o examina um pouco. Uma úlcera da bexiga o corrói e o faz sofrer. Perde o apetite. Ele havia notado que, com a proximidade da morte, numerosos ex-libertinos se tornam devotos, se convertem e morrem como cristãos: nada de tais reviravoltas nele.

Deus não teve muito espaço na sua vida. É o mínimo que se pode dizer. A religião tampouco. Em sua *Lettre au Maréchal de Créqui*, ele fala do "primeiro ser soberanamente amável" sem pôr em dúvida sua existência. Prudente, faz saber que a religião é do âmbito do foro interior. Por conseguinte, não diz nada sobre ela, não saberemos nada dele a seu respeito. Saint-Évremond era deísta: Deus existe, que seja, provavelmente, mas sem se preocupar com o destino dos homens. Nem pecado, nem falta, nem danação, nem céu, nem inferno, nem paraíso.

Como moralista esclarecido, sabe que toda crença decorre do amor-próprio dos homens incapazes de crer em sua destruição *post mortem*. A alma é dita imortal por esse motivo. Com tal artifício, aborda-se o nada imaginando-se escapar dele. Sua análise da devoção vai no mesmo sentido: ama-se muito mais a si próprio do que a Deus, dedica-se um culto ao próprio ego tomando como pretexto um Deus que serve de ocasião. Nisso, ele pode desagradar aos católicos.

Mas é não levar em conta sua opção fideísta, porque ele defende a "verdadeira catolicidade", como discípulo de Montaigne, como conhecedor das teses de Pierre Charron – nunca citado. Cristão, porque francês; cristão por viver numa monarquia e porque é a religião do rei; cristão porque não o ser é faltar com lealdade ao príncipe; cristão porque a política tem de ser firme, segura, serena e porque a religião representa um fator de coesão social.

Submetamo-nos portanto à fé, aceitemos seus mistérios e saibamos que a razão não pode grande coisa nesses assuntos. A curiosidade sobre as matérias teológicas não é uma boa coisa. Mais vale a "ternura do coração" do que a "curiosidade do espírito". Pascal diria: é melhor confiar no "espírito de finura" do que no "espírito de geometria"... Deixemos as coisas da fé em seu registro: a intimidade contra a qual nada nem ninguém pode agir.

Os protestantes? Eles viram o dia em parte por causa dos erros e dos excessos do clero. Mas as diferenças entre huguenotes e católicos contam menos do que o que os reúne. Saint-Évremond prefere reunir as duas religiões insistindo no que têm em comum. Ainda que as duas não expliquem do mesmo modo a transubstanciação, o essencial é que ambas praticam a eucaristia. A tolerância se impõe enquanto ninguém quer converter o outro. E isso para o bem público.

Deísta, fideísta, mas não ateu, Saint-Évremond consegue portanto, com esse arranjo intelectual, ser libertino e cristão, epicurista voluptuoso e católico assumido. Dobragens aqui também, até o extremo, até o fim... Um padre vai vê-lo em seu leito de morte e lhe propõe reconciliar-se. Numa derradeira pirueta, aceita se reconciliar... mas com seu apetite! Depois morre em 9 de setembro de 1703, aos 89 anos, na tranquilidade do sono. Desde então, o libertino fideísta repousa na catedral de Westminster, no canto dos poetas. O filósofo normando compartilha o nada com uns trinta reis e rainhas. Últimas dobras de ironia...

IV
PIERRE GASSENDI
e "Epicuro que fala"

1

Um padre libertino. Quando Pierre Gassendi nasce em 22 de janeiro de 1592, ano da morte de Michel de Montaigne, ainda não se chama Gassendi, mas Gassend. A italianização do nome procede da moda da época – tinha-se de agradar a Maria de Médicis e a Mazarin! A mania muitas vezes é coisa de inferiores hierárquicos bajuladores do destinatário. Gassendi nunca se rebaixará a isso. Foi somente o uso que operou a metamorfose. Seus pais são camponeses da região de Alpes-de-Haute-Provence, onde ele passa o essencial da sua vida, à parte alguns breves anos em Paris. Mais tarde, os passeios filosóficos com os amigos são efetuados sob o céu provençal, nos olivais, nas montanhas calcinadas pelo sol mediterrâneo.

Gassendi queima as etapas. Já aos 16 anos ensina retórica no colégio de Digne. Passado um punhado de anos, aos 22 torna-se diretor do colégio, depois doutor em teologia e teologal, ou seja, cônego que prega e ensina. Aos 24 anos, toma o hábito de padre e obtém por concurso as cátedras de filosofia e teologia em Aix-en-Provence. Durante seis anos, ensina a filosofia de Aristóteles. A julgar pela obra oriunda dessa experiência e por sua exclusão *manu militari* pelos jesuítas, por ordem do bispo, lecionou de maneira heterodoxa e crítica!

Na história das ideias, Pierre Gassendi encarna o libertino emblemático. Libertino erudito, decerto, cujos costumes e cuja vida privada nunca são questionados, mas libertino mesmo assim. Como é possível ser um padre escrupuloso com o rito, defensor do conteúdo doutrinal da religião católica, e filósofo libertino? Reivindicando uma liberdade de espírito, de análise e de crítica, procedendo como filósofo onde quer que pareça possível, apoiando-se na ciência, na experimentação, na verificação dos fatos, partindo do corpo sensual que apreende as informações para elaborar em seguida uma teoria da verossimilhança em lugar de toda verdade definitiva.

Concretamente? Concretamente ele parte em guerra contra Aristóteles, os aristotélicos, a escolástica culpada de verborragias, de sofistarias e de fumaças falsamente filosóficas, que impedem o acesso a uma certeza digna desse nome; acrescenta a seu combate um ataque em regra a René Descartes, responsável por querer provar racionalmente Deus, quando, no espírito do teologal, este último só pode ser um artigo de fé; do mesmo modo, pratica a anatomia, a dissecação – prática rara e politicamente perigosa na época –, a observação astronômica de ponta, e extrai das suas experiências científicas um método para deduzir verdades úteis.

PIERRE GASSENDI

Por isso, esse padre, que escreve versalhadas para a Virgem Santa, que reza e não falta a nenhum ofício, faz uma carreira honrosa na hierarquia eclesiástica, pode perfeitamente conviver com libertinos que, por sua vez, ilustram a definição trivial e habitual da palavra: libertinos de costumes, de alcova, de taberna, libertinos de vida cotidiana. Como François Luillier, Claude Chapelle e outros apreciadores de damas, adamados e libações. A história retém que Gassendi, que se abstinha de vinho e de carne, sabia cantar em coro com os amigos e gostava de brincar com a prole de seus companheiros de reflexão. Enquanto alguns ilustram a versão fruidora do epicurismo, Gassendi toma o rumo ascético do epicurismo do Mestre grego.

2

O corpo do senhor Caro. O corpo de Pierre Gassendi parece frágil, como o de Epicuro. Não se sabe se a sua dupla opção – abstêmia e vegetariana – procede de uma posição metafísica ou de uma necessidade deduzida em face do escasso desempenho do seu corpo. Não consumir carnes que aquecem o espírito ou álcool que poderia fazê-lo explodir por inteiro – a razão exposta por Gassendi para recusar o álcool, *dixit* Guy Patin! – talvez seja uma preocupação dietética em dispor de um corpo com bom desempenho para pensar, livre de toda sujeição – o peso do glutão, a febrilidade do beberrão.

Por outro lado, sua saúde mental também parece precária: a morte de seu amigo e protetor Nicolas Peiresc mergulha-o numa grave depressão que o força a suspender seus trabalhos. Erudito e mecenas, jurista e estudioso, astrônomo e abade, dono de um jardim zoológico e correspondente de Rubens e Galileu, dono de um gabinete de curiosidades de fama europeia, esse homem nunca escreveu nada, mas Gassendi lhe consagra uma biografia em 1641 – *Vida de Peiresc*. Peiresc compartilhou o mesmo teto com o filósofo de Aix, de 1634 a 1637, ano do desaparecimento do seu cúmplice – ano também da publicação do *Discurso do método*. Em sua polêmica com Descartes, Gassendi chamava seu interlocutor de "senhor Mens", "senhor Espírito", o qual, por sua vez, o chamava em troca de "senhor Caro", "senhor Carne"... De fato, a carne do "senhor Carne" parecia bem frágil.

Frugal, abstêmio, vegetariano, depressivo, doente – tuberculose ou impaludismo, não se sabe... –, Gassendi compartilha com Epicuro uma constituição corporal debilitada. Por volta das cinco ou seis da manhã, ele se levanta numa casa sem criados. Recusou-se também a viver com a irmã para gozar plenamente da liberdade de usar o tempo como quisesse. Realiza um trabalho de erudição considerável. Grande leitor de pensadores e filósofos antigos, mas também de modernos tidos em altíssima estima, Montaigne e Pierre Charron entre outros, escreve em latim – Descartes, em francês... –, pratica o grego, parece que com talento mediano, aprende hebraico e árabe, traduz, anota, redige uma correspondência considerável, trabalha longamente em grandes projetos – mais de vinte anos no de Epicuro –, ao mesmo tempo que se consagra todos os dias à sua tarefa de eclesiástico.

3

As lunetas do filósofo. Pierre Gassendi dedica igualmente um tempo importante à astronomia. Desde os 26 anos começa a escrutar o céu com lunetas construídas por Galileu. Com Peiresc e La Mothe Le Vayer notadamente, observa parélios, eclipses do Sol e da Lua, auroras boreais, planetas (Saturno), suas ocultações (Marte pela Lua), movimentos (a passagem de Mercúrio no disco solar), se interessa pela altura do sol no cosmo. Com Peiresc e Mellan, elabora uma carta da Lua. Um circo lunar tem hoje seu nome.

No terreno científico, Gassendi também efetua pesquisas sobre a propagação do som, as leis do movimento, a duração dos percursos; formula corretamente a lei da inércia, trabalha sobre a dilatação e a condensação, depois, no mesmo fôlego, afirma a existência do vazio – contra Descartes que o nega; como discípulo fiel dos materialistas antigos, também defende a existência dos átomos. Para tanto, vemo-lo organizar em Marselha, numa galera, uma demonstração pública, soltando uma pedra do alto de um mastro enquanto a embarcação voga, a fim de calcular o ponto de impacto, depois tirar conclusões sobre a natureza do movimento; perto de Toulon, repete as experiências de Torricelli e Pascal sobre as variações barométricas do mercúrio. Todas as vezes obtém resultados que enriquecem a ciência do seu tempo.

Pierre Gassendi não filosofa na sua biblioteca, não é um pensador de gabinete. Seu campo de experimentação? O mundo e tudo o que o constitui: a terra e o céu, o infinitamente grande e o infinitamente pequeno... Se publica sobre temas científicos, não são comentários de comentários, mas resultados obtidos com o método hoje dito experimental. Em sua obra completa, os trabalhos científicos representam uma soma considerável de páginas.

4

"Sapere aude". Como teologal e preboste, Pierre Gassendi tem o direito de administrar justiça e portar armas. Sua divisa é "*Sapere aude*", em outras palavras: "Tem a coragem de fazer uso do teu entendimento." Estranhamente, essa divisa tomada de empréstimo das *Epístolas* de Horácio (I, 2, 41) é conhecida na história da filosofia, mas não como a do filósofo de Aix. Porque é habitualmente associada a um célebre texto de Kant, *Resposta à pergunta: que é o Iluminismo?*, mais conhecido pelo título de *O que é o Iluminismo?* Esse texto, de 1784, formula o espírito do lema: a coragem de um pensamento livre, independente, autônomo, sem contas a prestar ao método, à razão, às deduções e à progressão do pensamento. Immanuel Kant conhecia a obra de Pierre Gassendi. No inventário da sua biblioteca, encontra-se um texto seu consagrado à astronomia de Copérnico e de Tycho Brahe. Mas o nome do francês não aparece em lugar nenhum, nem mesmo quando, para as necessidades da sua metafísica, o alemão separa o numenal do fenomenal.

Retenhamos essa estranha filiação, nunca apontada nem ressaltada: uma divisa retomada nos mesmos termos um século depois por um dos modelos das Luzes do século XVIII. Gassendi já luta pela razão pura e fustiga a razão impura do irracional do momento: encurrala a astrologia, recusa a alquimia, descarta os rosa-cruzes, rejeita a Cabala cristã e milita pela observação, pela dedução em astronomia, em matemática, em física, a que acrescenta seu interesse pela geologia, pela mineralogia – úteis para as datações da origem do mundo e as leituras do Gênesis... –, pela geografia – pensa por um tempo em empreender uma expedição ao Oriente. Nunca melhor do que aqui se constata o papel propedêutico às Luzes da maioria dos libertinos barrocos: o livre uso de uma razão livre, a confiança dada à razão nos limites atribuídos à sua potência e às suas capacidades, o evitamento da religião nesse processo de livre exame generalizado, a imensa confiança outorgada aos poderes dos homens, uma vez circunscritos os limites e as possibilidades dos instrumentos intelectuais empregados, a crença na possibilidade de substituir uma leitura teológica do mundo por sua versão matemática ou matematizada.

5

Um Jardim chamado Tétrade. Gassendi celebrou a amizade epicurista em seu *Tratado da filosofia de Epicuro* e agiu amplamente como autêntico discípulo seu. Fiel à doutrina antiga, sabe que a amizade encontra sua razão de ser na utilidade comum: o prazer dado e compartilhado, a felicidade de não mais estar só, a satisfação de poder contar com um terceiro, se nos vemos necessitados, a emulação intelectual entre pares, a comunidade intelectual e filosófica. Epicuro vai muito longe ao afirmar que um ser deve poder sofrer, suportar as vexações, até mesmo morrer por seu amigo...

O filósofo pratica a amizade como uma ética e uma estética, quase à maneira de uma mística. Ela é uma virtude ao mesmo tempo que um método.

OS LIBERTINOS FIDEÍSTAS

A época celebra o Cenáculo e o Salão, muitas vezes sob o signo do fútil e das habituais paixões mundanas: fala-se de tudo e de nada, excele-se na espirituosidade ou na conversa por si mesma. Mas existem também lugares em que se encontram pessoas mais preocupadas com pensar juntas ou trocar pontos de vista filosóficos ou intelectuais, do que com assassinar pretensos amigos.

Os libertinos praticam filosoficamente o Gabinete de semelhantes. Já em *De la sagesse*, Pierre Charron teoriza os dois mundos do libertino: um, fora, público, no qual cada um é obrigado a respeitar as leis e costumes do seu país, a religião comumente compartilhada, a política em curso; o outro, dentro, absolutamente emancipado, livre de qualquer injunção ética, metafísica, política, religiosa, mundana, consuetudinária, etc. Para si, seus amigos próximos, seu círculo pessoal, um comportamento íntimo; para os outros, um comportamento público. De um lado, a soberania absoluta do indivíduo; de outro, o conformismo ostentado como prêmio da tranquilidade, mas também para evitar causar distúrbios da ordem pública – a lembrança das recentes guerras de Religião permanece em todas as memórias. O cenáculo libertino funciona como vanguarda esclarecida da modernidade intelectual.

O nome do cenáculo de Pierre Gassendi? A Tétrade. Provavelmente por antífrase irônica, Gabriel Naudé, inventor desse nome de batismo, escolheu uma relação pitagórica. A Tétrade – ou *tetractus* – denomina, em Pitágoras e seus discípulos, o número quaternário (10), fundamento de todas as coisas, obtido pela adição dos quatro primeiros algarismos. Esses três mosqueteiros que são quatro se chamam:

Guy Patin, Gabriel Naudé, François de La Mothe Le Vayer e Pierre Gassendi. Nenhum deles cultua as teorias da metempsicose ou da metensomatose do pré-socrático! Nem tampouco a sua mística cifrada ou a harmonia das esferas... Em compensação, a espécie de religião da amizade e da comunidade discreta, se não secreta, reivindicada pelos discípulos do filósofo dos *Versos dourados*, pode justificar o patrocínio que, sem isso, é incompreensível.

Gabriel Naudé fala numa carta das licenciosidades da Tétrade, antes de precisar algumas linhas adiante que se trata de "licenciosidades filosóficas". Com Gassendi bebendo água e comendo legumes, e Naudé, bibliotecário de Mazarin, também se vedando o consumo de álcool, não dá para imaginar noitadas de bebedeira generalizada. Essa comunidade possibilita, antes, para retomar uma expressão de René Pintard, uma "fraternidade de desinocentes", que se encontram para refazer o mundo sem temer os ouvidos indiscretos ou perigosos. Porque o poder não tergiversa e manda sua polícia em casa de todo suspeito de pensamento desviante. Entre pessoas do mesmo calibre, tudo pode ser pensado e dito, mas preservando-se da maioria, dos outros, do povo ou do populacho que não está preparado para verdades demasiado gigantescas.

As opiniões divergem na Tétrade, mas seus inimigos existem, clara e nitidamente designados: a escolástica aristotélica, em primeiro lugar, a universidade oficial e a Igreja que condiz com ela, em segundo, mas também, num terceiro tempo, todas as atividades irracionais ou sobrenaturais – inclusive no terreno do cristianismo, nem um pouco avaro em matéria de irracionalidade. Todos compartilham essas ideias de que uma razão bem conduzida com base no princípio do método e da dedução efetuada a partir de constatações experimentais pode produzir efeitos maiores. Ao mesmo tempo, por prudência, submetem-se aos costumes externamente a fim de melhor se ativar livremente no cenáculo.

Esse novo Jardim conceitual fornece um gênero de variação sobre o gabinete de curiosidades: os participantes animam uma comunidade em que a vastidão de pensamentos e do mundo, das opiniões e das questões, em que o extravagante e o bizarro, o desconhecido e o novo dividem a ribalta. Colisões mentais, choques intelectuais, trombadas de cérebros, intercâmbios e debates, confrontos, discussões, testes de ideias com pensadores consagrados, eis o ambiente. A leitura dos *Dialogues faits à l'imitation des Anciens* de La Mothe Le Vayer faz pensar nesses banquetes entre amigos. Os passeios nos prados vizinhos das casas de campo deste ou daquele – Arcueil numa vez, Gentilly noutra ou Rungis – definem esses jardins epicuristas barrocos.

Quando às vezes Pierre Gassendi sai da sua Provença e vai a Paris, La Mothe Le Vayer abre a correspondência, seleciona, classifica a papelada, encaminha o que é para ser encaminhado, põe em ordem os manuscritos. Quando o provençal morre, o autor do *Hexameron rustique* está, é claro, ao lado do caixão com alguns amigos fiéis. Todos sabem que não existe uma amizade em si, à moda platônica, porque, com base no princípio realista de Epicuro, só existem provas de amizade. E elas não faltam nessa aventura. Ninguém na Tétrade ficou em falta com essa história iniciada em 1628 e terminada com a morte do penúltimo participante.

6

Um filósofo libretista. Gassendi morre no dia 24 de outubro de 1655 em Paris, na casa de Habert de Montmort que o hospeda faz três anos. René Descartes sucumbiu a uma pneumonia em casa de Cristina da Suécia, que gostava de lições de filosofia matutinas, o que, no inverno sueco, não perdoa e acaba com o cogito mais rijo. O que resta de Pierre Gassendi quando sucumbe aos 63 anos? Livros em latim, manuscritos, publicações científicas, obras de filosofia, algumas inacabadas, fragmentos reciclados aqui ou ali, biografias de cientistas e uma imensa correspondência com todos os que contam na Europa intelectual da época: Campanella, Descartes – somente uma carta, o essencial está alhures! –, Cristina da Suécia – desejosa de substituir seu finado René por um Pierre que recusou polidamente o convite da dama –, Galileu e Kepler, Grotius, o jurisconsulto, Mersenne – o estranho padre mínimo que instrumentaliza a querela com Gassendi –, Vossius – um correspondente de Espinosa –, ou Beeckman – que defende sua tese sobre o atomismo em Caen e inicia em parte Gassendi aos seus achados, depois age como gatilho intelectual em Descartes. Etc.

Nessa montoeira de obras feitas, inacabadas, científicas, filosóficas, públicas, privadas, de juventude, encontra-se alguma coerência? Existe um fio de Ariadne? Se nos ativermos à filosofia, sim. Deixemos de lado os trabalhos científicos, a correspondência e concentremo-nos na obra do pensador. O que resta? Gassendi é o homem de um só livro que resume e sintetiza sua contribuição? Assinou uma espécie de *Discurso do método*? Infelizmente não. Esse balanço parece não ter uma verdadeira linha de força. No máximo podemos avançar uma metáfora para esclarecer sua contribuição à história das ideias.

Pierre Gassendi parece um homem de teatro que encena à maneira de um marionetista ventríloquo. Para o universo filosófico, seus personagens principais são apenas três: Aristóteles, o escolástico malvado; Descartes, o racionalista excessivo; Epicuro, o santo laico. Os figurantes importam pouco e passam depressa pelo tablado. É o caso de Hobbes e Sorbière, Luillier e Peiresc. A obra toma empréstimos do balé de corte, da comédia-balé, da pastoral da tragédia lírica, da ópera-balé, gêneros muito em voga na época, mas também e principalmente da ópera. Uma ópera barroca...

7

Tentativa de homicídio contra Aristóteles. Comecemos pelo mais antigo na história das ideias, pelo primeiro livro também, uma trovoada inaugural assinada por Gassendi. Durante seis anos, na Academia de Aix, ensina escolástica. Imagine-se o auditório sério, tomando notas, registrando por escrito as palavras do professor. Aos 32 anos, assina as *Dissertations en forme de paradoxes contre les aristotéliciens* [Dissertações em forma de paradoxos contra os aristotélicos] (Olivier Bloch propõe traduzir por *Ensaios anticonformistas contra os aristotélicos*), um balanço, uma suma sobre seu ensino. O livro é publicado em 1624, em Grenoble, sem nome de autor.

Na carta introdutória em forma de prefácio, precisa a seu amigo Joseph Gautier – um companheiro de passeio pelas montanhas provençais – que lhe deve explicações. De fato, como um indivíduo que zombou dos "escrevinhadores" dominados pelo demônio da publicação, que convidou os autores a deixar seus textos envelhecerem sessenta anos antes de os dar ao conhecimento do público, pode, mal passados os 30, publicar um grosso volume sem se expor à chacota? Ele se antecipa aos risonhos e, colocando-se sob o signo de Demócrito, afirma que também teve "o baço abalado" em face dessa reviravolta espetacular. Então por quê?

Porque as notas tomadas durante essas sessões existem e circulam por baixo do pano. Gassendi não está seguro da qualidade desses textos. Uma publicação não autorizada parece pronta a vir a lume, e alguém poderia se valer dessa obra duvidosa para um processo maldoso. A publicação precipitada visa portanto puxar o tapete de discípulos provavelmente bem-intencionados mas cuja iniciativa proporcionaria numerosos pretextos a uma condenação em regra. Lembremos que os jesuítas o tiraram fisicamente do seu curso, obrigando-o a buscar a hospitalidade de um padre amigo para terminar seu seminário.

A obra é publicada portanto. As últimas páginas do prefácio anunciam sete livros, na verdade dois serão escritos e só um será publicado em vida do autor. Retenhamos que desde 1624 é previsto um tomo sete que propunha expor uma filosofia hedonista segundo a qual "o soberano bem se encontra na Volúpia"... Melhor não seria possível, depois de demonstrar no livro precedente a impossibilidade de toda metafísica – já despontam os motivos da discórdia por vir com Descartes – e a necessidade de se ater apenas à teologia, embasar uma doutrina hedonista, e não uma posição pirrônica como às vezes se lê: o ceticismo, nessa obra, como tantas vezes ocorre com os libertinos barrocos, fornece um método, não uma conclusão.

8

Ao ataque contra os atletas mambembes. Gassendi pega pesado: desde as primeiras páginas ele confessa que o ensino de Aristóteles que tivera na juventude entediou-o profundamente. Já então prefere uma filosofia existencial que propõe a felicidade e o aumento do prazer de existir. Claro, o pensamento de Aristóteles ensinado no marco escolástico não tem nada de eudemonista. A *Ética nicomaqueia* poderia convidar um pouco a isso, mas não são esses nem o livro nem a temática prediletos dos doutores da Universidade. O que Gassendi visa? A felicidade e os meios teóricos de alcançá-la na vida cotidiana.

Os universitários responsáveis pelas glosas sobre a obra de Gassendi fazem muitas vezes desse ataque contra Aristóteles um livro pirrônico. Para pensar assim, só confundindo o método e suas conclusões. O ceticismo posto em ação pelo filósofo visa abalar as certezas, questionar as verdades apresentadas como tais desde sempre, e nada mais do que isso. Em nenhum momento, o resultado da análise desemboca na suspensão de juízo ou no relativismo generalizado. Lembremo-nos: o projeto de consagrar um livro à volúpia como a chave da ética prova que a crítica gassendista do aristotelismo visa uma superação dessa escola, sem dúvida, mas em nome de um epicurismo situado nos antípodas do ceticismo.

Astuto, Gassendi sabe que o aristotelismo alimenta a filosofia da Igreja oficial. Ele não ignora que, atingindo o Mestre grego e seus discípulos através dos séculos, ameaça com o chicote os partidários da Igreja católica, apostólica e romana. Prudente, toma o cuidado de afirmar sua vontade de poupar a Igreja, à qual proclama sua fidelidade, mas a flechada fora disparada... Apesar de Valla, Erasmo e Montaigne, o desejo de livrar a Igreja do tumor escolástico, em nome de Epicuro, não faz parte do espírito da época, muito menos ainda dos projetos do catolicismo.

O ataque é de uma violência inaudita. Três séculos depois, podemos sorrir: o conjunto dos livros de Gassendi depositados em sua escrivaninha, justapondo esse exercício de cólera jubilosa, essa orgia de violência verbal exacerbada nas *Dissertações em forma de paradoxos contra os aristotélicos* (1624), e as páginas consagradas a Epicuro – notadamente a do *Tratado da filosofia de Epicuro* (III, 15) (1649) – onde o sábio Pierre Gassendi põe em guarda contra essas más paixões que são a cólera, a vingança, o ressentimento, a maldade, a que ele opõe no papel a excelente virtude da "doçura"! Num exercício semelhante, dirigido contra Descartes em 1641-42, o mesmo apologista da mansuetude, da clemência, da piedade, do perdão saca de novo suas armas embotadas contra o autor do *Discurso do método*.

A natureza do combate, escreve o espadachim, requer um "estilo mordente" e o recurso ao "gênero satírico". Anotemos. Quanto ao fundo, o ataque se dirige contra a dialética, os universais, as categorias, as proposições; nos livros anunciados, ele prevê o mesmo tratamento para a física, as meteorológicas, a metafísica e a moral. Guerra total, portanto. Do mesmo modo, Gassendi acusa os êmulos de terem transformado a filosofia de seu mestre em sofística vazia, oca; de não terem realçado o interessante *corpus* de história natural que amarra o pensador ao real imanente; de reduzir a teologia a puros e simples exercícios acadêmicos em que a retórica se apresenta como única perspectiva; de superestimar o *Organon* e a *Metafísica*; de fazer de Aristóteles um deus intocável, fonte de verdades incontestes; de se apoiar num *corpus* não confiável sem o ter submetido a um trabalho filológico prévio; de encerrar a diversidade dos trabalhos aristotélicos numa totalidade sistemática, apesar de evidentes contradições e múltiplas incoerências. Quanto ao fundo, Gassendi respeita os usos: análises finas, demonstrações embasadas, recursos a métodos comprovados pelo meio filosófico, leituras consideráveis, meditações da obra sob todos os aspectos.

Já quanto à forma, Gassendi se solta. Quer mordacidade e sátira, então tome... Pequeno inventário de insultos garimpados na obra: "quiméricas tolices", "salada de disputas vãs", "sofísticas aparências", "nuvens vãs", "viveiro de argúcias", "comédia inepta", "patacoadas estúpidas", "atletas mambembes", "chicaneiros engambeladores"... Fogos de artifício de doçura gassendista!

De passagem, o filósofo em cólera reativa uma fórmula fadada ao sucesso no século XX, notadamente para ser utilizada num outro combate da história da filosofia – Jean-Paul Sartre contra Raymond Aron –, Gassendi escreve sobre os aristotélicos que "eles preferem se enganar com Aristóteles a ter razão com os outros"... Cícero já escrevia nas *Tusculanas* (I, 39-40): "prefiro estar errado com Platão a estar certo com os pitagóricos". Nada de novo sob o sol!

9

A retirada polemológica. No ano desses ataques furiosos, 1624, Pierre Gassendi deixa sua Provença e chega a Paris. O clima não está nada ameno para o pensamento livre. Um quarto de século depois do assassinato de Giordano Bruno, cinco anos depois da tortura e do assassinato de Giulio Cesare Vanini em Toulouse pela mesma gente da Igreja, Pierre Charron no índex (1603), Théophile de Viau detido, preso e julgado (1624), não longe do caso Galileu (1633) – depois da condenação pela Igreja do copernicianismo em 1616, o que provavelmente fez René Descartes decidir-se a partir da França para a Holanda –, não é muito bom filosofar livremente. Mais uma razão para um audacioso que, escrevendo contra Aristóteles, não pode esperar os favores da Igreja católica e da Sorbonne, sua serva habitual.

Tanto mais que nessa época a famosa Sorbonne condena Jean Bitaud, Antoine Villon e Étienne de Claves por defenderem posições atomistas contraditórias ao aristotelismo. Os três homens são coagidos ao banimento, depois de rasgadas suas teses. O Parlamento de Paris, agindo a pedido da Sorbonne, proíbe o ensino do que quer que se oponha aos antigos autores "aprovados" – este último termo diz tudo. A filosofia de Aristóteles é atacada por toda parte desde o início do século XVII. Mas a Igreja vela, com sua polícia do pensamento. Garasse publica sua *Doctrine curieuse* em 1623...

Pierre Gassendi renuncia a publicar o livro dois, já escrito, e não continua: os outros cinco nunca verão o dia. Oficialmente, o autor bate em retirada a fim de poupar a suscetibilidade dos aristotélicos – fala da "cólera incomum" deles depois da publicação do livro. Abandona, escreve ele, o manuscrito aos vermes e aos camundongos da sua biblioteca. As folhas nunca foram danificadas...

A essa justificação da sua renúncia ele acrescenta ter descoberto recentemente uma obra de Francesco Patrizzi consagrada ao mesmo tema, com, parece, numerosos argumentos comuns... Gassendi pretende ter lido esse texto depois de ter escrito o seu; ora, uma comparação linha a linha infelizmente o desautoriza: ele o lera antes. E com muita atenção... Mais uma razão para um recuo estratégico.

Para dar a impressão de agir conduzido por boas razões, Gassendi também justifica sua retirada do campo de batalha pela preocupação de poupar a Igreja una, santa, católica e apostólica à qual se diz – e é... – ligado. Pena que não tenha mostrado mais prudência para com a dita Igreja anteriormente, quando da redação desse grosso volume! É difícil acreditar que o filósofo tenha se dado tão pouca conta das mais que prováveis consequências do seu engajamento teórico nos cursos que professava e, em seguida, na decisão de redigir e publicar suas notas. Falsamente ingênuo, verdadeiramente imprudente, mas nem tão corajoso assim, o retrato psicológico de um Gassendi real se esboça pouco a pouco: esse retrato destoa do ideal do sábio epicurista posto em cena por seus próprios cuidados.

10

O sr. Caro ataca o sr. Mens. Quase vinte anos mais tarde, Pierre Gassendi não havia tomado juízo. Longe do conto epicurista, o filósofo entra na goela do lobo e torna a entrar em guerra contra René Descartes. Por que não releu as páginas em que Epicuro fala da necessidade, para obter a ataraxia, soberano bem, de buscar a volúpia na negação de toda perturbação, claro, mas também no evitamento dos embaraços? Não ir ao encontro de aborrecimentos, eis um objetivo prioritário para todo hedonista digno desse nome. Desembainhando a velha espada, Gassendi corre riscos maiores do que ao atacar Aristóteles, um morto antiquíssimo, ou discípulos impotentes, os aristotélicos da hora. Porque Descartes não é um adversário para o seu ferro. O poitevino se revelará, ademais, duro na queda.

Primeiro, Descartes sabe como manejar armas reais, por ter servido no exército sob o comando de Maurício de Nassau, o que lhe permite, diz ele, obedecer à sua natureza. De fato, numa carta a Mersenne (9 de janeiro de 1639), ele confia que certo "calor do fígado" fez que outrora amasse as armas. A vida ociosa de caserna lhe possibilitou trabalhar em seu projeto científico e filosófico. Terá sido nessa época que escreveu uma *Art d'escrime* [Arte da esgrima] hoje perdida? Não se sabe.

Em 1621, esse mesmo homem domina com sua espada dois barqueiros que, no barco em que ele conversa em francês com seu criado, não sabem que ele compreende a sua língua e formulam abertamente o projeto de depenar o filósofo, depois jogá-lo na água. Hábil no manejo de armas reais, Descartes também o foi no terreno metafórico: demonstra aí um talento temível, de que Gassendi será vítima.

Que contencioso poderá explicar essa animosidade do aprendiz epicurista para com seu contemporâneo? Talvez o seguinte: Pierre Gassendi, como se sabe, observa o céu e registra seus achados desde há muito. Em 1630, publica sobre os parélios. Descartes dá notícia dessas descobertas nos *Météores* [Meteoros] em 1637. E, crime de lesa-majestade, não cita Gassendi! Voluntariamente? Não se sabe. Descartes pretende ter sabido dessas informações astronômicas por um amigo, Reneri. Ferimento narcísico? Arranhão no amor-próprio? Nada impede de pensar assim...

Mas quando são publicadas as *Meditações metafísicas* que, francamente perverso, o padre Mersenne da ordem dos Irmãos Mínimos põe nas mãos de Pierre Gassendi e de Thomas Hobbes – dois materialistas pouco capazes de apreciar a metafísica espiritualista de Descartes... –, o teologal de Aix não contém sua irritação: "livro excessivamente chato", escreve, obra em que tantas "sensaborias" devem ter custado o máximo ao seu autor, sobre o qual se pergunta como pôde ousar "entornar tantos sonhos e quimeras". O tom não mudou desde o tempo das digladiações contra Aristóteles. Gassendi sai novamente em guerra e visa abaixo da cintura. Descartes recusa o debate para evitar oferecer aos medíocres o prazer de sabê-lo distraído do seu trabalho.

11

Os Horácios e os Curiácios. O combate travado entre esses dois homens lembra o dos Horácios e dos Curiácios. Uma espécie de ordálio perigoso para o vencido, porque o vencedor de um só triunfa sobre todos os membros da outra parte. De um lado: Descartes e o espiritualismo racional, ou mesmo o racionalismo espiritualista; do outro: Gassendi e o materialismo católico, o atomismo cristão – ou mesmo o cristianismo atômico! Um crê nos poderes genealógicos e fundadores da razão; o outro milita por uma razão com poderes limitados, a fim de poupar a religião católica. O materialista passa ao largo da História por causa do que permanece cristão nele. Descartes ganha a aposta e cria a razão moderna ocidental, instrumento destinado a produzir efeitos na História por séculos a fio.

Qual o motivo do combate? Onde estão os móveis? O enfrentamento parece estéril e vão, porque os dois protagonistas creem em Deus, na imortalidade da alma, na necessidade de respeitar a religião católica e a monarquia que condiz com ela. Então por que tanta agressividade? Quanto ao fundo, as divergências não existem, ou muito pouco. Em compensação, Gassendi se excita quanto à forma, ao método: Descartes parte de nada, duvida, depois constrói uma série de verdades, peça por peça, com experiências ontológicas: da dúvida metódica à certeza de Deus, passando pelo cogito, pelas ideias inatas e pela ideia de infinito, ele constrói a metafísica moderna.

Mas, aos olhos de Gassendi, é arrogância humana demais, suficiência mundana demais, orgulho pessoal demais. De fato, no texto de Descartes, encontramos esta ou aquela expressão afirmando que naquilo em que todos haviam fracassado ele, René, triunfa; que ele traz finalmente certezas imutáveis, eternas e definitivas; que ninguém jamais poderá recusar seus argumentos; que ele evolui no terreno do "certo" e do "indubitável"; e outras imprecauções de linguagem que ferem a humildade católica ostentada pelo teologal.

Para além das suscetibilidades de filósofos em carne e osso, Pierre Gassendi avança objeções teóricas: o conhecimento de Deus, a demonstração da sua existência são certezas impossíveis de se obter unicamente com a razão, instrumento precário, limitado, pouco confiável, capaz de produzir o verossímil, sem dúvida, mas não a verdade. Descartes acredita que o verdadeiro é claro e distinto? Talvez, mas a verdade se obtém com Deus, que se conhece pela graça, e não com a razão humana. A fé, a crença, a submissão aos dogmas da Igreja, sim, a conquista de tudo isso com um instrumento humano, demasiado humano, não.

Os dois homens praticam a ciência como profissionais. Ambos creem nas virtudes da experimentação, da dedução, da observação, conferem à física um poder de modelo, à matemática uma potência arquitetônica. Mas o provençal limita os campos: a ciência deve poupar as coisas da religião; o poitevino pensa que não existem limites para o uso da razão, ainda que, por prudência, poupe a religião católica do ácido da sua dúvida metódica. O fenomenismo, o empirismo, o sensualismo de Gassendi, no entanto tão modernos e tão precursores, fracassam por causa do cristianismo que ele ainda professa e que o impede de ir filosoficamente tão longe quanto essas opções possibilitariam. Se constata com toda a razão que o corpo sente primeiro, antes de em seguida construir seu saber, que os sentidos são enganadores, que portanto as certezas parecem pouco confiáveis, ele deduz e conclui no entanto que se deve deixar à religião seu registro próprio. Paradoxalmente, o espiritualista leva a melhor sobre o materialista. Por conseguinte, o materialismo inteiro sofre com o resultado do combate. Cristianismo demais, epicurismo de menos em Gassendi explicam por que ele não pôde levar a melhor sobre Descartes...

12

Detalhes sobre a troca de golpes. Gassendi ataca a "dúvida": por que lhe consagrar tanto tempo e lhe dar tamanho espaço? Apelar para o senso comum basta, ele permite arguir imediatamente sobre a debilidade da natureza humana e a necessidade de não realizar empreitadas acima das forças intelectuais do homem; passa ao "cogito": penso, logo existo; não posso, no momento em que tenho a certeza de pensar, não ter a certeza de que existo, eis um truísmo, e não uma revolução metafísica: o ser do puro espírito despojado da sua materialidade não constitui um achado; emenda sobre as "ideias inatas": imaginar que o significante Deus remete de fato a um significado que prova a existência de quem o pôs em nós antes de toda história pessoal é outra ficção: somente o ato de fé possibilita a presentificação de Deus, e não essa construção metafísica. Gassendi prefere a teologia cristã à ontologia cartesiana.

Com uma profusão de detalhes, Gassendi salpica seu desmonte de Descartes com juízos pouco amenos: aponta aqui ilusões, ali paralogismos, acolá conclusões falsas ou raciocínios arbitrários. A discussão assume uma forma polêmica visível na organização das posições de cada um: Gassendi recheia seu discurso com longas citações das *Meditações*, acrescenta as "respostas às objeções" feitas por Descartes, na época em que o autor do *Discurso* achava que valia a pena responder, depois Gassendi volta à carga e acrescenta umas "Instâncias", mas Descartes cessa de opor contradição.

É no decorrer dessa discussão publicada sob o título de *Investigação metafísica* (1641) que Gassendi se dirige a Descartes escrevendo-lhe: "ó espírito! ó bom espírito!". Mau jogador, achará injusto que, no mesmo tom, Descartes lhe responda com um: "ó carne! ó ótima carne!"... Lembrança do célebre "estilo mordente" e do "gênero satírico" outrora exaltados por Gassendi ao atacar gente de menor estatura que ele! Mas o mordido pensa diferente do mordedor... Tendo lido algumas "Instâncias" escolhidas, Descartes acha-as injuriosas e renuncia a prosseguir a contenda. Assim, não publicara, conforme combinado, as objeções de Gassendi à segunda edição das suas *Meditações*. O combate cessa aí.

13

O mais filósofo dos dois. Nesse caso, há duas maneiras de ser filósofo: no sentido técnico ou no sentido trivial do termo. No sentido técnico, Descartes leva a melhor, sob vários aspectos: trabalha verdadeiramente para emancipar sua disciplina e libertá-la da teologia. Sua invenção da razão moderna, sua proposição de um conceito, mas também de um instrumento capaz de ser utilizado além dos séculos, tudo isso o coloca na primeira linha e impõe esta conclusão paradoxal: o mais libertino dos dois é Descartes!

A Igreja, aliás, não se engana a esse respeito. Bem depressa e bem cedo ela despacha a tropa jesuíta para combater Descartes e sua filosofia antes de colocar sua obra completa no índex, em 20 de novembro de 1663! Quanto a Gassendi, materialista, atomista e epicurista, nunca teve essa honra – prova da ortodoxia do seu cristianismo, apesar das suas incursões no domínio do Jardim. Astúcia da razão, ao condenar o cartesianismo, os jesuítas chamam a atenção para essa filosofia transformada em estandarte de modernidade filosófica e intelectual do seu tempo, depois dos tempos vindouros.

No sentido trivial, o vencedor é o mesmo: de acordo com esse segundo sentido, mais comum, mais habitual, "ser filósofo" supõe a mostra de certa sabedoria prática diante das adversidades do mundo e da vida; ou: sofrer e suportar a tolice humana, a maldade dos semelhantes, os golpes do destino com certo desprendimento, ou mesmo uma certa elevação; ou ainda: encarnar virtudes que valorizam, magnanimidade, longanimidade, elegância, grandeza de alma e perdão. Nesse outro prado, os dois homens também se defrontam: aqui também, menos arrogante, menos suficiente, mais sensato, Descartes se mostra superior a Gassendi!

Não se sabe se o caso dos parélios funda o ressentimento de Gassendi, provavelmente; ignora-se a esse respeito a boa ou má-fé de Descartes. Em compensação, a iniciativa do primeiro golpe vem de Gassendi: na lógica do duelo, Descartes pode reivindicar o estatuto de ofendido. Ora, ele não pede reparação. Gassendi desfere um golpe atrás do outro, ataca repetidamente. Descartes às vezes responde no mesmo tom, Gassendi agride e acusa seu interlocutor de uma arrogância e uma suficiência muito mais dele próprio. Mas muitas vezes censura-se ao outro o que não se quer censurar a si mesmo...

Em 1648, é organizado um jantar de reconciliação para que os dois homens façam as pazes em presença de uma numerosa assistência. Os caminhos do inconsciente são bem penetráveis: na véspera dessa cerimônia, Gassendi se sente mal e fica de cama no dia seguinte! Fidalgamente, Descartes, seguido de todos os partícipes, foi visitar o doente. Descartes rouba a cena: ele beija o filósofo acamado. Com o inconsciente reanimado, assim que recobra a saúde Gassendi visita Descartes e põe-se de acordo com ele sobre o mal dos "excessos do espírito filosófico". Cai o pano sobre essa cena em que se jogou uma parte do futuro e do destino da filosofia francesa.

A redação de uma ontologia imanente, a elaboração de uma crítica de toda metafísica racional, ou mesmo, mais modestamente, a simples escrita de uma filosofia do fideísmo, contanto que reine o espírito positivo e não o desejo negador, poderiam ter se oposto com consistência a Descartes, que evoluía num outro plano e com outras velocidades. Em vez disso, houve essa querela indigna por culpa de um deles. Mas Gassendi não era o homem desse livro, nem mesmo o pensador adequado para esse combate que merecia mais argumentos e menos insultos!

14

Os limbos de um pensamento materialista. Esse livro impossível de metafísica materialista até que teve seus esboços, notadamente em Gassendi. Porque seu desejo de reabilitar Epicuro pertence um pouco ao projeto de oferecer uma alternativa filosófica e possibilitar outro pensamento que contraste as elucubrações escolásticas e rejeite o cartesianismo. Terceiro personagem posto em cena por Gassendi: Epicuro, um antídoto a Aristóteles e Descartes. Mas um contraveneno cujos efeitos o provençal reduz para tentar controlar a periculosidade do remédio. Epicuro sim, mas santo Epicuro, um Epicuro cristianizado, emendado, corrigido, apresentado nos limites da razão católica.

Gassendi projeta um trabalho considerável sobre Epicuro. Suas *Dissertações em forma de paradoxos contra os aristotélicos* (1624), críticas dirigidas à escolástica, se efetuam conjuntamente com o hedonismo anunciado de um livro por vir. No dia 9 de abril de 1628, numa carta a Van de Putte – da famosa Academia Puteana –, ele anuncia seu projeto: reabilitar Epicuro, sua vida, suas obras, seu trabalho. O que dá ensejo a uma série de empreendimentos: a publicação de *Vida e costumes de Epicuro* em 1647; a tradução, anotação e edição do livro X de Diógenes Laércio, *Vidas e doutrinas dos filósofos ilustres*, que contém o essencial das informações sobre o filósofo grego – notadamente as cartas a Pítocles, Heródoto e Meneceu; a publicação de uma obra que sintetiza o pensamento do mestre grego: será o *Tratado da filosofia de Epicuro*, publicado em 1649. Ao todo, mais de duas mil páginas consagradas a um terceiro, detrás do qual ele se esconde para o fazer falar como um ventríloquo.

Primeiro lance: essa vida de Epicuro. A primeira no Ocidente. Ela propõe uma reabilitação de Epicuro, cuja vida, obra e escritos são vítimas de uma injusta má reputação. Esse teologal que reivindica seu catolicismo e diz a missa todas as manhãs pega a pena para defender um filósofo que, desde sempre, passa por um personagem grosseiro, depravado, libidinoso, mentiroso, agressivo, desabrido, voluptuoso, preguiçoso, numa palavra, intolerável. Seu nome recende a heresia, é sinônimo de ateu, ímpio, pagão. Brandir tal estandarte naquela época pronta a acender fogueiras, dessa feita, é sinal de coragem.

A obra se inicia com uma dedicatória a François Luillier. Audacioso... Porque Tallemant des Réaux fornece em suas *Historiettes* um retrato bem fornido do personagem: depravado, sifilítico, ele leva o filho ao bordel para se certificar de uma correta iniciação, recusa os encontros em seus dias dedicados às prostitutas; confia a seus amigos que várias vezes "se masturbou de noite porque seu pau o impedia de dormir"; embora rico, ele se veda a carruagem para aproveitar a liberdade e andar sem ter de se submeter aos caprichos de um cocheiro; risonho, cara matreira, foi por algum tempo conselheiro em Metz, mas pagava as duas partes em conflito para não ter de se ocupar do processo... Pai de um filho adulterino, Claude-Emmanuel Chapelle, rimador depravado emblemático da época, amigo de La Mothe Le Vayer, próximo igualmente de Théophile de Viau, íntimo de Des Barreaux, frequenta e recebe a fina flor dos libertinos. Em Paris, também hospeda Gassendi quando o provençal aparece. Como se pode imaginar, a dedicatória de Gassendi a Luillier não menciona esses detalhes... Mas sim "o integérrimo conselheiro de contas" e também, informação não desprezível, "de longe meu melhor amigo". Este último pede ao primeiro que sintetize num livro o objeto de numerosos encontros e conversas acerca desse filósofo endiabrado.

15

Um processo de reabilitação. Gassendi coloca habilmente seu livro sob o signo de uma epígrafe tomada emprestada de Sêneca. Habilmente, porque colocar-se sob o signo de um estoico convém aos censores cristãos em potencial: o apadrinhamento de um dá a impressão de militar contra a escola do outro, a perpétua inimiga epicurista. Ora, essa citação muito bem escolhida em *A vida feliz* dá o tom e anuncia a dupla tese do livro: por um lado, Epicuro formulou princípios sadios e severos; por outro, sofre de uma má reputação, injusta e em contradição com o ensino da vida e da obra. Donde a necessidade de examinar mais de perto o assunto.

Sem mais tardar, sabendo-se num terreno minado, Gassendi precisa que reabilita seu herói, decerto, mas na medida do conveniente cristão: se acaso tiver de escolher entre um pensamento de Epicuro e um dogma da Igreja católica, sem nenhuma dúvida optará por sua religião. Filósofo até certo ponto, pois; epicurista enquanto as crenças na sua religião não forem afetadas, tocadas, quando não abaladas; católico sempre. Nos passos de Lorenzo Valla, Didier Erasme ou Michel de Montaigne, Pierre Gassendi tenta uma conciliação *a priori* arriscada: do materialismo atomista antigo com o espiritualismo cristão, da ética hedonista epicurista com o ideal ascético paulino, de Epicuro com Cristo... Com um *parti pris* claro: a última palavra deve caber à Igreja.

De saída, os responsáveis pela má reputação de Epicuro são identificados e designados: os estoicos e, mais particularmente, Crisipo, Zenão e Cleanto, mais tarde também Cícero, ajudado por Plutarco. Sêneca, arrolado desde a epígrafe, teve um papel mais moderado, mais conforme à realidade: nunca uivou com os lobos nem participou da caçada. A esses culpados, o padre provençal acrescenta numerosos Padres da Igreja – Clemente, Lactâncio, Ambrósio – que retomam por conta própria sem um pingo de espírito crítico a violência das alegações estoicas.

Por que motivos essa maquinação foi armada? Por desejo de dominar o campo filosófico da época. Para evitar compartilhar o espaço espiritual do momento, os partidários do Pórtico querem tudo, já, somente para a seita deles. Donde uma vontade feroz de utilizar todos os meios para desacreditar a comunidade adversária, a mais ameaçadora em número e em influência.

Como fazem esses filósofos não tão sábios assim? Desconsiderando a pessoa de Epicuro, a fim de melhor lançar o descrédito sobre a sua doutrina. Caluniar o personagem é sempre um bom meio para afastar um punhado de aspirantes ao Jardim. Porque um homem intolerável, detestável, carregado de todos os vícios do mundo não é capaz de produzir uma filosofia sadia, limpa e recomendável. Sujando-se Epicuro, todo o epicurismo se torna sujo, logo impossível de desejar.

Assim, os ataques pipocam: voluptuoso trivial, glutão sem limites, libidinoso inominável, incapaz de se preocupar com as coisas do espírito, ímpio declarado, personagem grosseiro, vulgar até o último grau, ladrão de ideias, mau-caráter com os outros filósofos, intemperante em todos os minutos, vemo-lo comer por quatro, vomitar para comer de novo, pegar rameiras, ser feito de gato e sapato pelas cortesãs, tomar ideias emprestadas deste ou daquele filósofo sem nunca reconhecer o empréstimo, prostitui o irmão, se deita com garotinhos, etc.

16

Um arrazoado minucioso. Gassendi não esconde nada disso tudo, expõe as censuras e examina o caso meticulosamente, sem calar sobre nada. Para tanto, aborda a totalidade da biografia do filósofo: pais, família, origem social, pátria, dia e hora de nascimento,

infância, formação, mestres, início na filosofia, compra do Jardim, prática comunitária, celibato, amizade, lema – "Oculta tua vida" –, últimos momentos, testamento, morte, desejo de memória, discípulos, duração da escola. Da origem ao destino *post mortem*, passando pelo detalhamento da vida, não ignora nada.
Gassendi faz a biografia contribuir para a filosofia. A ideia é nova, original, radical e revolucionária. Infelizmente, ela permanecerá muito tempo sem posteridade. Porque, com base no princípio de toda a filosofia antiga, a vida de um filósofo e sua filosofia formam uma só coisa. Os estoicos pensam que uma vida dissoluta produz necessariamente uma filosofia de acordo com esta? Provando que essa vida não foi indigna, mostra-se um pensamento indene de toda contaminação. A vida de Epicuro faz parte da sua obra. Encontramos aí o interesse mostrado por Gassendi, em seus anos de formação, pela filosofia existencial, oposta aos tediosos cursos teóricos da escolástica.
O caso é em seguida examinado ponto por ponto. "Ímpio"? Não, ele até assiste aos ofícios religiosos e convida à piedade. Em compensação, se opõe à superstição que uma relação falsa com os deuses define: pedir-lhes alguma coisa, acreditar que eles podem atender a um rogo, por exemplo. A crítica feita pelo filósofo grego da religião pagã permite que Gassendi sustente uma hipótese que alguns cristãos utilizam para Platão e os estoicos: Epicuro prepara para a verdadeira religião, o cristianismo, mas faltava-lhe a graça para tanto – e também, cumpre precisar, a passagem do Messias pela Terra, dois séculos depois da criação do Jardim!
Gassendi vai mais longe na análise da situação e transforma Epicuro em libertino antecipado. Epi-

curo, leitor do livro *De la sagesse* de Charron, de certo modo! Porque o filósofo antigo participa das cerimônias, mas provavelmente sem aderir ao conteúdo nem ao detalhe. De sorte que, como perfeito espelho dos libertinos, ele ostenta uma posição de piedade comunitária ao mesmo tempo que conserva, em seu foro interior, sua liberdade, sua independência e sua soberania. Assim, ele obedece à ordem social e não perturba a ordem pública, ao mesmo tempo que pratica uma filosofia livre.

Será que ele queria que o tomassem por um deus? Terá manifestado imenso "orgulho"? Não. Compreendeu-se mal essa afirmação segundo a qual quem aplicasse a sua doutrina se tornaria igual aos deuses. Imitar esses modelos de perfeição é participar da imortalidade deles, conhecer a ataraxia na Terra, desfrutar desse estado de felicidade absoluta, eis o que, aqui e agora, nos limites da imanência, permite alcançar o estado divino. Nada a ver com uma imortalidade pitagórica, platônica ou cristã. O paraíso epicurista fica na Terra.

Então, o que é a sua preocupação de imortalidade? "Presunção"? Não, também não. Ele deseja menos que se festejem os aniversários com banquetes, reuniões báquicas por razões narcísicas ou egotistas, do que para fazer perdurar a Escola, seu ensinamento e seu espírito. Não há desejo de falsa glória, mas uma vontade de garantir a permanência do Jardim. Aliás, essa maneira de proceder traz seus frutos, porque o epicurismo dura cento e trinta e sete anos segundo Diógenes Laércio, na verdade muito mais, pois com Diógenes de Enoanda totalizam-se mais de quatro séculos. Mesma coisa no caso das estátuas do Mestre, sobre as quais alguns adversários afirmam que provam um culto à personalidade, quando obedecem a uma lógica filosófica: o ícone, a imagem, a gravura, a estátua, o entalhe com o rosto do filósofo servem a fins de edificação: eles permitem viver em permanência sob o olhar do Mestre que convida à imitação.

"Ingrato"? Com efeito, prestam-lhe uma incapacidade de admirar, de reconhecer influências, de citar este ou aquele – Leucipo ou Demócrito, por exemplo – de quem teria tomado emprestadas suas teses. Mas, se não aprendeu nada, não reteve nada desses grandes antigos, por que homenageá-los, escreve Gassendi? "Vaidoso" quando se diz autodidata? Também não, e pelos mesmos motivos que o desculpam de vaidade. "Malvado" com seus colegas filósofos? A tradição relata, efetivamente, alguns trocadilhos maldosos sobre Heráclito, Platão, Antidoro, mas o humor não constitui um erro... "Glutão"? Nunca ninguém foi mais frugal, ao que, aliás, seu corpo e sua saúde precária o obrigavam. Atribuem à sua pessoa as despesas da totalidade dos discípulos da Escola. "Libidinoso"? Certos discípulos talvez, mas ele e seus próximos não. A abstinência e a continência eram tidas como preferíveis à volúpia da carne, custosa demais em desprazeres. Porque mulheres filosofavam livremente e em pé de igualdade com os homens no Jardim ateniense, conclui-se pela depravação generalizada na comunidade filosófica. "Preguiçoso"? Logo ele que, apesar do seu lamentável estado de saúde, escreveu mais de trezentos rolos! "Inculto"? Por ter criticado as ciências inúteis a fim de obter a sabedoria e a felicidade? Isso não basta... "Mau escritor"? Não, mas ele recusava a dialética e a retórica, preferindo um estilo simples e claro para ser compreendido pelo maior número de pessoas; sua recusa dos floreios na escrita faz dele um filósofo nos antípodas do esoterismo aristotélico. Ele desejava que os discípulos tivessem prazer em ler e em aprender seu pensamento, lógica coerente com o seu hedonismo.

Todas essas objeções estão registradas em Diógenes Laércio, que relata essas afirmações, mas para melhor concluir pela loucura furiosa dos autores de tais mentiras – no caso, os estoicos. Gassendi se baseia no texto de *Vidas e doutrinas dos filósofos ilustres*, que traduziu, e se alinha a Diógenes Laércio: essas calúnias procedem das más intenções de gente desejosa de impedir que o epicurismo ocupe um lugar importante, se não um papel maior, em sua época. Nada de todas essas calúnias é verdade, Epicuro vivia uma vida simples, saudável, frugal, pobre, uma existência de asceta à qual o forçava seu corpo enfermo. Tem-se aí do que fazer dele uma espécie de santo laico...

17

Epicuro, santo e ventríloquo. Gassendi continua sua reabilitação numa outra obra, no caso o *Tratado da filosofia de Epicuro* (1649). O livro é inédito na história da filosofia ocidental: certos filósofos utilizaram o diálogo, a carta, a dissertação, o tratado, o ensaio e outras formas literárias. Gassendi inventa, por sua vez, a ventriloquia filosófica. De fato, todas as asserções contidas na obra são estritamente de Epicuro ou de epicuristas. Logo, Gassendi afirma que fala na primeira pessoa, diz *eu*, mas eu é o eu de Epicuro. Compreende-se que uma brincadeira dessas com a identidade alheia designe um personagem recalcitrante ao trabalho cartesiano da construção de um *eu* claro e distinto...

Gassendi persiste na encenação e na teatralização dos seus personagens. Depois de Aristóteles e Descartes, é a vez de Epicuro. Quando no prefácio ele afirma: "vou pôr em cena Epicuro", como não pensar no trabalho do libretista de ópera? No palco, portanto, Aristóteles, o malvado escolástico, o irritante Descartes e o santo Epicuro. Dá para fazer com isso uma peça de teatro ou uma ópera que exprimam o essencial do objetivo de Pierre Gassendi: acabar com a filosofia de Aristóteles mas não em benefício da modernidade cartesiana, demasiado suficiente, demasiado arrogante, demasiado potencialmente perigosa para o catolicismo com essa súbita promoção de uma razão forte e onipotente. Epicuro, eis a solução, contanto que seja batizado e lhe sejam perdoados alguns pecados veniais cometidos por causa de uma graça ainda não existente ou falha.

A parte ética da obra retoma muito fielmente a doutrina epicurista, não é preciso desenvolver: a filosofia como terapia; redução da disciplina à ética; ataraxia e volúpia identificadas ao soberano bem; preferência de um prazer imóvel a outro em movimento; dor e prazer coincidindo com mau e bom, em outras palavras, mal e bem; necessidade de uma dietética dos desejos – naturais e necessários; prática de uma aritmética dos prazeres – evitamento de um prazer custoso em desprazer; redução do mundo a átomos em movimento no vazio; a morte não deve ser temida, ela não nos concerne; a dor é suportável, senão ela nos leva; pode-se e deve-se filosofar em todas as idades; os deuses não têm aspecto nem pensamento humano; e outros pontos doutrinais clássicos.

O interesse do texto reside numa espécie de didascálias discretas, de precisões úteis para a encenação intelectual. Algumas linhas em fim de capítulo aqui e ali, quando Gassendi retoma muito brevemente a palavra para manifestar sua discordância com Epicuro. Todas essas notas, nem é preciso dizer, salientam a incompatibilidade entre o epicurismo e o cristianismo. Em primeiro lugar, o que pertence à Providência divina, em que Gassendi crê. Ao que ele acrescenta uma profissão de fé católica ortodoxa: contra a alma material e decomponível em sua forma, ele afirma sua imortalidade e sua não materialidade; contra a despreocupação dos deuses com os homens, ele crê num Deus benfazejo; contra deuses compostos de matéria sutil situados nos intermundos, o epicurista professa um só Deus perfeito num só mundo; à pura organização física de átomos, o teologal opõe um Deus criador do mundo; contra a possibilidade de dispor da sua existência quando ela se torna penosa demais de ser vivida, o padre proíbe o suicídio.

Do mesmo modo, Pierre Gassendi cristianiza o clinâmen. Sabe-se que Lucrécio explica a criação do mundo por uma declinação de átomos que torna possível uma colisão original, genealógica da totalidade do mundo. Senão, sem esse axioma, a chuva vertical de átomos que caem no vazio não teria jamais possibilitado a matéria organizada. Rapidamente, de passagem, o libertino barroco extrapola: esse postulado mostra que a Fortuna pode intervir como causa nas coisas humanas sem com isso impedir ou contradizer o livre-arbítrio dos homens. A metafísica cristã está salva: a necessidade divina pode existir sem contradição com a liberdade dos homens, logo com a sua responsabilidade, logo com a sua culpa...

Gassendi, como se sabe, exerceu sem estorvos suas funções na hierarquia católica. O autor de poemas à Virgem lê Epicuro como cristão. Se acrescenta de passagem considerações éticas – um elogio de virtudes (doçura, temperança, modéstia, moderação, coragem) inexistentes em Epicuro; se desenvolve teses políticas raríssimas no filósofo grego – a necessidade utilitarista de um pacto social de não agressão, condição de uma ataraxia comunitária e geral; se teoriza as virtudes de uma maneira inédita – um consequencialismo, para usar palavras de hoje, útil para celebrar não as virtudes no absoluto, mas pelo estado de espírito pacificado que elas possibilitam; ele não se distancia verdadeiramente da ortodoxia, mas desenvolve para o seu século uma filosofia antiga, que atualiza, que moderniza para seu tempo.

18

O testamento de Gassendi. Com respeito aos livros de filosofia legados pelo filósofo à posteridade, que concluir sobre a sua contribuição e a sua posteridade? Constatemos antes de mais nada que consagrou um tempo louco à negatividade, que uma imensa parte da sua energia foi destinada a demolir, atacar, destruir em vez de construir, como é o caso dos seus trabalhos monumentais sobre Aristóteles e Descartes; que reabilitou Epicuro quase se apagando, trabalhando por seu herói, às vezes corrigido afetuosamente, à maneira benevolente do católico desejoso de ungir um pouco a testa do grego pagão; que pôs em cena, num teatro filosófico pessoal, três personagens para uma comédia, uma tragédia, uma tragicomédia, uma farsa às vezes, um castigo de vez em quando, e que sua mensagem parece se achar aí, na organização de um jogo dialogado, como na Tétrade ou nos diálogos de Orasius Tubero, seu velho amigo La Mothe Le Vayer – presente à beira do túmulo no dia do seu enterro.

O grande livro a que ele poderia ter vinculado seu nome não houve. Nada assimilável ao *Discurso do método*, aos *Pensamentos*, à *Ética*, nada que seja uma suma, síntese positiva, proposição. Pois esta atrelagem metafísica oximórica – cristã e epicurista – merecia um modo de usar caprichado. De fato, como é possível alguém se identificar com um pensamento da imanência deixando ao mesmo tempo um espaço arquitetônico para a transcendência? De que maneira fazer coabitar um materialismo integral e uma alma imaterial? Se os deuses não devem ser temidos, segundo a opinião de Epicuro, como são o Paraíso, o Inferno ou o Purgatório dos cristãos? Para que servem? São mesmo úteis? E por que milagre de retórica ou de sofistaria é possível manter de pé uma teoria do real identificada com um puro arranjo de partículas e o querer de um Deus onipotente, a não ser identificando Deus com um processo físico? Todas essas questões, e tantas outras, mereciam uma análise.

Deve-se concluir daí que, inconscientemente ou não, Gassendi desvia sua atenção dessas interrogações maiores e concentra sua energia em questões acessórias, a fim de evitar o face a face com as aporias, os paradoxos e os paralogismos da sua posição filosófica? Ou por medo de botar fogo na sua paróquia filosófica? Pois, ele que identifica tão bem os defeitos da couraça de Aristóteles e Descartes, não inspecionou a sua refletindo sobre as antinomias das suas posições filosóficas? Essa energia perdida fustigando os outros dispensa Gassendi de dirigi-la para o que, inevitavelmente, teria criado uma real ruptura na história da filosofia, ao mesmo título que a invenção da razão moderna de Descartes: fundar uma filosofia materialista moderna.

A impotência filosófica de Gassendi se arraiga nos limites desta dupla posição: padre e libertino. Claro, ele teria recusado o epíteto de libertino, mas este lhe cai como uma luva. Alguns, no entanto, cristãos e libertinos, se saem melhor – Pierre Charron, por exemplo – porque determinados em seu fideísmo a não abordar a questão da religião, sem no entanto fazer concessões à metafísica cristã. Como padre, seu libertinismo se exerce em limites estreitos; como libertino, se quer continuar dizendo a missa e administrando os sacramentos sem muitos problemas de consciência – ou mesmo compor poemas em homenagem à Virgem –, Gassendi tem de defender a fé de carvoeiro, custe o que custar ao filósofo...

Nietzsche escreve em *Ecce homo* que o cristianismo estragou Pascal. E tantos outros, poderíamos acrescentar. Entre eles Pierre Gassendi, que mutilou sua inteligência, cuidou de pô-la para funcionar em objetos anexos, esgrimiu contra Aristóteles, cismou com ninharias do texto de Descartes, fez ventriloquia com Epicuro, animou numa cena filosófica alguns grandes personagens da história das ideias, alimentando um jogo que poupa o essencial: superar o cristianismo em sua versão obscurantista dominante, em benefício de uma religião regenerada pela filosofia.

A Igreja lhe devolve a gentileza, o que é compreensível: ela nunca incomodou em vida, nem depois desta, o homem ou a obra, poupados pelo índex e pelos críticos. Em compensação, e somente no século XVII, Charron, Descartes, Pascal, Fénelon, La Fontaine, Malebranche, Saint-Évremond, Espinosa e até Bossuet, atacado por causa do seu *Projet de réponse à Monsieur de Tencin* [Projeto de resposta ao senhor de Tencin], são vítimas da ira cristã. A Igreja tem os arautos que pode, a filosofia os dela; raramente são os mesmos.

SEGUNDO TEMPO

Os libertinos panteístas

Os libertinos pensadores

V
CYRANO DE BERGERAC
e "o livremente viver"

1

Biografia de um nariz. Comecemos varrendo o mito das escórias literárias: Cyrano de Bergerac, na consciência francesa, ou mesmo além dela, é antes de mais nada e sobretudo o homem do pico, do cabo, da península*, o feioso de verbo sublime, incapaz de enfrentar o olhar irresistível de Roxane e que empresta sua pena, suas palavras, seu talento oratório a Christian, o idiota de belo rosto mas de fraseado impotente. O mito da feiura inteligente e da beleza tola em rivalidade e o amor de uma bela em jogo! A história tem seus atrativos, o personagem também, mas ela encobre de estuque e textura marmorizada o Cyrano de Bergerac, pensador e filósofo libertino.

---

* A esses acidentes geográficos o Cyrano fictício, personagem da célebre peça de Edmond Rostand que leva seu nome, compara seu nariz. (N. do T.)

Em seguida, esclareçamos o sentido desse "de Bergerac". Porque o sujeito nasce em Paris, no dia 6 de março de 1619, ano em que queimam Vanini em Toulouse, numa família que havia adquirido duas propriedades no vale de Chevreuse, uma delas situada no feudo de Bergerac. A despeito dos eruditos locais, dispostos durante vários séculos a confinar seu gênio em suas terras natais, o filósofo mantém com a região dos boletos e das trufas tão somente uma relação de tipo morganático!

Fora o nariz e o nome, quem é ele? Uma educação por conta de um pároco rural, não longe do lugar onde mora, o castelo de Mauvières, depois em Paris, no colégio Beauvais, situado no Quartier Latin. A disciplina nesse colégio é brutal e severa. Aos 19 anos, se engaja nos cadetes da Gasconha. Seu nariz desempenha desde há muito um papel importante em sua existência. Uma brincadeira sobre esse seu apêndice leva o autor desta imediatamente para um prado, onde Cyrano defende sua reputação de coragem, valor e brio técnico!

Nos campos de batalha, ele atesta o mesmo ímpeto e um verdadeiro ardor no combate. Resultado: um ferimento à bala de mosquete durante o cerco de Mouzon, na Champagne, e no ano seguinte – 1640, está com 21 anos –, no cerco de Arras, uma estocada na garganta. Recordando, Saint-Évremond também era afeito aos combates. Os dois homens evidentemente se cruzaram. Hector Savinien Cyrano de Bergerac abandona a carreira das armas e, mais tarde, volta a seus estudos, no colégio de Lisieux. Nesse período, provavelmente conhece Gassendi e Luillier, depois faz amizade com Chapelle.

Sua biografia comporta zonas de sombra, silêncios, enigmas. Era homossexual ou bissexual? A historiografia diz que sim, mas sem provas. Teve sífilis? Também contam isso, mas sem maiores atestações. Seu amigo de colégio e primeiro biógrafo, Lebret, relata que ele tem de enfrentar aos 26 anos uma doença secreta. Mas qual? Também não se saberá, a não ser que é desastroso seu estado físico, ao que se somam as consequências de numerosas noitadas em espeluncas, bordéis, jogatinas e gastos suntuários. Suas primeiras dívidas datam dessa época.

Sua morte em setembro de 1655 também permanece misteriosa. A história é conhecida: uma viga cai na sua cabeça quando ia pela rua, atravessando um canteiro de obras no caminho de volta para o hotel no Marais. Alguns afastam a hipótese de acidente e sustentam ter sido um atentado. Afirma-se que tem muitos inimigos, mas sem dizer quais, nem por quê. Nem mais nem menos inimigos do que qualquer outro, porque esse homem que morre aos 36 anos tem, é claro, no seu ativo algumas cartas irônicas, dois ou três renegamentos políticos – contra Mazarin, a favor de Mazarin –, uma coleção de desentendimentos com ex-amigos e outras bobagens que nutrem naturalmente as animosidades do cotidiano...

O último suspiro de Cyrano também está sujeito a caução. Segundo a magnífica expressão de Tallemant des Réaux, Cyrano recebeu nesse momento derradeiro "o pontapé do crucifixo". Três beatas obtiveram sua conversão em seu leito de agonia. Mas quem prova isso? O exercício de estilo biográfico pertence ao gênero hagiográfico, à reescrita de uma vida sob o signo que faz caducar o que foi dito, vivido, escrito, pensado, publicado. Inumação na igreja do Monastère, arrasada pelo Terror, que transforma o lugar de culto em carvoaria. Cyrano provavelmente teria apreciado esse destino *post mortem* em conformidade com seu panteísmo encantado...

2

A imortalidade de papel. Cyrano deixa uma obra variada. Uma série de cartas satíricas, amorosas, burlescas, retóricas, contraditórias. Uma se intitula "*Pour les sorciers*" [A favor dos bruxos], outra "*Contre les sorciers*" [Contra os bruxos]. Algumas celebram as estações: "*Pour le printemps*" [A favor da primavera] e "*Pour l'été*" [A favor do verão], outras denigrem as que restam: "*Contre l'hiver*" [Contra o inverno] ou "*Contre l'automne*" [Contra o outono]... Aqui considerações "*Sur l'ombre que faisaient des arbres dans l'eau*" [Sobre a sombra que as árvores faziam na água], ali um "*Pour une dame rousse*" [Para uma dama ruiva]. Como se vê, matérias leves, objetos fúteis, afirmações frívolas. Todas servem de pretexto ao brio do duelista, ao talento do conversador, ao gosto do libertino pela pura forma, e isso em detrimento de um real fundo filosófico. Agudezas, farpas, dardos, malabarismos, humor, ironia, mordacidade: o eco de uma voz, de um tom, de um estilo.

Cyrano também escreve para o palco: uma comédia, *Le Pédant joué* [O pedante tapeado] (c. 1645), de que Molière se lembra ao escrever *As artimanhas de Scapino* – mas o próprio Cyrano rememorava um pouco Lope de Vega ou as comédias italianas do Renascimento ao compor a sua... Uma tragédia, *La Mort d'Agrippine* [A morte de Agripina] (c. 1647), lhe permite solicitar da mesma forma Sêneca, Shakespeare, Corneille. O conjunto provavelmente regozija Racine e Voltaire algum tempo depois, quando buscam inspiração à sua escrivaninha...

Entre os papéis, encontra-se também *Le Fragment de physique* [O fragmento de física], algumas páginas sobre a matéria, o movimento, o vazio, a sensação, a extensão e outras considerações epistemológicas sobre a verdade, a hipótese, a certeza, o conhecimento e a fraqueza dos raciocínios. A obra inacabada é publicada postumamente e revela seu plano, reforçado por alguns capítulos redigidos: a filosofia de Cyrano se baseia numa física materialista coerente e consequente. Algumas considerações sobre a óptica, os óculos e os vidros cortados em lente não carecem de interesse para abordar singularmente *L'Autre Monde* (sua obra-prima em duas partes, *L'Autre Monde ou États et Empires de la Lune* [O outro mundo ou Estados e Impérios da Lua], seguida de *Les États et Empires du Soleil* [Estados e Impérios do Sol]) e propor uma leitura anamorfótica dessa obra sem par.

Esse livro não se filia a nenhum gênero, ao mesmo tempo que mistura registros conhecidos: o relato de viagem, a ficção de uma excursão no mundo extraterrestre, o conto filosófico, o romance de aventuras, o diálogo inserido num teatro do pensamento, a prosa poética, o relato mitológico, a sátira teatral fantástica, a alegoria barroca, a lenda fabulosa, o texto iniciático, a codificação esotérica, etc. É possível encontrar predecessores seus, claro, mas a alquimia do texto de Cyrano produz uma grande obra sutil, matéria e suporte para exercer sua filosofia libertina.

3

A anamorfose filosófica. Proponho um decodificador para ler *L'Autre Monde*: a anamorfose. Na história das belas-artes, a anamorfose designa uma deformação voluntária de perspectiva numa superfície plana destinada a tornar, *a priori*, irreconhecível uma forma cuja integridade é restaurada adotando-se um ponto de vista particular no espaço ou graças a um artifício técnico que corrige essas "*perspectivas depravadas*" (a expressão é de Baltrusaïtis): um cilindro de vidro, um tubo de aço, etc. A anamorfose se decifra. É um enigma dobrado que produz, à primeira vista, um sentimento de monstruosidade: o desconhecido, o estranho, o inédito. O sentido se dissimula nos dobramentos. A verdade se esconde, mas existe.

A palavra é utilizada em 1657 por Gaspar Schoot. A *Enciclopédia* a define assim, em sua edição de 1751: "Em pintura, se diz de uma projeção monstruosa ou de uma representação desfigurada de qualquer imagem feita num plano e que, não obstante, de certo ponto de vista, parece regular e feita com proporções corretas." Monstruosidade, desfiguração, ponto de vista, proporções restituídas: todos os ingredientes da ficção cyranesca estão aí. Apliquemos pois esse termo de estética pictórica aos campos literário e filosófico.

A anamorfose é filha do barroco. O *Codex atlanticus* (1483-1518) contém as primeiras anamorfoses há mais tempo conhecidas; Dürer deseja aprender sua arte em Bolonha em 1506; Holbein pinta um sublime crânio anamorfótico em *Os embaixadores* de 1533; Daniele Barbaro descreve-a em sua *Pratica della perspettiva* [Prática da perspective] em Veneza, 1559; os afresquistas da Renascença utilizam-na em suas técnicas de arte mural. Mas o século XVII dá a essa prática sua maior visibilidade.

Primeiro, com os gabinetes de curiosidades, nos quais os colecionadores acumulam os instrumentos ópticos, as lunetas, as lentes polidas, foscas ou cortadas, que constituem artifícios necessários à deformação da realidade. Por sua vez, Galileu não provocaria tamanho abalo nas ciências sem seus telescópios. Todo o pensamento libertino escruta o céu, onde se examinam os astros, se espreitam os cometas, se lê o mistério cifrado destes sem a preocupação da teologia e das religiões. Mydorge mantém relações de amizade com um excelente vidreiro ao mesmo tempo que com Descartes, que publica sua *Dioptrique* [Dióptrica] em 1637. Em seu minúsculo apartamento, Espinosa ganha a vida polindo lentes...

A anamorfose aparece em Bossuet em 1662, num *Sermon sur la providence* [Sermão sobre a providência] pregado no Louvre. O padre de Meaux aborda a questão da confusão, da desigualdade e da irregularidade – qualidades da anamorfose –, nas quais as coisas humanas chegam ao nosso espírito. Um bom ponto de vista e a boa perspectiva – a de Deus, claro – bastam para que o confuso e o obscuro se tornem claros e distintos.

Do mesmo modo, em 1704, numa "demonstração sobre as ideias claras e obscuras, distintas e confusas" dos *Novos ensaios sobre o entendimento humano* (Livro II, cap. XXIX, § 8), Leibniz também utiliza o exemplo da anamorfose: ele fala desses quadros confusos nos quais o observador se pergunta se se trata de um macaco, de um peixe ou de um homem, depois do desaparecimento da confusão com a utilização de um espelho cilíndrico que faça aparecer, por exemplo, um Júlio César. Todas as vezes o confuso se torna claro, se optamos pelo ponto de vista correto: lição filosófica a ser retida...

4

A perspectiva depravada cartesiana. Descartes representa um papel maior no debate sobre a anamorfose filosófica no século XVII. O lugar estratégico dessa questão? O convento dos Mínimos em Paris, o mosteiro do célebre padre Mersenne – o amigo de Hobbes e de Gassendi que transmite a este último o manuscrito das *Meditações metafísicas*. Descartes realiza aí pesquisas de óptica durante seu período parisiense. Mais tarde, e a partir do trabalho dessa época, descobre a lei da refração.

Claro, nesse lugar, trabalha como físico, como especialista em dióptrica, e o conjunto gera interrogações epistemológicas ou, mais propriamente, filosóficas: a incerteza das aparências, o jogo de ida e volta entre a ilusão e a realidade, a dialética que liga a verdade com o artifício, o conjunto que contribui para as interrogações barrocas sobre a fragilidade da aparência e a potência das quimeras. Donde a necessidade de trabalhar tendo em vista reais revoluções metodológicas a fim de construir a via de acesso ao claro e ao distinto.

Frans Hals pinta um retrato célebre de Descartes: sobriedade clara e distinta, em preto e branco, do filósofo reduzido ao rosto. Preto do tecido da roupa, branco do colarinho, cor pálida da carne apesar de alguns rubores no alto dos pômulos, incrível presença serena no mundo, olhar visando a eternidade e mais longe do que ela, longa cabeleira negra, bigode e espessa pera grisalhos. O retrato do inventor da razão moderna. Existe também, evidentemente muito menos conhecido, um *Retrato de Descartes* que o representa, mas deformado por anamorfose... Prova de que esse jogo com o momento e o real trabalha a comunidade cartesiana até mesmo na representação do seu mentor.

Em Utrecht, Descartes recebe *La Perspective curieuse* [A perspectiva curiosa] de Nicéron. O livro teoriza a anamorfose e distingue três tipos seus: a "anamorfose óptica", vista horizontalmente ao longo de uma vasta sala ou numa galeria, ou com a pintura na altura de uma pessoa; a "anamorfose anóptica", apreendida verticalmente, em elevação, numa parede, num teto, por exemplo; enfim, a "anamorfose catóptrica", captada no alto.

Embora *L'Autre Monde* não pertença à arte pictórica, podem classificá-lo no registro da anamorfose catóptrica, porque o ponto de vista de Cyrano supõe o leitor terreno lançando seu olhar ao mundo lunar e solar, ativo acima da sua cabeça, à maneira como se contempla a abóbada de um edifício. O que se trama nesses astros é compreendido se adotamos o ponto de vista útil para restaurar as perspectivas depravadas pelo filósofo libertino a fim de codificar sua tese, deformar seu pensamento, tornando ao mesmo tempo possível a transmissão de certo número de informações.

5

O ponto de vista do ácaro. O ácaro ocupa um lugar importante na história da filosofia. Esse bichinho minúsculo fica com a parte do leão no bestiário filosófico e aparece à mesa dos maiores: os *Ensaios* de Montaigne, claro, os *Pensamentos* de Pascal, evidentemente, mas também *La Vraie Histoire comique de Francion* [A verdadeira história cômica de Francion] de Sorel, "La Souris métamorphosée en fille" [O camundongo metamorfoseado em mulher] das *Fábulas* de La Fontaine ou *L'Autre Monde* de Cyrano, mas também Gassendi. Antes da invenção do microscópio, o inseto que se desenvolve na farinha e no queijo é tido como o menor animal visível a olho nu. O ponto de vista da anamorfose de Cyrano toma emprestado esse bichinho metafísico.

Precisemos: imaginemos o mundo como um imenso animal e nós em cima dele na mesma proporção que o ácaro na extensão de um só corpo humano. Que dirá do mundo o acarídeo, se lhe dermos a palavra? Como os vermes, os piolhos, viajando no corpo, ele toma o trajeto entre uma orelha e outra por uma verdadeira volta no planeta; se atravessa uma pelagem pubiana ou aventura-se nos pelos das axilas, acredita sinceramente abrir caminho numa floresta virgem; assim que chega à beira de um poro da pele percebe, como um vulcanólogo, uma cratera sem fundo, como o oceanógrafo um mar abissal ou como o passeante um lago de uma profundidade insondável; se for pego no corrimento nasal do sujeito que o hospeda, presumirá tratar-se de um maremoto, e assim por diante.

Claro, pode-se dizê-lo de outro modo e prová-lo com os argumentos do sofista Protágoras, para quem o homem é a medida de todas as coisas, o relativismo a única certeza ou o perspectivismo a única maneira de explicar os movimentos do mundo. Mas Cyrano de Bergerac prefere a encenação desse animal para mostrar, como cartesiano apreciador de dissertações sobre o verdadeiro e o falso, que a verdade una e definitiva não existe. Persistência pirrônica no método...

Somos iguais ao ácaro se nos contentamos com nosso mundinho e com nossa perspectiva bitolada. Nem mais espertos, nem mais vivos, tanto objetos de nós mesmos quanto o bicho inocente em sua selva capilar ou em sua geologia dermatológica. Evidentemente, o inseto provoca comichões no escolástico e no católico, ambos amantes de verdades eternas e definitivas, contanto que sejam católicas, apostólicas e romanas.

Donde o interesse desse jogo: a Lua vista da Terra é a Lua, claro, mas, vista da Lua, a Lua é a Terra enquanto a Terra é a Lua! Mesmas maluquices lúdicas com o Sol visto da Terra. Inversão dos valores, jogos de perspectivas, transmutação dos pontos de vista, o alto se torna o baixo e, inversamente, o aqui se metamorfoseia em alhures, e vice-versa. Esse turbilhão dialético estonteia, perturba e apaga os pontos de referência. Donde um novo estado mental capaz de apreender as proposições fictícias do livro como potencialidades para a realidade.

Nesses mundos invertidos, ao revés portanto dos usos terrenos, os velhos respeitam os jovens, tratam-nos com deferência, prestam-lhes homenagem a todo instante. Além da ironia da situação e da gaiatice dos efeitos induzidos, também se pode ler nas entrelinhas a caducidade, pelo menos o deboche, do quarto mandamento do Decálogo, que decreta: "Honra teu pai e tua mãe." No mundo lunar, deve-se ler: "Honra teu filho e tua filha"...

Nesse mundo, como responder à questão: "o que é o homem?" Claro, pode-se fazê-lo do modo kantiano e responder com os tiques da corporação filosófica. Mas pode-se também convocar os macacos enjaulados ou as aves falantes. Assim, quando se cede a palavra a um volátil, o resultado não se faz esperar: quem não tem a mesma "fisionomia" que eles não poderia pretender a humanidade. E Cyrano não leu Levinas – que leu Max Picard... Um bico e penas, eis o homem. Ao que convém acrescentar uma estranha presciência de uma definição antecipada do crime contra a humanidade, porque, no mundo lunar, em virtude desse princípio que nega ao outro o direito de existir ou de ser, pelo simples fato de que difere de si pela aparência, seus povoadores se arrogam o direito de matar um terceiro pelo simples motivo de ter nascido... Fórmula temível na pena de um filósofo do Grande Século!

Aos olhos das aves do mundo solar, o homem vindo da Terra – logo do Sol! – não tem humanidade. Exatamente como os terrenos consideram os animais, Descartes primeiro e Malebranche depois dele. A tradição relata, de fato, que o padre oratoriano chutava o traseiro do seu cão, pretextando que batia num amontoado de molas e tubos, numa máquina, mas não num ser capaz de sentir ou experimentar uma emoção ou um sentimento. Por conseguinte, pode-se mandar para o matadouro o homem, o animal ou o outro, porque seu único erro consiste em não ter bico córneo ou o pelo tão abundante quanto o do seu juiz.

6

A ficção barroca. Onde está pois o homem, se o animal o segue de tão perto? Salta aos olhos que já não se contentam com um corpo material e pecaminoso portador de uma alma eterna e imortal. Ler o humano a partir do animal obriga, pelo menos desde Epicuro e dos que com ele se identificam, não tanto humanizar o animal ou animalizar o homem, mas levar em conta esta ideia radical: não existe uma diferença de natureza entre o homem e o ácaro, mas uma diferença de graus... A gata de Montaigne e todo o bestiário da *Apologia de Raymond Sebond* são testemunha disso.

Na ficção de Cyrano tudo age de acordo com este postulado filosófico: a diversidade das modificações de substância não impede a existência de uma só substância. Um só mundo, infinitas variações neste mundo, eis a opção do pensador. Um dia ácaro, outro filósofo, uma vez ave, outra juiz no tribunal. É por isso que, por exemplo, certo papa foi, outrora, é claro que antes de algumas transformações, este tufo de capim. A não ser que se trate do contrário...

L'Autre Monde concentra os jogos barrocos: os arabescos e os movimentos, as dobras e os jogos de espelho, as composições em abismo e as festas da linguagem. Ópera, aqui também, quando na cena filosófica aparecem personagens conceituais, figuras, ficções úteis para construir uma história e possibilitar uma aventura. A obra inteira provém à sua maneira dos gabinetes de curiosidades: animais falam, aves pensam, feras do fogo combatem feras do gelo, viagens no espaço, metamorfoses de deixar Ovídio pálido, invenções de engenhocas extravagantes e de máquinas fabulosas, piscadelas à Bíblia ou à mitologia, Paraísos mobiliados de novo ou peripécias inéditas com semideuses desfrutando das suas liberdades.

A ficção apresenta um inegável interesse: quem repreender por uma afirmação licenciosa, um discurso subversivo, uma tese libertina, uma filosofia ateia, uma sabedoria material, se o porta-voz aparece no figurino de um personagem de teatro? Assim, no palco, ao sabor das viagens, cruzamos com a Filha do Rei, o Homenzinho de Castela, o Examinador de Justiça, o Demônio de Sócrates, o Filho do Anfitrião, o Jovem Anfitrião, o Rei, a Ave do Paraíso, o Governador do Canadá. Como libretista da sua ópera barroca, Cyrano anima figuras, põe-lhes palavras na boca, as veste, situa, cria, coloca no proscênio, faz delas personagens principais ou figurantes. Onde se dissimula o pensamento do demiurgo? Em lugar nenhum. E em toda parte...

Junto do personagem identificável com Cyrano de Bergerac encontramos um novo enigma. Assim, na segunda parte de *L'Autre Monde, Les États et Empires du Soleil,* descobrimos Dyrcona. Ora, Dyrcona é o anagrama de Cyrano e do "d" do seu nome, vale dizer a anamorfose onomástica por excelência: ele e um outro, Cyrano, mas seu duplo na desordem, um nome próprio, mas deformado, uma dobragem da identidade, uma máscara nova, uma dissimulação levemente desvendada. Uma dobra suplementar desse elaborado trabalho de dobras barrocas...

7

O panteísmo encantado. A obra formiga de metamorfoses. É o romance das metamorfoses. O mundo vive, o universo também. Não há nada de parmenidiano em Cyrano, que deriva sua visão do mundo do rio de Heráclito: o movimento, a dialética, a mudança.

Mutações, transformações. Aquém ou além dos personagens e de suas extravagâncias, retenhamos esta característica: o grande animal cosmológico conhece perpétuas evoluções, constantes revoluções. Os fãs de esoterismo, os fanáticos por numerologia, os partidários da alquimia se fartam: provavelmente por causa do defeito de perspectiva filosófica do seu proceder. Porque *L'Autre Monde* propõe, sob um manto de ficção, um discurso francamente panteísta.

Que dizer do panteísmo? Antes de Cyrano, claro, encontramos estoicos para os quais Deus, a Natureza, a Razão, o Logos, a Físis significam mais ou menos uma mesma coisa diversamente apreendida. A maioria dos gnósticos dos Irmãos e Irmãs do Livre Espírito evoluem em águas semelhantes por mais de um milênio medieval (cf. *Contra-história da filosofia*, vol. 2: *O cristianismo hedonista*). A ideia preexiste à palavra, que é posterior a Cyrano: de fato, ela é encontrada pela primeira vez nas páginas do *Pantheisticon* (1720) de Toland.

O panteísmo não é um ateísmo: o primeiro afirma a coextensão de Deus e do mundo, identifica a divindade com a imanência, enquanto o segundo afirma clara e nitidamente a inexistência de Deus. Cyrano pode passar por ateu se o reduzimos a esta ou àquela afirmação de Séjan em *La Mort d'Agrippine*. Mas *L'Autre Monde* mostra que o filósofo opta por um panteísmo que eu qualificaria de encantado, a tal ponto a ficção o apresenta próximo dos mundos de fadas e magos.

Na Lua ou no Sol nada se perde, nada se cria, tudo se transforma... Os turbilhões e os átomos se entendem às mil maravilhas, as metamorfoses e a matéria mantêm uma relação íntima. Como então se espantar ao ver Descartes, a caminho do Sol, merecer da pena de Cyrano o rótulo de epicurista? Descartes epicurista é muita ousadia! Cyrano pode ousar, porque em seu mundo o filósofo do *Discurso do método* foi, em precedentes aventuras da matéria, um desses repolhos que sofrem por terem sido decapitados na hora, ou ainda o tal tufo de capim outrora soberano pontífice! Basta o turbilhão e o clinâmen, a substância extensa e a matéria atômica pertencerem a um só e mesmo mundo que o mistério se resolve!

Nesse ciclo de metamorfoses, o herói se torna transparente: Orestes e Pílades se transmutam em árvores cujos frutos conferem aos que os comem talentos excepcionais para o amor e a amizade; Pigmaleão conhece os tormentos da carne depois de ter sido de mármore; um velhote vira seu interlocutor, traço por traço, ponto por ponto; dançarinos fundem suas diversidades esparsas numa só e nova criatura: uma águia abandona seu estado para assumir o do rouxinol; o fruto de uma árvore cai e gera humanos; o vegetal e o mineral se misturam: uma árvore pode, assim, se compor de ouro puro, de folhas de esmeraldas, de flores de diamantes, de botões de pérolas e dos deliciosos frutos humanos. As aves falam, as frutas também, as árvores igualmente.

Salvo um breve discurso feito pelo Jovem Anfitrião, *L'Autre Monde* não defende a inexistência de Deus. Nem tampouco de um Deus separado da sua criatura, a saber, o mundo. Nenhum elogio da transcendência. Nenhuma celebração de um empíreo em que Deus se realizaria, imaterial, no mundo das essências. Deus é o mundo, Deus são as metamorfoses, Deus é o papa, claro, mas é também o tal tufo de capim, o repolho sofredor ou a máquina que permite a viagem da Terra à Lua. Incontestavelmente, o panteísmo adquire seu título de nobreza nesse texto de 1657, ou seja, meio século antes do nascimento da palavra em sua acepção contemporânea. E alguns anos antes do panteísmo ontológico de um tal de Espinosa...

8

A lei do misterioso. Nesse mundo, tudo se comunica: o sonho e a realidade não permanecem em dois registros separados, mas compartilham o real, indistintamente, não cada um por sua vez, mas ao mesmo tempo: sonho da realidade, realidade do sonho, virtualidade do visível e ficção do tangível. Como poderia ser o sonho nesse universo? Essa questão, evidentemente, faz eco às interrogações cartesianas sobre a consistência da realidade e dos sonhos. Donde uma extrapolação: e se as realidades da realidade fossem ficções? Quando os cristãos creem ser verdadeiras suas fábulas, por que não propormos as deles para estear nosso pensamento? O misterioso serve a esse projeto de uma confusão criada para obter a clareza.

Quando os personagens sonham na Lua ou no Sol, qual a textura de seus sonhos? De que matéria são feitos? Quando a ficção do romance propõe uma anamorfose filosófica, deve-se contar também com a composição em abismo de uma nova anamorfose? Assim, sonhar num sonho não é restaurar a realidade? Pode ser, mas, se for, qual? Não estamos longe das meditações de um Descartes sobre a materialidade dos homens que, vestindo capa e chapéu, poderiam muito bem não passar de autômatos...

OS LIBERTINOS PANTEÍSTAS

Num mundo em que as aves realizam congressos num tribunal; em que cruzamos espectros arriados como cavalos de desfile; em que o diabo pode trazer para a terra um dos seus habitantes perdidos no cosmos; em que a salamandra – "bicho do fogo" – combate a rêmora – "animal gelo" – com lança-chamas ou com um hálito congelante; em que Descartes chega pelo ar, da corte da rainha Cristina ao planeta solar; em que as hortas reciclam os sucessores de são Pedro; num mundo assim, portanto, de que estatuto dispõem o real e a imaginação? O verdadeiro e o falso? O sério e o delírio? O romance e a filosofia? A ficção e o pensamento? O de modificações diversas e múltiplas de um só e mesmo mundo material...

9

O futuro dobrado na anamorfose. Cyrano evolui portanto no burlesco, na loucura, no engraçado, na ficção. Tão à vontade num mundo quanto num outro, ele brinca. Mas sua brincadeira não deixa de ser séria. A tal ponto que a mais de três séculos de distância nos espantamos com o seu talento para inventar o futuro, prever certo número de objetos ou de realidades que se tornaram o cotidiano das nossas civilizações. À maneira de um Leonardo da Vinci ou, mais tarde, de um Júlio Verne, ele arquiteta com suas fantasias os contornos da nossa realidade. Julgue você mesmo.

Nas primeiras linhas da obra, o narrador constrói uma máquina para ir à Lua. Para tanto, cobre o corpo com frascos de orvalho. O líquido funciona como combustível com base no princípio de que a evaporação consecutiva à exposição ao sol cria uma reação física que gera uma propulsão vertical. Com algumas alterações, com um século de antecedência, o princípio do balão... Tanto mais que, ao se aproximar do astro, o narrador quebra alguns dos seus frascos, como que soltando lastro, para dirigir seu "pássaro de madeira" à sua guisa. Em outra passagem, ele antecipa o princípio da turbopropulsão ao pressupor a lei da ausência de gravidade e ao explorar as potencialidades da descoberta da existência do vazio. Em outra ocasião, inventa uma nave espacial com foguetes, espoletas e salitre...

Fora das suas competências teoréticas de balonista, Cyrano descreve uma espécie de megafone: com efeito, o Sumo Pontífice da Lua utiliza uma trombeta para aumentar o volume da sua voz, o que lhe permite excitar o público e atordoá-lo com base no princípio da violência marcial. A finalidade? Impedir que o povo pense e reflita, forçá-lo pela emoção sonora a se submeter às ideias difundidas por esses alto-falantes políticos de sinistra memória nos totalitarismos do século XX.

Do mesmo modo, entre os selenitas, o livro encadernado em forma de volume não existe. Em seu lugar encontramos o ancestral do gravador – versão refinada e analógica do MP3...: um livro sem folhas nem caracteres que não necessita dos olhos mas solicita o ouvido, porque seu conteúdo, através de um jogo complexo de um número infinito de molas, permite ouvir uma voz que lê o texto. Alguns até andam com esse aparelho, versão barroca do tocador portátil...

Enfim, depois do balão, do foguete, do megafone, do gravador e do tocador digital, Cyrano de Bergerac inventa a lâmpada elétrica na versão a energia nuclear! De fato, em *États et Empires de la Lune*, um personagem aparece com uns vaga-lumes, mantidos encerrados num pote de vidro, que emitem uma energia que ilumina tudo à sua volta. Ora, no cativeiro, os bichinhos se esgotam e morrem depressa. Donde o interesse por uma solução alternativa, que consiste em purgar e depois condensar os raios solares do seu calor a fim de captar sua energia e encerrá-la numa bola de vidro.

A tudo isso, acrescentemos a invenção dos *trailers*: em outras palavras, casas de madeira leve postas sobre rodas. Esses inventos para um habitat nômade são acompanhados pela previsão intelectual das casas dinâmicas – habitação móvel posta sobre bases animadas e retráteis em função das considerações climáticas –, precursoras das construções ecológicas indexadas ao movimento do sol.

Na mesma lógica dos achados que teriam desenvolvimentos inimagináveis, Cyrano de Bergerac ficciona uma espécie de automóvel de propulsão magnética. As dissertações filosóficas da época sobre o ímã levam-no a um veículo móvel com energia fornecida pelo magnetismo. Essa "carruagem de fogo" animada por um ímã parece uma solução sempre atual para o período posterior à energia fóssil.

Concluamos esse panorama das opções visionárias do filósofo com as inovações de política familiar. Muito antes do tempo, o filósofo inventa os benefícios familiares: se as famílias fazem filhos sem ter tempo nem dinheiro para educá-los, a coletividade assume sua educação graças a subvenções em moeda. "A república os mantém", escreve Cyrano. O texto explicita no entanto que a poupança basta e dispensa de recorrer a semelhantes expedientes...

Balão e foguete, turbopropulsão e megafone, alto-falante e tocador analógico, lâmpadas elétricas e energia nuclear, *trailers* e automóveis, casas ecosóficas e benefícios familiares, que presciência espantosa da nossa modernidade! Que lições tirar desse inventário genial? Que a utopia não é o lugar de um real impossível, mas o laboratório da realidade de amanhã; que não é quimérico nada que pertença ao pensável; que a imaginação não funciona em falso, à toa, porque ela fornece combustível para o futuro; que o romance filosófico às vezes prepara o futuro mais e melhor do que uma autoproclamada oficina de futurição... E que às vezes o futuro se dobra na anamorfose.

10

A seriedade do burlesco. A ficção serve para encarar o dia vindouro, a imaginação prepara o amanhã hedonista. O burlesco? Uma das modalidades do racional. O romanesco? Uma das fórmulas da seriedade filosófica. A descoberta? A ponta avançada da realidade. Pelo menos quando se trata de gênios, de visionários, de artistas. Deixemo-nos transportar pela dialética romanesca. Ignora-se o que separa o racional da imaginação. Um dia o frasco celeste ou o megafone do rei, se não o *habitat* inteligente ou o veículo autônomo, parecem uma fantasia: no dia seguinte, astronautas alunissam não longe do circo Gassendi, um ditador doutrina as multidões pelo rádio, um tecnocrata cria o neologismo *domotique*, um homem comum anda de automóvel... Como considerar então o que ainda não foi realizado? Como um programa? Por que não... Retomemos portanto o delírio cyranesco com essa nova certeza na cabeça.

OS LIBERTINOS PANTEÍSTAS

Em *L'Autre Monde*, o sexo pende entre as pernas dos homens e lembra que depois de Eva os humanos pagam o custo do pecado original com sua pessoa. Todos se lembram do consumo do fruto da árvore proibida. O corpo também se lembra: este pênis mole e detumescente tremelicando entre as coxas dos homens é, escreve Cyrano, a cabeça da serpente um dia ingerida, enroscada em nossos intestinos, pois ela continua ali e ainda dardeja a cabeça...

Verdadeiro ou falso: os animais vivem três ou quatro mil anos? Alguém pode viver e sobreviver alimentando-se unicamente de cheiros? As camas se fazem com flores? Um só fogaréu no firmamento mata umas vinte cotovias que caem assadas? As caretas constituem sinais de afeto? As notas, as moedas, o dinheiro cedem o lugar a um crédito fiduciário construído com versos de poetas? Seria possível, deitando-se de costas em presença do soberano, lhe dar a entender que se tem a intenção de tomar a palavra em público? Para condenar à morte e marcar com a infâmia, bastaria decretar a morte natural seguida do enterro conforme as regras? Os dentes de uma boca aberta são capazes de dar a hora exata, à maneira do relógio solar? Um pintassilgo que não conseguiu fazer um amigo durante seis anos merece ser condenado a se tornar rei? Os mais meigos, os mais fracos, os mais pacíficos estão naturalmente destinados a reinar? Alguém já viu uma pessoa se locomover cavalgando um avestruz branco? Se você responde sim a todas essas perguntas, está pronto a se tornar cidadão da república lunar ou solar.

Nesse mundo sem bússola, sem compasso, sem sextantes, num universo sem alto nem baixo, sem pontos de referência confiáveis, nada mais é verdadeiro, logo tudo é falso. Ou, numa outra formulação: tudo é verdadeiro. Cyrano não pode ser considerado responsável nem culpado, porque estamos num exercício de estilo. Hábil. Evoluímos numa anamorfose. Passamos entre as dobras. Circulamos nos labirintos de um jardim barroco. Progredimos num outro mundo, um novo mundo, um continente bizarro, inédito, desconhecido. Ele ainda não existe, claro, mas por que não um dia, mais tarde? O sonho barroco anuncia a realidade por vir. Cyrano toma lugar na história, não parece o filósofo mais atrasado!

11

Um pensamento em arquipélago. Nesse mundo barroco em que pipocam os pensamentos, em que se cruzam os discursos, em que os personagens se multiplicam, em que os gêneros se misturam, pode-se isolar o pensamento de Cyrano de Bergerac? Como se sabe, Dyrcona designa Cyrano, mas fora de ordem. Ora, qual é a ordem dessa desordem? Pistas apagadas... Quando uma fruta fala, se não uma árvore ou uma ave – já que tudo fala nesse universo extravagante –, pode-se ouvir a voz do filósofo? Quando a ironia desponta, exprime em negativo uma ideia maior do narrador? Ou do autor?

Voltemos à anamorfose: ela diz, exprime e conta. O retrato de Descartes realizado segundo esse princípio é, sem dúvida, o do filósofo exilado na Holanda. Mas também não é ele. Aquele olhar franco e nítido, aquela cabeleira abundante e basta, aquela gola branca, austera, que ilumina o retrato, sem ela dominado pelo negro, o que se tornam na anamorfose? Algo mole, distendido, esmagado, estirado, estendido, aplanado. Uma bolha, um reflexo, um enigma à espera de ser decifrado.

Voltando ao título: *L'Autre Monde* também foi chamado, na edição *princeps* e póstuma de 1657, *Histoire comique* [História cômica]. O cômico remete à tradição dos filósofos risonhos – Demócrito, Aristipo, Diógenes, Epicuro, Luciano, Erasmo, Montaigne, entre outros. O riso surge pela anamorfose do real, pela torção, pela distorção, cuja deflagração produz a reação analisada por Bergson. O humor, a graça, a ironia, o cinismo apreendem o real de través. Mas, apesar do oblíquo, se trata sempre do real.

O riso, o sorriso acompanham a leitura. Ora, o pensamento em arquipélago de Cyrano supõe ilhas diferentes e irredutíveis. Com a cumplicidade do seu narrador, o autor propõe séries: série de discursos, série de monólogos, série de posições filosóficas, série de imagens. À maneira de um músico, *L'Autre Monde* desdobra variações seriais: a unidade da obra se dissimula nessa lógica.

Nessas séries, uma viagem parece no fim das contas possível, de acordo com alguns princípios úteis para criar ordem. Proponho duas séries organizadas. Uma associa críticas esparsas, mas claramente identificáveis, da questão religiosa; a outra propõe o elogio de uma filosofia materialista e hedonista. A crítica dos milagres, da alma imaterial, da ressurreição, da oração, da responsabilidade pessoal, do ideal ascético, da guerra, da servidão voluntária é acompanhada, com efeito, por uma celebração, via física moderna, de um real atômico, o do panteísmo encantado, depois de uma ética libertária. Precisemos.

12

O desmonte do religioso. Cyrano não brande pessoalmente o facho da crítica religiosa. Perigoso demais. Naqueles tempos, a Igreja tem sangue quente e braseiro pronto... O ateísmo? Ninguém o reivindica nitidamente. A palavra existe, mas não abrange nada muito claro. Ainda não é hora. O uso vago integra sob esse vocábulo o indivíduo que não crê de maneira ortodoxa, em outras palavras, quem crê livremente. Um dos personagens de *L'Autre Monde* já nota esse uso incorreto da palavra "ateu". De sorte que os fideístas – Charron, La Mothe Le Vayer, Saint-Évremond, Gassendi –, os deístas – logo Voltaire, La Mettrie, Helvétius – e os panteístas – Cyrano, Toland e Espinosa –, que creem de outro modo, de maneira diferente, muitas vezes passam por ateus.

Prudente, astucioso, Cyrano empurra o Jovem Anfitrião para a ribalta e lhe põe na boca uma fala sutilmente ateia: como é que Deus, se existisse, poderia nos repreender por não ter acreditado Nele? Se existisse, ele seria o único responsável por nossa ignorância, porque não nos deu os meios intelectuais de concluir de maneira indubitável pela certeza do seu ser. Nossa impotência em deduzi-lo provém exclusivamente dele. Ora, um Deus malicioso ou tolo não pode existir... CQD!

O mesmo personagem permanece no palco desse teatro filosófico e efetua variações sobre este tema: os milagres? São acontecimentos antinaturais inventados "pelos estúpidos para desculpar a fraqueza do seu entendimento". Os prodígios? Mecanismos imanentes, bem reais, a serem buscados, depois encontrados na matéria do mundo. Assim, as curas inexplicadas não são inexplicáveis: uma espécie de mobilização psíquica interior – um "desejo de saúde" na pena de Cyrano, uma variação sobre o tema da pulsão de vida, para dizê-lo com uma expressão contemporânea – explica facilmente esses supostos mistérios. Nada imaterial ou irracional no reino do filósofo, apenas encadeações de causalidades razoáveis e racionais: uma lógica psicofisiológica que deixa entrever uma presciência da lógica psicossomática. Donde uma opção radicalmente materialista, atomista. O real se reduz a uma combinação de partículas elementares, seu arranjo gera as diversas aparições do Mesmo.

Assim, a alma imaterial merece o depósito de acessórios filosóficos. A alma existe, claro, mas é material, seguramente não é eterna nem imortal. Encontramos no texto de Cyrano vestígios da tradição epicurista e os desenvolvimentos lucrecianos, às vezes até mesmo uma reprodução verso por verso, parte por parte, do grande poema *Da natureza*. Os homens e os bichos dispõem de uma mesma aparelhagem. Só que os humanos, dotados de razão, se arrogam uma superioridade sobre os bichos, depois concluem pela existência neles de um suplemento imaterial, parte do divino, parcela do absoluto...

A alma material se faz definir mais e melhor pelo Demônio de Sócrates, personagem da cena filosófica: claro, a alma é imortal, mas não no terreno da forma individual ou da cristalização pessoal. O que sobrevive a tudo é o Todo, evidentemente. O que percorre a totalidade do ciclo da natureza e torna possíveis as metamorfoses, aquela força que permeia o panteísmo encantado de Cyrano – é isso a alma. Como ela poderia perecer, morrer, desaparecer?

13

Um festim canibal de maometano. Logicamente, esse Deus dialeticamente impossível, essa materialidade panteísta inevitável obrigam a concluir que a ressurreição não pode existir com base no princípio cristão de uma ressurreição da carne, da gênese de um corpo glorioso, de encontros com uma forma abolida. Nada retorna ao mundo, já que tudo fica nele. O corpo se desfaz, o que o definiu materialmente segundo uma identidade própria morre, e para sempre, mas o que constituiu esse conjunto permanece. No jogo polimorfo das transmutações consideráveis, as probabilidades tornam possível o retorno do antigo arranjo. Metempsicose e metensomatose panteístas...

Para demonstrar a verdade da sua tese, nosso arauto negador de Deus conta uma história: comamos um maometano. Incorporando-o, sua matéria se torna nossa matéria. Quando nos deitamos com nossa esposa e lhe fazemos um filho, esse filho é o maometano reciclado ou um cristãozinho novinho em folha? Em ambos os casos, um dos dois é trapaceado: o bebê muçulmano veda o neném católico, e vice-versa. Prossigamos: se Deus dá um corpo a um ou outro, não será o dele, por conseguinte mais ninguém é o mesmo indivíduo. E os dois sofrem o castigo... Depois de algumas considerações sofísticas do mesmo tipo, a hipótese de uma ressurreição corporal, identitária, nominativa, parece ter começado mal!

14

A razão de um macaco. O Jovem Anfitrião encontra um reforço de envergadura no Rei. Estamos desta vez nos *États et Empires du Soleil* e o primeiro magistrado – um pássaro, no caso... – passa a oração pelo seu moedor dialético. A descrição irônica da posição de quem está orando basta para o desmonte: com as duas mãos coladas formando uma só, o personagem, pernas quebradas na metade, tombado em cima dos pernis, resmunga umas palavras zumbidas, só pode se tratar, é claro, de magia.

Alhures, um homem critica a tese da responsabilidade pessoal. Sabe-se, desde o episódio do Gênesis, que o pensamento dominante requer o livre-arbítrio como condição necessária a todo empreendimento político, religioso, cultural e social. O homem livre pode escolher e, quando opta por isto em vez daquilo – provar o fruto proibido, por exemplo –, pode não cometer a má escolha. Ora, apesar disso, ele prefere o mal. Logo, ele pode ser tido como responsável, vale dizer culpado, logo punível. Para que esse jogo perverso seja possível, o postulado de um livre-arbítrio de nascimento é necessário.

Os selenitas e os solários não acreditam nisso. Consequência desse panteísmo encantado. Porque existem tão só causalidades materiais, e a liberdade pertence à ficção. Assim como um tufo de capim não opta por tornar-se papa, ou o contrário, assim também um homem não pode ser tido como responsável ou culpado por ter agido, pensado, de uma maneira ou de outra. O narrador terreno passa, na Lua, não por um humano, mas por um macaco: como punir um animal privado de razão? O que nos faz ser? Um "instinto natural", nada mais. Mais vale esbofetear uma formiga, conta o narrador, porque num movimento involuntário ela causa a queda de uma congênere no formigueiro!

Por trás dessa história de macaco e de formiga, encontramos os debates sobre o livre-arbítrio que saturam a história da filosofia, claro, mas que ocupam também o Grande Século com a querela do jansenismo: os homens são capazes de querer livremente, apesar dos efeitos determinantes da Providência? São livres para agir assim e não assado? Responsáveis por suas ações? Culpados por seus comportamentos? A salvação e a danação *post mortem* decorrem das ações na Terra? Que dizer da graça, nesse mundo animado por turbilhões deterministas – entre eles o do arranjo panteísta do mundo? O leitor que trate de se encontrar em meio a essa barafunda...

15

O "medo de deixar de servir". Outra linha de força possível nessas séries misturadas: a política. Vê-se muito bem como é a ética além do bem e do mal nos Estados da Lua e do Sol. Nesse panteísmo encantado em que a matéria obedece ao instinto que a constitui, que lugar para a cidade, o geral, o coletivo e a comunidade? Na pena de Cyrano não encontramos uma cidade ideal, como na *República* de Platão, na *Utopia* de Thomas More ou na *Nova Atlântida* de Bacon: o projeto de *L'Autre Monde* não decorre da prescrição ideal ou do modelo arquetípico.

Não se sabe se Cyrano conhece o *Discurso sobre a servidão voluntária* de La Boétie. Provavelmente. Como ignorar essa obra que um leitor de Montaigne não pode desconhecer? A tese do amigo de Montaigne é simples, clara, nítida, conhecida e trans-histórica. Ela vale desde sempre e por muito tempo ainda. Ei-la: toda servidão é voluntária e procede unicamente do consentimento daqueles sobre os quais o poder se exerce. Donde esta frase sublime: "resolvam não servir mais e estarão livres".

A filosofia política de Cyrano se resume à retomada dessa ideia maior. O próprio Rei fala assim dos seus súditos: "eles são tão propensos à servidão que por medo de deixar de servir vendem uns aos outros sua liberdade". Como não ouvir aqui a voz de Étienne de La Boétie? A que o Pássaro Rei acrescenta que todos se submetem uns aos outros: os jovens aos velhos, os pobres aos ricos, os camponeses aos fidalgos, os príncipes aos monarcas, os próprios monarcas às leis... Dir-se-ia o tom das páginas inaugurais do *Manifesto do partido comunista* de Marx!

A essa servidão voluntária o rei acrescenta as servidões induzidas pela religião: criação de deuses alienantes, julgadores e ameaçadores; criação de ameaças divinas em todos os cantos da natureza: ar, água e fogo; criação de medos irracionais concernentes ao destino dessa famosa alma imortal; criação de entraves em sua vida cotidiana por medo do que aconteça depois da morte.

O ideal? A igualdade. Mas os homens não a suportam. Os Pássaros, sim, a praticam. Assim, nos Estados do Sol, a guerra é travada quando as forças são equilibradas. De ambos os lados, contabiliza-se o mesmo número de indivíduos: tantos pernetas de um lado e de outro, tantos talentosos, jovens e velhos, tantos estropiados, valentes, debilitados, corajosos, fracos. Uma quantidade de armas iguais, um estado-maior idêntico. Então a guerra pode ser declarada. Em caso de empate, tira-se o vencedor no palitinho.

Sobre o antigo princípio dos Horácios e dos Curiácios, cada lado apresenta suas elites. Então, homens excepcionais, sábios, homens de espírito se enfrentam em justas organizadas. Não é melhor isso do que enviar para o massacre milhares de pessoas valorosas? Do que deixar os oficiais, tranquilamente instalados na retaguarda, em suas tendas de comando, decidirem da sorte de indivíduos condenados a desaparecer no primeiro assalto? Do que deflagrar força, astúcia, engano, traição e todos os vícios do planeta? Do que dar ao acaso um papel tão determinante?

A crítica da guerra, o elogio da paz, a celebração da igualdade não carecem de prestígio enquanto a monarquia francesa multiplica os campos de batalha, gera uma desigualdade social, depois uma miséria tamanha que até Fénelon escreve ao rei uma magnífica *Lettre à Louis XIV* [Carta a Luís XIV] para lhe dizer umas tantas verdades e responsabilizá-lo pelo lamentável estado da França, arruinada por anos e anos de guerras e de corrupção. A paz, a igualdade? São virtudes bem republicanas nesses tempos de monarquia absoluta...

16

"Pense em viver livremente". Cyrano republicano? Não, a fórmula não tem sentido. Quem, de resto, o é nessa época, salvo Espinosa? Antimonarquista? Pode ser. Pelo menos oposto aos regentes e reis possíveis. É sabido que, com Mazarin, vai virar casaca, escrevendo violentas "mazarinadas" em sua juventude, pelo menos é o que se crê, antes de mudar de opinião, talvez no momento em que alguma pensão vinda de um poderoso arranje suas contas de farrista endividado...

Se a palavra "libertário" pode ser utilizada, não há dúvida de que lhe convém. Cyrano não gosta de outra coisa tanto quanto da liberdade. Em virtude desse princípio que impede de lhe prestar nesse livro tal qualidade em vez de tal outra, evite-se fazê-lo endossar a fórmula de polidez dos Estados da Lua. Lá, quando uma pessoa se despede de outra, não diz até logo, adeus ou até já, mas – magnífica injunção! –: *"Pense em viver livremente"*...

A república libertária de Cyrano deixa ao corpo um lugar central e jubiloso. A crítica do ideal ascético às vezes mostra a ponta do nariz. Como quando, no Reino dos Apaixonados, se organiza a sexualidade. Os machos vigorosos dispõem de vinte, trinta ou quarenta mulheres, cada um tem direito a duas fêmeas na mesma cama, não mais que isso. A sexualidade é proibida durante a gravidez. Nos Estados da Lua "a virgindade é crime". Que indivíduo se recusaria a viver numa sociedade assim?

Entre os selenitas, quando se quer sinalizar sua nobreza, usa-se um falo como amuleto. Um falo, e não uma espada, como no mundo dos terrenos demasiado terrestres! Por que esse sinal ostentatório? Porque mais vale o órgão do amor, o da geração a que cada um deve o fato de estar no mundo, que o da morte pela qual lhe tiram a vida. Cyrano, espadachim temível, sabe do que fala! Pulsão de vida contra pulsão de morte: *L'Autre Monde* escolhe de que lado está.

Sob o signo desse vitalismo celebrado, Cyrano defende uma ética hedonista. Recorrendo aos recentes achados da ciência moderna, o mundo no qual devem se exercer a ética e a política é da esfera da física, não da metafísica. Com um Deus identificável à natureza, ela própria reduzida à sua materialidade atômica, a ciência substitui a teologia, ou até mesmo a ontologia. O vazio, os átomos, o heliocentrismo, a pluralidade dos mundos, o reino irrestrito da matéria, tudo isso lembranças de Leucipo e Demócrito, Kepler e Galileu, Epicuro e Gassendi, Lucrécio e Descartes, todos eles convocados para o banquete desse teatro barroco.

Nesse mundo em que Deus não está separado do real, em que ele não julga nem condena, nesse universo além do bem e do mal, nesse cosmo em que o que existe se confunde com a divindade, nessa lógica em que real e ficção, romance e verdade, fábula e filosofia são submetidos à lei das metamorfoses, nessa fusão do estoicismo, do epicurismo e do cartesianismo numa doutrina que define um panteísmo encantado – se não encantador –, a morte não é nenhum problema. Logo a vida também não.

Morrer? Um novo jogo de metamorfose. Uma mudança de estado, apenas uma mudança, nada mais que uma mudança. Eu morro, claro, mas esse "eu" voltará. As probabilidades de uma Natureza em incessante transformação permitem pensar assim. A morte não aniquila a matéria mas sua organização; e essa organização tornará a se apresentar. Como então se queixar, resistir a perecer, chorar ou se lamentar? No jogo atômico exclusivo da matéria não existe perdedor. Uma certa beatitude em ser é até logicamente induzida dele. Espinosa não está muito longe...

Para concluir: Cyrano representou. Sua história pretende ser cômica. A narração toma emprestado todos os traços do burlesco. O romance mistura habilmente ironia e humor, graça e sarcasmos. A velocidade e a energia produzem uma multidão de encadeamentos nos quais é difícil distinguir o que cabe a um ou a outro. Cyrano age como um marionetista ou, ele também, à Gassendi, como ventríloquo de seus personagens. Impossível de delimitar, de circunscrever, de pegar com a boca na botija, ele poderia surrupiar a divisa de Descartes: "*larvatus prodeo*", "eu caminho mascarado". O que pensar disso tudo? Resposta: "rir desse mundo ao revés". Rir e, por isso mesmo, unir-se à coorte dos grandes risonhos do pensamento subversivo. O riso abre abismos, fende o mundo em dois, libera uma luz com a qual se ilumina qualquer pensamento progressista digno desse nome.

VI

ESPINOSA

e "o que leva à alegria"

1

Pinturas de um rosto inexistente. Os retratos de Espinosa são abundantes, mas nenhum é de fato seguro... Seu primeiro biógrafo, Colerus, esboça um verbalmente: um ar de judeu português, pele morena, sobrancelhas negras, cabelos crespos. Alguns o reconhecem numa pintura de Rembrandt, *Davi tocando harpa diante de Saul* (1665), nos traços do harpista de joelhos diante do rei. Outros falam do geógrafo de Vermeer, que veste um robe de tecido verde, com o olhar escrutando um mapa-múndi num gabinete mil vezes mais abastado do que os quartos modestos de Espinosa.

Johannes Colerus, pastor protestante que às vezes recalcitra em seguir seu modelo até os extremos mais avançados do gênio deste, relata que ele desenhava retratos, encadernados num livrinho que se perdeu. Nessa coletânea havia um homem em mangas de camisa, rede de pescador nos ombros, olhar triste, tendo no fundo um mapa da Sicília. Falaram de autorretrato... Sem nada de garantido. A comparação das gravuras de supostos retratos do filósofo acaba por confundir a pesquisa com suas notáveis dessemelhanças. Espinosa continua sem rosto.

Pode-se também extrapolar. A contemporaneidade de Rembrandt e Vermeer, sua proximidade geográfica em Amsterdam autoriza aproximações com certas pinturas. Para um retrato do Filósofo, no sentido geral do termo, sem ter de buscar uma semelhança física, pensemos por exemplo na célebre tela de Rembrandt *O filósofo* (1633). Deixemos de lado a grande sala com sua escada, portanto os dois andares, a idade avançada do velho sábio de barba branca (Espinosa morreu muito jovem), a criada ocupada com o fogo da lareira (o pensador nunca teve ninguém a seu serviço) e consideremos que essa pintura oferece o retrato emblemático do filósofo, de todo filósofo, logo também de Espinosa: a solidão da vida meditativa, o retiro num aposento em que se concentra o pensamento do mundo, o contraste entre os limites de um gabinete e a vastidão das ideias que nele surgem, o jogo de claro-escuro entre a claridade que aureola o filósofo e as trevas que o rodeiam...

Baruch de Espinosa nasce de uma família de origem judia portuguesa no dia 24 de novembro de 1632. Esse ano é também o do nascimento de Vermeer e de Locke; Descartes redige suas *Regras para a orientação do espírito,* La Mothe Le Vayer seus *Cinq autres dialogues* [Cinco outros diálogos]. Em sua juventude, Espinosa põe em dificuldade os doutores judeus do Templo. Imaginemos a potência conceitual de quem perturba aqueles velhos rabinos habituados à retórica talmúdica! O modelo hagiográfico da história santa católica e do seu Jesus menino realizando semelhante prodígio intelectual não está longe...

Muito jovem perde a mãe. Seu pai, três vezes viúvo, morre quando ele está com 21 anos, deixando-lhe dívidas como herança. Sua irmã recusa-lhe o direito à sucessão. Espinosa leva o caso ao tribunal, que lhe dá razão. Uma vez restabelecido em seu direito, o filósofo renuncia aos bens, com exceção de uma cama. Dando as costas aos negócios, escolhe uma profissão manual e passa a vida polindo lentes para microscópios e telescópios. Em sua especialidade, é tido como um excelente profissional. Inala permanentemente partículas de vidro, confinado num apartamento do qual fica às vezes três dias sem sair. Espinosa, que herdou a má constituição pulmonar da mãe, sofre de distúrbios respiratórios além de ter uma compleição delicada. Talvez esteja aí uma razão da sua morte precoce, inexplicável e súbita. No dia 21 de fevereiro de 1677, falece aos 44 anos, 2 meses e 27 dias, precisa Colerus.

O fim de Espinosa é misterioso: foi um médico, vindo de Amsterdam, que encontrou o filósofo que, naquele dia, havia encomendado um caldo de galo. Espinosa morre durante a ausência de seus locadores, que tinham ido ao ofício. Aproveitando-se da situação, o médico rouba suas economias, uma faca com cabo de prata e foge de barco no meio da noite, voltando para casa e abandonando o cadáver de Espinosa em seu quartinho...

2

Judeu odiado pelos judeus. Bem cedo, a judeidade de Espinosa lhe causa problemas: inteligente, vivo e culto, tem dificuldades com a sua comunidade. Excelente conhecedor do hebraico (redigiu uma *Gramática hebraica*), comenta o Talmude e aborda a filosofia medieval do seu povo na escola judaica onde estuda. Com alguns amigos, fala livremente de religião e contesta a imortalidade pessoal, o Deus antropomorfizado e alguns outros pontos de doutrina. Seus interlocutores o denunciam.

A comunidade judaica lhe propõe uma renda se ele calar suas objeções e continuar a frequentar as celebrações como se nada houvesse acontecido, de modo que sua ausência não fosse notada. Espinosa não aceita. À saída da sinagoga, um judeu o espera para matá-lo. A facada rasga seu casaco. Ele guardou essa peça a vida toda, como recordação. No dia seguinte a essa tentativa de assassinato, deixa Amsterdam e se instala no subúrbio de Leyden, em Rijnsburg.

Naquela época, a comunidade judaica não se destaca por sua tolerância. Em 1640, ela leva ao tribunal Uriel da Costa e o condena a receber trinta e nove chibatadas por ter duvidado da imortalidade da alma, questionado a vida eterna e escarnecido de alguns ritos judaicos. Em 1624, Uriel publica o *Exame das tradições farisaicas*, que critica a autoridade da lei oral e das tradições, o livro é queimado, o autor condenado. Ele se retrata, depois volta atrás em sua retratação. A comunidade lhe propõe então uma expiação pelo flagelo, bane-o, ele se recusa.

Oito anos depois, aceita: é amarrado seminu a uma coluna, seus correligionários o chicoteiam. Depois o deitam na entrada da sinagoga e o conjunto da comunidade passa sobre seu corpo para sair. Redige uma autobiografia, *Exemplar humanae vitae* [Exemplo de vida humana], depois se mata. Uma pintura do século XIX representa Espinosa criança no colo de Uriel da Costa: cena muito improvável. Em compensação, a lembrança do calvário desse herético judeu, culpado de ter filosofado livremente, deve tê-lo marcado.

Espinosa recebe por sua vez a excomunhão – o *herem* – em 27 de julho de 1656: está com 23 anos. A cerimônia é de uma extrema violência. Não conseguindo comprá-lo com seus mil florins, os rabinos decidem cassá-lo. Espinosa confessa em particular que essa expulsão lhe convém, é claro que ele não a provocou por não ter o menor gosto pelo escândalo, mas por lhe parecer mais conforme ao seu estado de espírito. Acusam-no de "más opiniões", de uma "conduta inqualificável", de enveredar pelo "mau caminho", denunciam "horríveis heresias", uma prática e um ensino de "atos monstruosos", mas sem provas e sem detalhe. Que teses? Que ideias? Que afirmações? Nessa época, Espinosa não escreveu nem publicou nada, muito menos ensinou. Só podem censurá-lo por conversas reveladas por seus falsos amigos.

A comunidade o amaldiçoa: dia e noite, durante seu sono e sua vigília; exortam a ira de Deus a recair sobre ele por toda a eternidade; pedem que todas as maldições contidas na Lei lhe sejam infligidas; desejam que seu nome desapareça para sempre do planeta; proíbem que quem quer que seja mantenha qualquer tipo de relação com ele, privada ou profissional; recusam compartilhar um teto com ele; enfim, proíbem que ele se aproxime a menos de quatro côvados

– dois metros. Espinosa pode, por fim, tornar-se o filósofo livre que já é.

3

Na escola da libertinagem. Espinosa conhecia a tradição teológica judaica, mas não excluía a filosofia do seu século, Descartes em particular. Frans Van den Enden o inicia. Esse ex-jesuíta que se tornou médico ensina grego e latim a Espinosa – que praticava o hebraico, mas também o flamengo, o italiano, o espanhol, o alemão e o português. Provavelmente Van den Enden lhe fala do panteísmo filosófico de Giordano Bruno e da sua morte numa fogueira cristã em Roma, do heliocentrismo de Galileu e do processo movido pela Inquisição cristã, do método de Francis Bacon assim como das obras de Erasmo, Montaigne, Maquiavel e Hobbes. Os autores que tinham importância para esse libertino amante de mulheres, que é Van den Enden, provavelmente foram lidos por Espinosa, então com apenas 20 anos.

Clara Maria, filha do professor de latim, serve de repetidora em casa do pai. Johannes Colerus narra um Espinosa apaixonado pela mocinha. Mas outro pretendente lhe ofereceu um colar de pérolas, o que bastou para decidir o casamento – um colar, claro, mas também uma conversão ao catolicismo... Não se saberá nada mais sobre Espinosa e as mulheres: nenhuma atravessa sua existência. Ele, que brilha por um gênio fulgurante em todos os assuntos, escreverá duas ou três linhas infelizes, suficientes porém para classificá-lo entre os filósofos misóginos...

Van den Enden foi envolvido num caso político em que estiveram implicados certos libertinos (entre

eles Gilles du Hamel de Latréaumont, fidalgo normando) com os quais pretendia sublevar a Normandia contra Luís XIV. O professor de Espinosa nunca ocultou suas opiniões democráticas e terminou enforcado por ordem do poder real francês.
Parece igualmente provável que Descartes – seu nome e seus livros, sua obra – tenha entrado na vida do filósofo pelo canal do mestre libertino. Por intermédio do latim que Van den Enden lhe ensina, tem acesso aos textos maiores do filósofo exilado nos Países Baixos. O cartesianismo existe nessa época e gera importantes debates. Espinosa retém esta lição de Descartes: podemos preferir as luzes naturais, a razão bem conduzida e bem governada, às luzes sobrenaturais, aos argumentos de autoridade religiosos. Prefiramos a filosofia à teologia. Em seu *Tratado da reforma da inteligência* (redigido em 1661 mas que permaneceu inacabado) ele fala de regras de verdade, da certeza, do erro, do método, de modos de percepção, de cura e purificação do entendimento, mas também de vida filosófica capaz de permitir "por toda a eternidade o gozo de uma alegria suprema e incessante". Projeto existencial, portanto, mas também eudemonista – se não hedonista! Espinosa está com 29 anos. Dois anos mais tarde redige os *Princípios da filosofia de Descartes* (1663) para um aluno. Será sua única obra, assinada com o seu nome, publicada em vida.

4

Uma vida epicurista. Espinosa vive a sua breve existência de acordo com esta ética: recusa das honrarias, das riquezas, dos bens materiais, dos excessos sensuais e busca de uma sociedade capaz de possibilitar "ao maior número de pessoas alcançar o mais fácil e seguramente possível esta finalidade": a concórdia dos entendimentos. Esse projeto filosófico se arremata com um cuidado reivindicado pela filosofia moral, pela pedagogia, pela medicina e pela mecânica.

Espinosa vive sua existência de acordo com os princípios da ascese hedonista do filósofo do Jardim, uma vida propriamente epicurista portanto: vida saudável, sóbria, privada de paixões negativas, voltada para a coincidência entre seus princípios e seu cotidiano; vida de composição com desejos a esculpir; vida de organização dos prazeres segundo uma aritmética destinada a gerar mais Alegria ao menor custo existencial; vida livre das bugigangas do haver mundano, inteiramente voltada para as virtudes verdadeiras: a razão, a contemplação, a sabedoria, a alegria, a beatitude.

A máxima epicurista ensina: "Esconde tua vida." A de Espinosa figura em seu selo com uma rosa – *espinossa*, Espinosa, espinhos... – e suas iniciais. É ela: "*Cauté*", prudência. O parentesco com Epicuro parece evidente. A prudência leva o filósofo holandês a mudar várias vezes de cidade, de bairro, de domicílio – Amsterdam, Rijnsburg, Voorburg, Haia –, a se recusar a expor-se publicamente, a evitar se desvendar em suas correspondências (com Leibniz, por exemplo) ou, nas conversações, a não ensinar formalmente, a rejeitar a edição dos seus livros, a assiná-los com iniciais, ou até a desejar uma publicação anônima e, às vezes, renunciar a ela, como no caso da *Ética*.

À maneira de Epicuro, de corpo débil, franzino, doente, Espinosa faz da necessidade virtude: as farras, as orgias alimentares ou alcoólicas, seu corpo não suportaria. Tísico desde a juventude, cansado por um trabalho perigoso para a sua saúde, Espinosa vive frugalmente. Trancado dias seguidos sem sair à rua, manda entregar em casa refeições sóbrias – sopa de leite com um pouco de manteiga como único prato do dia ou uma mistura de aveia, uva e manteiga, um litro de vinho por mês...

Colerus relata que um conselheiro de Estado que foi visitá-lo encontrou-o enrolado num robe não muito limpo. Acreditando agir bem, presenteou-o com um novinho... O desastrado atrai com isso a rabugice do filósofo que dá ao imbecil uma lição de moral sobre o importante e o acessório na vida. Outras fontes falam de um Espinosa sempre bem-vestido em suas aparições públicas...

Vimos quão pouco lhe importava o dinheiro quando da herança paterna. Várias vezes encontramos esse traço de caráter: outra vez, ele se recusa a herdar porque não deseja lesar o herdeiro – irmão do falecido – que lhe parece mais legítimo. Este último, comovido com a delicadeza de Espinosa, lhe atribui uma pensão que o filósofo aceita, contanto que a reduza um pouco a fim de adequá-la às suas estritas necessidades. Do mesmo modo, recusa a sinecura e a pensão oferecida pelo príncipe de Condé, que o convida à corte do rei da França. Pobre, mesmo assim empresta dinheiro a amigos na necessidade...

Espinosa vive na perspectiva epicurista da satisfação exclusiva dos desejos naturais e necessários: ter o que beber e comer, morar ao abrigo das intempéries, sem necessidades nem desejos não necessários, eis a receita do prazer ataráxico. Frugalidade, ascetismo, austeridade, o essencial se encontra na livre disposição de si mesmo. Eis por que razões ele evita aceitar a proposta do eleitor do Palatinado – um dos Estados do império germânico –, que lhe propõe ensinar na universidade de Heidelberg. Ele afirma nunca ter sido tentado pelo ensino público e prefere consagrar sua vida à verdade, à meditação e à filosofia, sem o socorro de uma instituição na qual não poderia se exprimir livremente. Com frequência escreve que a universidade impede de pensar...

Uma anedota se destaca nesta biografia do sábio. Estranhamente, ela não bate com o resto do personagem que detesta as paixões tristes, ama a alegria, a vida. Ele, o sábio, o filósofo, ele, o pensador que desmonta com precisão as afecções, os sentimentos e as paixões, adorava, escreve Colerus, pegar aranhas e pô-las para brigar. Às vezes jogava moscas numa teia para assistir ao espetáculo que o fazia rolar de rir... Mais sensato, ele às vezes se distraía desenhando, fumando cachimbo, conversando com seu senhorio. Quando da sua morte, um tabuleiro foi encontrado entre suas coisas...

5

Nem rir nem chorar, compreender. A história da arte ilustra esse exercício de estilo que consiste em pintar na mesma tela Demócrito rindo e Heráclito chorando, duas formas filosóficas de apreender o mesmo mundo: deplorando-o, caçoando dele. No modo paradoxal, Rembrandt realiza um autorretrato no qual se representa como Demócrito pintando... o rosto de Heráclito. Espinosa recusa a alternativa e recusa o riso, tanto quanto as lágrimas; prefere... compreender.

Essa expressão – "Nem rir nem chorar, compreender" – não se encontra na *Ética* mas numa resposta de Espinosa a Oldenburg (carta XXX). O inglês lhe faz saber dos seus temores quanto à situação política de seu país: ele teme a iminência de uma batalha naval. Espinosa responde: "De minha parte, esses distúrbios não me provocam nem o riso nem, tampouco, as lágrimas; eles me incitam, antes, a filosofar e a melhor observar o que é a natureza." O que isso quer dizer? Que o juízo de valor importa pouco, que não se trata de fazer moral, que é preciso se situar além do bem e do mal para tentar compreender o que acontece, como, de que maneira, a fim de alcançar a serenidade do sábio. Receita da beatitude espinosista.

Espinosa filosofa do mesmo modo que observa o detalhe de uma asa de borboleta ou de um inseto sob a luneta do seu microscópio – o que às vezes faz; age da mesma maneira que Galileu, La Mothe Le Vayer, Gassendi, Cyrano e os libertinos, de olho grudado no telescópio: olhar, analisar, desmontar, apreender os mecanismos imanentes do real. Em outras palavras, evitar a teologia e a religião, que fazem tudo passar pelo crivo da moral, e querer a filosofia praticada como uma ciência, o que supõe o bom uso de uma razão apropriada.

Contrariamente a Descartes, que concebe a razão moderna mas a dispensa de funcionar sobre as questões religiosas e políticas, Espinosa não reconhece (para si) nenhum limite: os problemas de fé, de crença, de cristianismo, de piedade, de milagres, de prece, ou os da república, do Estado, da democracia, da monarquia, do soberano, do príncipe, sua pena faz passar pelo exame de uma razão eficaz empregada como uma ferramenta de emancipação e de liberdade.

O imperativo categórico dessa vontade de saber se acha explicitamente enunciado no *Tratado teológico-político*: "separar a filosofia da teologia". Emancipar a Razão da Fé, trabalhar pela autonomia da Filosofia deixando a Teologia efetuar seu trabalho, por certo, mas em outro lugar, de acordo com outras regras, por outros objetivos. A separação não impede a interpenetração, mas a filosofia deve e pode avançar no terreno da teologia. A razão ganha em trabalhar nessas áreas para fazer funcionar as "luzes naturais" onde, por muito tempo, as "luzes sobrenaturais" eram tidas como satisfatórias. A finalidade? Estabelecer uma "metodologia natural" para produzir sentido a partir dos textos sagrados, esmiuçados como qualquer outro documento histórico. Em outras palavras, ler o Novo Testamento como as *Metamorfoses* de Ovídio.

6

A desmontagem da insensatez. Como judeu morador de um país protestante, Espinosa pode abordar os textos católicos sem as hesitações ou as prudências de um René Descartes, mesmo exilado na Holanda... Expulso da comunidade judaica, nem crente ortodoxo nem praticante, o filósofo trabalha munido unicamente da sua razão laica, instrumento filosófico criado pelo *Discurso do método*. O cartesianismo de Espinosa é heterodoxo: impossível encontrar, por exemplo, o dualismo do poitevino no holandês monista e panteísta. Espinosa toma emprestada de Descartes uma razão bem conduzida a fim de alcançar certezas claras e distintas, verdades filosoficamente demonstradas, nos antípodas dos atos de fé, das crenças e dos dogmas. A *Ética* dirá mais tarde: geometricamente demonstradas.

Comecemos pelas Escrituras. Elas não são textos sagrados inspirados ou ditados por Deus aos homens com base no princípio de uma revelação intangível, mas páginas redigidas por humanos num tempo histórico longo. Seu destino? Alcançar a multidão e converter o maior número possível de gente. As condições históricas de existência desses incontáveis escritos exigem uma formidável coleção de aproximações e de erro.

O inferno? Claro que existe, mas não nos moldes da geografia infernal estabelecida pelos Padres da Igreja a fim de ameaçar na Terra os homens relutantes às injunções dos cleros. A pastoral cristã faz um uso abundante do Inferno... Espinosa, de seu lado, identifica o inferno com as paixões nefastas. Humanas, demasiado humanas, muito humanas...

O pecado? Aquï também, contra a vulgata cristã agostiniana, que sexualiza a falta cometida por Eva, Espinosa avança uma ideia filosófica: o pecado qualifica tudo o que impede o homem de alcançar a perfeição, a saber: perseverar em seu ser e visar o conhecimento de Deus, logo da Natureza, a fim de alcançar a Beatitude. Nada a ver com a vontade de saber que se torna ato sexual pela graça patrológica!

Os espectros? Espinosa lhes consagra uma correspondência com Hugo Boxel: esses espectros – fantasmas ou espíritos... – são criados por seres insensatos, são puerilidades e diversões de pessoas simples que nenhuma experiência permite provar. Extrapolemos: a alma invisível, imaterial, imortal, construída com base no princípio dos espectros, também constitui uma ficção indefensável para um filósofo.

Assim os milagres, também impossíveis, porque nada na natureza pode acontecer contrariamente à natureza... Os homens chamam de milagres efeitos cujas causas ignoram, fatos cuja ocasião escapa do seu entendimento. Ora, o que ultrapassa a compreensão humana deve permanecer um enigma sem com isso gerar uma resposta abracadabrante. Com o tempo, a razão explicará o que parece incompreensível hoje.

E Deus? Claro que existe. Espinosa combate sinceramente o ateísmo e recusa que se faça da sua obra um trabalho ímpio e negador de Deus. Mas Deus não tem forma humana, não se pode lhe emprestar sentimentos humanos – cólera, inveja, vingança, etc. –, ele não é separado do real. Nada do que define o Deus dos teístas cai nas boas graças do filósofo. Ao célebre Boxel dos espectros, ele afirma que um triângulo dotado de palavra exprimiria a natureza triangular de Deus.

Nem é preciso dizer que, com posições assim, a ressurreição de Cristo não pode ser compreendida como o é por um cristão: claro que não é o retorno do corpo real depois da morte, de maneira nenhuma a carne ferida visível a olho nu, constatável com o dedo de Tomé, o incrédulo. O acontecimento deve ser lido de maneira simbólica: a ressurreição designa a nova vida depois da antiga, mas aqui e agora, nos limites do mundo real e conforme a ordem das razões razoáveis. A revelação causa uma ruptura, uma espécie de morte: depois dela a vida é outra, nova, mas tudo isso se dá na Terra.

O relato do Gênesis sobre a criação dos homens também é apreendido com base no princípio alegórico: o barro, o sopro, o primeiro homem, a costela de Adão? Espinosa afirma a existência do corpo dos homens exteriormente à sua forma, mas de uma maneira diferente da que se espera. Somente a lógica panteísta permite concluir – um pouco no espírito da física epicurista também... – que a substância persiste, mas seus modos mudam. Imortalidade da substância, mortalidade de seus modos...

7

Uma religião da imanência. Por conseguinte, se o inferno, o pecado, os espectros, os milagres, Deus, a ressurreição de Cristo, a criação dos homens são tão pouco o que as Escrituras ensinam, que dizer da religião? À sua locadora, que lhe pergunta se ela podia esperar a salvação na religião cristã, a dela, ele responde que sim, contanto que além dessa prática ela não descuide da "piedade" e da "vida amena e tranquila". Uma religião de filósofo, portanto.

Espinosa efetua uma genealogia da religião: os homens inventam deuses por medo, por temor. Essa ideia já se encontra em Lucrécio, no seu *Da natureza*, como se sabe. Medo do desconhecido, da morte, do tempo que passa, do seu destino, do real, do que resiste ao entendimento, medo de viver. Donde as lógicas irracionais ativadas pelo pensamento mágico, tão prático para conjurar a angústia existencial dos indivíduos e das coletividades.

A essa análise genealógica, o filósofo acrescenta uma mecânica das religiões: elas servem para os poderes políticos embasarem sua autoridade. Os reis servem-se delas para se assimilar a Deus, identificando Sua palavra no céu à do monarca no trono. Obedecer a ele é obedecer a Deus; revoltar-se é se revoltar contra Deus; desobedecer é desobedecer a Deus. Quem, então, ousaria questionar o poder do príncipe?

É por isso que no *Tratado teológico-político* Espinosa ostenta claramente seu republicanismo e sua oposição ao poder monárquico. Ele acha que são dadas ao clero honras desmedidas e que seria absolutamente necessário dispensar-se de confiar um poder temporal a quem já tem um poder espiritual. Do mesmo modo, ele pensa que se concede ao papa uma autoridade ilegítima. Separação, portanto, entre os dois registros: o mundo dos homens e o mundo dos deuses. A laicidade encontra aqui um filósofo consequente.

Em matéria de religião, trata-se de conservar sua liberdade de pensar e de refletir. A interpretação da fé cabe menos ao discurso autorizado de um clero que ao bom uso da razão individual. As Escrituras se adaptam às mentalidades de cada época. Eis por que ler os textos da Bíblia no século XVII supõe diferenças de leitura em relação aos representantes oficiais da religião dominante, petrificados numa tradição desconectada da história.

Para terminar com todas as transcendências e os além-mundos consubstanciais à religião, Espinosa propõe uma religião imanente, quando não uma religião da imanência. Não há Deus transcendente, não há vida *post mortem*, não há Juízo Final, não há destino fora do que a Natureza torna possível. Nada que seja irracional é defensável em matéria de religião, porque ela deve conviver harmoniosamente com a razão.

O que é uma religião imanente? Uma religião reduzida a alguns princípios essenciais. Não há a menor necessidade de aumentar as prescrições, os interditos, as proibições, os tabus. Depuremos a religião e reduzamo-la a algumas máximas breves, simples, compreensíveis pela maioria. Para alcançar essa quintessência, observemos a vida de Jesus e isolemos seu ensinamento encarnado em exemplos.

Na totalidade da sua obra, Espinosa ensina essa religião imanente, que, repito, também é religião da imanência. Ela dispensa tanto uma sabedoria quanto uma filosofia. A despeito de todos os discursos e circunlocuções possíveis, ela se resume em duas palavras: "Justiça e caridade". Várias vezes, a coisa é escrita no *Tratado político*: não é necessário mais. Evidentemente, os cleros monoteístas dificilmente podem aceitar tal quintessência dos seus discursos e semelhante descrédito lançado sobre a sua função...

8

A grande obra barroca. A obra de Espinosa comporta textos de juventude sobre Descartes – *Os princípios da filosofia de Descartes*, material de um curso dado em aulas particulares a um aluno –, um *Curto tratado sobre Deus, o homem e sua felicidade*, de feitura imprecisa, pouco segura, que apresenta as linhas mestras do seu trabalho, textos políticos: *Tratado teológico-político*, mas também *Tratado político*, uma correspondência – quarenta e oito cartas do punho do filósofo – e esta obra insólita, sem par, sem igual, uma obra-prima, um monumento de arquitetura barroca: a *Ética*.

À maneira de um edifício barroco, a *Ética* celebra o movimento e a força, a dinâmica e a extensão. A arquitetura impositiva da obra torna sua leitura difícil, a progressão penosa. A densidade dos encadeamentos matemáticos e lógicos torna mais lenta a vitalidade de um pensamento que faz intervir a energia do real, do mundo, de Deus identificados. A forma apolínea e geométrica obstaculiza o fundo dionisíaco panteísta e poético.

O edifício joga *ad nauseam* com as dobras do texto numa multidão de fórmulas matemáticas impositivas. A partir de "definições", de "axiomas", de "proposições" que geram "demonstrações" com seus "escólios", a que se somam "corolários" e "apêndices", sem esquecer é claro "lemas" e "postulados", Espinosa ativa uma proliferação barroca a partir de um punhado de frases breves, simples, que servem de material para todo o edifício. No corpo do texto, para justificar uma ideia e pô-la em perspectiva com uma demonstração anterior, ele utiliza parênteses que remetem explicitamente às teses antecedentes, reduzidas a seu número. No fim se encontra um lacônico CQD...

Longe do Jardim de Epicuro, a *Ética* propõe um jardim barroco no qual obriga a Natureza a pôr-se de acordo com o princípio geométrico nos limites dados pela pena severa, seca e austera do filósofo. As afeições, as paixões, os nomes de Deus, os gêneros de conhecimento, a beatitude, o verdadeiro, a eternidade, a liberdade, o desejo, os afetos, a alma, o conato, o entendimento, o infinito, os modos, a eternidade, a essência, a razão, o inadequado, a substância e mil outros conceitos são classificados, encerrados em canteiros, limitados por bordas, contidos em quadrados precisamente definidos. A pena literária do *Discurso do método* parece bem distante...

Quando a Igreja barroca age como receptáculo da luz divina, a *Ética* de Espinosa, longe de toda preocupação de moral moralizante, declina um edifício destinado a recolher a tal "luz natural" cara ao filósofo. Em ambos os casos, dobram-se nele as energias, as forças, as dinâmicas e os movimentos do mundo. A exposição geométrica desejada por Espinosa impede o "espírito de finura" caro a Pascal. A obra é um monstro filosófico.

9

As primeiras dobragens. Espinosa inicia a construção da *Ética* em 1660, aos 28 anos, e trabalha nela durante toda a sua existência. Primeiro ele deseja publicar sem nome de autor. Porque pouco importa a assinatura, se somente a obra conta. Depois, prudente, renuncia à publicação do livro acabado. As pessoas chegam até Espinosa, conhecem um pouco suas ideias, sua reputação é demoníaca na Europa, procura-se saber como será essa alentada obra, os mal-entendidos abundam, como se vê, antes mesmo de a terem lido, um catecismo ateu, uma bíblia maléfica. O livro sai postumamente em 1677, seis meses depois da sua morte, assinado apenas com suas iniciais. O efeito dessa publicação será considerável em toda a Europa no século seguinte – o da Revolução Francesa.

O título exato é: *Ética demonstrada segundo a ordem geométrica, e dividida em cinco partes, nas quais são tratados I. Deus/II. A natureza e a origem da mente/III. A origem e a natureza dos afetos/IV. A servidão humana ou a força dos afetos/V. A potência do intelecto ou a liberdade humana.* Um castelo de cinco andares, pois, com tantos aposentos quanto as organizações de axiomas e lemas, postulados e proposições permitem – em outras palavras, uma interminável enfiada de salas minúsculas (a definição de uma paixão em duas linhas) ou majestosas (o papel da razão na produção da beatitude, por exemplo, em longas páginas).

A obra propõe uma salvação pessoal. Para tanto, deve-se alcançar a consciência de si, de Deus e das coisas. Saber quem somos, o que somos, como pensamos, quais afecções nos trabalham, a maneira como as paixões nos habitam, de que maneira o desejo nos atormenta; depois: saber como designar Deus, o que ele é, claro, mas sobretudo o que não é, sua relação com a natureza, com a criação, com o real; enfim: saber o que define o real, as relações entre a substância una do mundo e seus modos múltiplos de aparição ao entendimento.

Eis o projeto pelo qual o indivíduo pode encontrar seu lugar no mundo, no real, no cosmo, sua razão de ser com outrem, a fim de dar um sentido à sua existência. Porque se trata de filosofar para chegar à Alegria e criar a Beatitude. O projeto espinosista é portanto do âmbito do eudemonismo mais clássico: o soberano bem coincide com esse júbilo. Poder-se-ia até mesmo precisar a natureza hedonista desse projeto, porque a beatitude em jogo põe em cena a totalidade do corpo – que no momento adequado direi como se define.

Para começar, trata-se de criar uma epistemologia do conhecimento. Que podemos saber? E para que fins? Porque a consciência de si, dos outros, do mundo e de Deus supõe um conhecimento claro e distinto desses objetos filosóficos maiores. Depois da definição, o trabalho fica fácil. Mas é preciso antes de mais nada efetuar um paciente labor de explicação. Donde a abundância de frases breves, nítidas e precisas para alcançar esse primeiro objetivo.

10

Uma epistemologia existencial. Em seu *Tratado da reforma da inteligência,* Espinosa distingue primeiro quatro gêneros de conhecimento. Depois, na *Ética*, reduz os gêneros a três. O "conhecimento do primeiro gênero" se efetua por transmissão, por experiência, logo, de maneira incompleta e confusa. Saber seu dia de nascimento, o nome dos pais; conhecer os fatos históricos, as afirmações geográficas ou as que decorrem das ciências da natureza: Luís XIV, rei da França; o Sena passa em Paris; as macieiras produzem maçãs... Tudo isso só é possível porque terceiros nos transmitiram essas informações. Não questionamos essas certezas, elas se transmitem sem que indaguemos. Esse modo de conhecimento é superficial, não atinge a essência das coisas.

Esse primeiro conhecimento é a "experiência vaga". Ela se efetua a partir do real à nossa volta e do que este parece ensinar. Exemplo: um veículo passa; um homem fala comigo; um cachorro late. A verdade não está em jogo, somente a constatação de um fato. Mas o que prova que não estou sonhando? Que meus sentidos me informam sem me enganar? Que minha memória é confiável? O fenômeno não pode ser confundido com a essência. Esse primeiro gênero de conhecimento é a única causa da falsidade.

O "conhecimento do segundo gênero" se efetua pela "razão discursiva" a partir das noções comuns e das ideias adequadas das propriedades das coisas. Ele põe em jogo a dedução e desemboca em certezas, produz o verdadeiro. Exemplo: o conhecimento por demonstração matemática – exemplo no exemplo: a rotação de um semicírculo em torno do seu diâmetro produz uma esfera. Ele vai de premissas a consequências e se apoia em axiomas claros e distintos. Com ele, alcançamos certezas; assim, o conhecimento de Deus, dos homens, do mundo, da natureza e do real se torna possível.

Enfim, o "conhecimento do terceiro gênero", conhecimento intuitivo. Enquanto o conhecimento segundo os princípios da razão discursiva procede por patamares, este terceiro gênero supõe o conhecimento imediato, a apreensão intuitiva direta da verdade. Nem percepção sensível e empírica, nem produto da experiência, nem resultado da imaginação, ele se efetua a partir da ideia adequada da essência formal de certos atributos de Deus, até o conhecimento adequado da essência das coisas. Ele é apreensão imediata da relação que une uma parte ao seu todo. Exemplo: a apreensão de uma relação matemática que permite saber que 9 está para 3 assim como 4 está para 2, a saber, o número elevado ao quadrado.

Essa epistemologia do conhecimento produz efeitos existenciais. Senão, para que realizar esse tipo de classificações? Distinguir esses três gêneros de conhecimento possibilita, primeiro, opor o conhecimento inadequado, confuso e mutilado ao conhecimento adequado, claro e distinto. Mas é também uma oportunidade para constatar a existência de um trajeto filosófico que conduz do erro (que sujeita) à verdade (que liberta e gera a beatitude).

Dizer que a imaginação – conhecimento do primeiro gênero – gera o erro antropomórfico e a superstição em matéria de religião, mas também o erro das paixões tristes e negativas em matéria de psicologia ou o erro do medo no terreno moral e político, é uma purificação filosófica verdadeira. O que se deve visar? O bem verdadeiro, construído com uma razão bem conduzida que supõe o saber libertador: quando sabemos o que é o mundo, como é a natureza, o que define Deus, que lugar ocupamos neste universo, então alcançamos o conhecimento adequado que produz a alegria, a beatitude, o soberano bem, a sabedoria verdadeira. A epistemologia atua antes da ética hedonista.

11

Os nomes de Deus. O Deus de Espinosa não tem grande coisa a ver com o dos judeus e dos cristãos, dá para desconfiar... Esses imaginam um Deus anterior ao mundo, já que um dia ele decide criá-lo: o criador e sua criatura são separados, um dispõe em relação ao outro do direito da anterioridade. Deus preexiste a tudo, e o real decorre do seu querer próprio. Deístas e teístas compartilham essa maneira de pensar, os fideístas também. Judeus, católicos e protestantes, filósofos crentes, a imensa maioria cultua essa velha ideia de um primeiro motor imóvel, de uma causa incausada separada dos seus efeitos consequenciais.

O gênio de Espinosa se manifesta numa ruptura cardeal: ele não crê num Deus separado do mundo. Se a comparação de todos os seus livros às vezes mostra mudanças, inflexões – três ou quatro tipos de conhecimento, por exemplo, conforme a obra –, ele nunca varia sobre esta ideia maior: a identidade entre Deus e a natureza. Assim: o *Curto tratado* – "a natureza, em outras palavras Deus" –, uma carta a Osten (XLIII) – "Deus é o universo" –, a *Ética*, claro – "Deus ou a Natureza", o célebre *"Deus sive natura"* do prefácio do livro IV. Essa constância metafísica na obra permite fazer de Espinosa um panteísta, a saber, um filósofo para o qual o criador e sua criatura constituem uma só e mesma substância diversamente apreendida.

Procuraríamos em vão um ateísmo em todo o pensamento de Espinosa. Ateu designa o negador de Deus, não o indivíduo que o define à margem da ortodoxia. O Deus espinosista é heterodoxo, por certo, mas existe. Claro, ele desagrada os rabinos e os padres, incomoda os pastores, mas nem por isso deixa de ter uma existência real. Somente os inimigos de um pensamento livre buscam, séculos a fio, desacreditar essa filosofia poderosa para fazê-la passar por seu contrário: o cúmulo do imoralismo, a impossibilidade ética absoluta.

Sua correspondência traz vestígios disso. Espinosa se indigna cada vez que o tratam de ateu – ou mesmo quando se limitam a suspeitá-lo de ateísmo –, ou quando fazem do seu sistema filosófico uma máquina de guerra dissimulada a serviço da negação de Deus. Uma simples contagem permite registrar mais de quinhentas vezes o nome de Deus na *Ética*. A cada ocorrência, trata-se de designá-lo, defini-lo, circunscrevê-lo, dar-lhe uma identidade real e, sobretudo, precisar o que não é.

Deus existe necessariamente, pois; único e eterno, ele é e age pela simples necessidade da sua natureza; causa livre de todas as coisas, todas as coisas estão nele e dele dependem; sem ele, nada pode existir nem ser concebido; todas as coisas são predeterminadas por sua potência infinita; coisa pensante e coisa extensa, eis seus atributos; incorpóreo, não sujeito às paixões, não composto de corpo e de espírito, não dispondo nem de vontade nem de entendimento, ele é causa imanente de tudo; sua obra e sua existência definem uma só e mesma coisa; numa palavra: ele é a única substância a existir na natureza.

Segundo o modo como se apreende a natureza, podemos distinguir uma "natureza naturante" e uma "natureza naturada". A primeira existe em si, é concebida por si, como substância e causa. Os atributos da substância exprimem uma essência eterna, infinita: Deus como causa livre. A segunda – como efeito e modo – define o que decorre de cada um dos atributos de Deus, os modos dos seus atributos, como coisas que existem em Deus e não podem ser, nem ser concebidas, sem Deus. A natureza naturante define a natureza na medida em que produz; a natureza naturada, na medida em que é produzida: mas se trata no entanto de uma mesma realidade considerada sob dois ângulos diferentes.

12

Além do bem e do mal. Num mundo em que Deus é a Natureza, que espaço resta para a liberdade dos homens? Espinosa escreve várias vezes sem meias palavras: o livre-arbítrio é uma ilusão. Numa carta a Schuller (LVIII), Espinosa explica isso da seguinte maneira: se atiramos uma pedra no ar, ela sobe, desacelera, se estabiliza, depois cai em virtude da lei da queda dos corpos. Ela obedece à necessidade natural, às imposições físicas, a que tudo está submetido na natureza.

Hipótese: demos a esta pedra uma consciência, dotemo-la também de linguagem. Ela dirá, evidentemente, que escolhe tudo o que acontece com ela:

subir, desacelerar, se estabilizar, cair, ficar no chão. Os homens se creem livres, afirma Espinosa, porque ignoram as causas que os determinam. Se soubessem o que os move, os humanos abandonariam esse recurso à ficção do livre-arbítrio. Não somos livres, obedecemos. Como a pedra atirada no ar, sofremos uma causa que ignoramos. Estamos submetidos a um princípio que faz ser o que somos.

Qual é essa causa? O desejo. Não somente o desejo identificável com a "libido", que designa o "apetite sensual" ou a "lubricidade", mas o desejo que pode ser "vontade" quando se relaciona à alma, "apetite" quando se refere à alma e ao corpo, e "desejo" quando nomeia o apetite com consciência de si mesmo. O desejo espinosista define o que conduz cada realidade a perseverar em seu ser. Assim definido, o desejo é a essência do homem.

O desejo afeta e determina cada um a partir de forças contraditórias. O espírito não comanda o corpo – como a alma, piloto no navio corporal, para retomar a imagem de Platão –, já o desejo é uma força que anima a totalidade do real. Do mesmo modo, Deus tampouco pode querer o que acontece: a definição que Espinosa dá proíbe que lhe seja prestado o poder de querer no lugar dos homens, por eles. Ele não decide o destino dos humanos, porque não pode querer o que quer que seja.

A Oldenburg, Espinosa escreve que os homens não são de forma alguma responsáveis por seus atos, porque estão nas mãos de Deus – logo da natureza, precisemos... – assim como a terra entre as mãos do ceramista, que dá aos vasos o destino de conter líquidos preciosos ou matérias menos nobres. O que acontece com cada um decorre da necessidade divina, logo natural. O conjunto opera além do bem e do mal.

O Bem não existe, portanto; o Mal tampouco. Não há arroubos platônicos, Espinosa não acredita numa ideia do bem que, geral e universal, funcionasse de maneira anistórica. Em compensação, acredita que existem um Bom e um Mau, em vez e no lugar dos velhos valores Bem/Mal. Chamamos de Bom, escreve ele, aquilo para o que rumamos; e Mau aquilo de que nos afastamos. O Bom designa o aumento da potência de agir, a saber, a Alegria; o Mau, a diminuição dessa potência: a Tristeza. O bom é, portanto, o útil; o mau, o nocivo.

O mau conduz à tristeza e a seu aumento. O remorso, a culpa, o pensamento da morte são coisas ruins. Não adianta nada queixar-se do que acontece e que não podia deixar de acontecer, de um lado. De outro, lamentar um fato, um gesto, uma palavra, um comportamento é sofrer duas vezes, o que é uma vez a mais. Do mesmo modo, fazer da morte um sujeito de meditação recorrente entretém em si paixões tristes. É melhor uma meditação sobre a vida.

13

Que pode o corpo? O Deus de Espinosa, como já deu para perceber, não existe como a figura judaico-cristã do justiceiro. Isso está fora de questão, fora do tema... Não há nenhum paraíso, nenhum inferno, muito menos purgatório; nenhum destino *post mortem*; nenhuma vida depois da morte; nenhum além-mundo: o mundo espinosista é um mecanismo no qual o livre-arbítrio não existe e onde reina a necessidade natural – ou divina, depende... Sem remorso, sem culpa, devemos concluir pela inexistência de qualquer punição?

Não, porque num mundo imanente, a punição é imanente. A saber? Se o preço da virtude é a própria virtude, o castigo da desrazão é a desrazão. Não ter a tranquilidade de espírito de quem não se controla, eis a punição. Essa moral não tem decerto obrigação, mas não é privada de sanção. Esta não é transcendente e não procede de uma potência divina, celeste ou mágica, mas imanente. Não conhecer a alegria e a beatitude, ignorar os júbilos e as liberdades consubstanciais ao bom uso da razão, eis a penitência.

Mas como fazer um uso correto da razão, se tudo é necessidade? Que liberdade existe, se tudo acontece conforme a ordem natural, logo divina? É possível imaginar ainda uma vida sábia, em vez e no lugar de uma vida ruim, se o livre-arbítrio é uma ficção? Num mundo animado pelo desejo e pela perseverança de cada um em seu ser, o que vem a ser um querer livre, autônomo e independente? A tal pedra da carta a Schuller poderia portanto inflectir o curso do seu caminho e modificar a curva da sua queda? Para resolver essa aporia, examinemos a questão do corpo e das suas possibilidades. A solução dessa aparente aporia está nela.

A *Ética* diz isso numa passagem célebre: se a alma ou o espírito não guiam nem comandam o corpo, como resolver o problema do corpo que age? Quem o comanda? Ou antes: de que maneira ele vem a ser e fazer o que é e faz – em vez de outra coisa? Em virtude das leis da natureza, o corpo pode muitas coisas, e isso nunca foi verdadeiramente dito, pensado ou examinado. "O que pode o corpo?" Eis uma questão maior, considerável – e, acrescento, eminentemente moderna.

O corpo espinosista é anticristão: não há nenhum dualismo no pensamento de Espinosa, nenhuma alma imaterial, incorruptível, eterna, amável e venerável, entendida como uma parcela da divindade capaz de nos ligar a Ela, nenhuma carne corruptível, pecaminosa, corrompida, mortal, detestável. Melhor: nenhuma esquizofrenia, nenhuma separação ilógica que obrigue às contorções cartesianas sobre a glândula pineal para pretender resolver o problema da união da substância extensa e da substância pensante.

Porque não há duas substâncias separadas, distintas, irreconciliáveis por natureza, mas duas modalidades de uma mesma substância: Deus, a natureza, que podem simultânea, consecutivamente, ser consideradas, sob o prisma da extensão, a carne, ou do pensamento, a alma (Espinosa nunca fala de alma, "*anima*", ele fala de espírito, "*mens*"), mas que designam a mesma coisa porque são a mesma coisa. O corpo é a alma; a alma é o corpo. Questão de ponto de vista metafísico. O corpo é o objeto do espírito; o espírito, a ideia do corpo.

Quando da morte de um indivíduo, sua substância permanece, suas modalidades não. Na medida em que um corpo procede não da extensão, mas do pensamento, na medida em que esse pensamento não pode ser separado de Deus, pois que também é a Natureza, existe uma eternidade, certo tipo de imortalidade. Não o corpo físico, real, identificável, o rosto, a silhueta, a aparência, não a forma ou os atributos, mas a substância desse corpo, que é, essa substância, incorruptível, logo de forma alguma a morte lhe concerne.

14

Sob o signo de Epicuro. Nem por isso o monismo de Espinosa é um materialismo. Existem na obra desse grande moderno vestígios de escolástica pesados e incômodos. O vocabulário da *Ética* obriga numerosas vezes a compor com "substâncias" e "atributos", "causas" e "efeitos", "modos" e "essências", "atos" e "potências", "qualidades" e "quantidades", "espécies" e "gêneros", e outros conceitos da filosofia medieval que ele conhecia muito bem e manejava com grande destreza intelectual.

Procuraríamos em vão em Espinosa as palavras do registro materialista: não há "matéria", nem "átomos", nem "partículas", não há "clinâmen", claro, nenhuma referência na *Ética* a Demócrito, Epicuro ou Lucrécio. O filósofo escapa, aqui também, das categorias habituais da história da filosofia: não é idealista, nem espiritualista, nem materialista, nem atomista. Sua substância permanece muito obscuramente medievalesca com respeito à teoria atômica de um Lucrécio, por exemplo.

Se quiséssemos recorrer ao termo "materialista", seria necessário temperá-lo de maneira oximórica e falar de um materialismo vitalista. E aqui também seria preciso tomar o cuidado de definir essa Vida à qual a expressão remete. Ela poderia designar esse desejo que percorre o conjunto do que é, esse "conato" que contribui para o ser, a duração, a manifestação, a dinâmica, o aumento, a afirmação, a energia do real em todas as suas formas.

Apesar de Espinosa não ser portanto materialista no sentido clássico do termo, ele confia a Hugo Boxel uma ideia cardeal, porque esta mostra que ele percebeu que a história da filosofia é percorrida por duas linhas de força contraditórias e nitidamente identificáveis. Ele parece a tal ponto recusar uma, que poderíamos imaginá-lo simpatizante da segunda! Trata-se dos tais espectros. Claro, Espinosa não acredita nisso e responde a seu interlocutor não se espantar com que filósofos que recorreram abundantemente "às qualidades ocultas, às espécies intencionais, às formas substanciais e mil outras bobagens" tenham acreditado em semelhantes inépcias. Ora, quem são esses filósofos? "Platão, Aristóteles, Sócrates, etc."... Gostaríamos de saber o que se esconde atrás desse lacônico "etc."...

Em compensação, Espinosa explicita que Boxel poderia mobilizar outros filósofos em prol da sua causa. Quais? "Epicuro, Demócrito e Lucrécio, ou um dos atomistas e partidários dos átomos." Na sua pena, avaro com as remissões aos grandes nomes da história da filosofia, a observação merece uma pausa. Porque ele acrescenta que os filósofos dessa primeira linhagem invejavam tanto a glória de Demócrito "que queimaram todos os livros publicados por ele".

A informação não é correta, embora seja apenas falsa pela metade: Diógenes Laércio esclarece-o: Platão teve tal intenção, mas dois filósofos o dissuadiram de levá-la a cabo, arguindo sobre o excesso de exemplares em circulação para que o auto de fé produzisse verdadeiramente efeitos. Mas a ideia está ali: Platão, o idealista, contra Demócrito, o materialista, duas maneiras de filosofar irredutíveis por toda a eternidade. Espinosa não professa uma adesão à filosofia abderita, mas fustiga Platão, porque sua filosofia permite avalizar as tais "bobagens" que são os espectros, sem dúvida, mas também a virgindade de Maria ou os milagres dos santos...

Estranho Espinosa! Seu materialismo sem matéria, seu Deus sem transcendência, seu hedonismo sem corpo, seu epicurismo sem átomos, sua ética sem moral, sua religião sem dogmas, sua eternidade sem além-mundos, sua liberdade sem livre-arbítrio, seu desejo sem carne, suas virtudes sem dever: eis um estranho pensamento oximórico! Logo barroco.

15

Guerra às paixões tristes. A *Ética* propõe igualmente uma física das paixões e uma mecânica dos sentimentos. O corpo é afetado por paixões que aumentam sua potência de agir ou a diminuem. Os sentimentos em sua diversidade procedem todos da combinação de três deles, primitivos e fundamentais: o Desejo, a Alegria e a Tristeza. Como se sabe, o desejo define "o apetite acompanhado pela consciência de si"; a alegria é a paixão pela qual o espírito passa a uma maior perfeição; a tristeza, ao revés, a uma perfeição menor. O que se deve visar? Por um lado: a recusa das paixões tristes; por outro: o aumento da perfeição pessoal: a Alegria. Como definir melhor o hedonismo de Espinosa?

O que são, pois, as paixões tristes? A vergonha, o ódio, o desprezo, a dor, a melancolia, o horror, a aversão, a derrisão, o desespero, o desdém, o medo, a humildade, a decepção, o respeito, a piedade, a apreensão, a indignação, o pudor, a inveja, o estupor, a cólera, a vingança, a desaprovação, a crueldade, o arrependimento, o rebaixamento de si e a inveja. Eis o ruim que reduz minha potência de ser, minha adesão vital ao mundo e ao real. Incontestavelmente, é preciso esquivar esses convites a decrescer em seu ser.

Em compensação, há que consentir a Alegria, definida por toda paixão que aumenta minha potência: a glória, a admiração, o gáudio, a veneração, o amor, a devoção, a esperança, o reconhecimento, a gratidão, a segurança, o amor-próprio, o contentamento, a atração, a consideração, o orgulho, o louvor, a misericórdia, a satisfação consigo mesmo, o escárnio (!). São virtudes que elevam.

Como se pode imaginar, essa tipologia das paixões pega no contrapé as virtudes judaico-cristãs: querer o amor a si, a consideração da sua pessoa, a relação alegre e feliz com o mundo, visar a expansão da sua força num exercício de admiração à vida, tudo isso irrita os partidários do ideal ascético cristão. Tanto mais que Espinosa recusa o que se tornará, na pena freudiana, a pulsão de morte voltada contra si (vergonha, temor, humildade, arrependimento, etc.), contra outrem (ódio, inveja, vingança, ira, crueldade, ciúme, etc.) e contra o mundo (dor, melancolia, horror, apreensão, etc.). E que os três monoteísmos prezam a pulsão de morte...

Na quarta parte da *Ética*, Espinosa estigmatiza "uma selvagem e triste superstição que veda ter prazer", porque, aumentando nossa alegria, nossa perfeição aumenta. O que também pode ser lido assim: aumentando nossa tristeza, nossa perfeição diminui. Participar da Natureza, logo do divino, engendra um sentimento de alegria e de beatitude. Em nome de que se vedar essa abundância de vitalidade?

Algumas linhas adiante, Espinosa esboça o retrato do homem sábio que sabe reparar suas forças – sempre

uma física dos estados e uma mecânica das potências...
– recorrendo à comida e à bebida, um ser que se aproveita dos perfumes, das plantas verdes (!), dos adornos, da música, dos jogos do ginásio, dos espetáculos, etc. "Essa maneira de viver", ele escreve, "é a melhor e mais recomendável"... Nova profissão de fé hedonista! Desta vez menos teórica e mais pragmática.

Além do Bem e do Mal (judaico-cristão) não impede portanto um Bom e um Mau (espinosista, logo hedonista). Habitualmente chamamos de bom o que desejamos, aquilo a que nos dirigimos, e de mau o que nos provoca aversão. A ética de Espinosa é consequencialista e nominalista, não é prescritiva mas descritiva. A virtude e o vício (palavras ausentes na obra do filósofo) supõem a utilidade. É bom o que serve ao projeto hedonista, no caso o aumento da minha potência de ser; e mau o que desserve a ele.

16

Razão e beatitude. O escravo obedece às suas paixões e a seus sentimentos. Ele é joguete desses e sujeita-se à lei deles sem consciência, sem conhecimento. Em compensação, o homem livre se submete à sua razão. Ora, a razão quer que cada um se ame e busque o útil para si. Que procure ter primeiro o que lhe permite perseverar em seu ser, em seguida o que aumenta em si sua potência e sua perfeição: aderir de maneira jubilosa a seu ser no mundo.

Onde, quando e como o homem submetido à necessidade pode recuperar sua liberdade? Como o indivíduo que obedece ao destino, logo a Deus, logo à Natureza, tem meios de contrariar essa lógica? Conhecendo-a, depois obedecendo-lhe. A salvação se efetua em, por e para o saber: quem sabe o que são Deus, os outros, o real, a natureza, o mundo, quem conhece os mecanismos de cada uma dessas instâncias alcança a liberdade, dispõe dos meios de criar liberdade para si.

De início fragmento cego da totalidade identificável com Deus e a natureza, o indivíduo se torna fragmento consciente do seu estado de dependência em relação ao Todo. Nessa consciência de si, nesse conhecimento da sua natureza divina e das suas modalidades, o indivíduo alcança um novo estado que o transforma em ser para a vida, e não mais em ser para a morte. Informado do seu lugar no mundo, ele o aceita sabendo que dispõe de uma margem de manobra muito reduzida e limitada, mas suficiente para produzir imensos efeitos: saber que se pode querer a Alegria e recusar a Tristeza para orientar seu desejo no sentido do conhecimento das verdades que geram a beatitude.

A beatitude chega quando se escolhe a razão; em outras palavras, quando se opta pela reta maneira de viver, orientada para o aumento da potência pessoal. Portanto, estabeleçamos, para concluir, uma série de equivalências: viver sob a conduta da razão é praticar a virtude; viver de acordo com as leis da natureza, compreender e conhecer Deus, adquirir a liberdade, praticar a verdadeira religião é ser moral, honesto, justo e afortunado; conservar seu ser buscando o que nos é útil é se aproximar da alegria e do bem, realizar enfim nossa salvação. A beatitude não é recompensa da virtude, mas a própria virtude. Ela é obtida unicamente pela prática da filosofia, que permite que cada um descubra quem é, o que é Deus, logo o Mundo – três modos de ser de uma realidade semelhante. CQD!

CONCLUSÃO
O crepúsculo de Deus

1

A força das libertinagens. O Grande Século alardeado, oficial, mundano e mostrado, como se sabe, apresenta em sua galeria dos grandes homens filósofos espiritualistas e dualistas, abades e bispos, quietistas e cristãos, jansenistas e místicos, fundadores de ordem e entusiastas por apologética. Toda essa gente comunga num século dito clássico em que triunfam equilíbrio e harmonia, simetria e consonância, numa palavra: a ordem. Descartes, Pascal, Malebranche, Fénelon, Francisco de Sales, Bossuet, Boileau, Corneille, Racine. Certo...

Mas o mesmo século, felizmente, é trabalhado por outras forças. Isolemos três delas, duas das quais conhecemos melhor agora: a *libertinagem barroca*, como vimos, e *Espinosa e o espinosismo*, mas também a *força anônima libertária*, que floresce em toda parte, nas ruas, nos cabarés, nos locais públicos onde a palavra se perde por falta de vestígio escrito, nas canções, poemas, diatribes populares, mas também, felizmente, deixada por escrito em numerosos registros literários e, principalmente, na circulação de manuscritos anônimos de uma radicalidade espantosa e de uma difusão tão ampla quanto eficaz.

Algumas palavras em forma de síntese, retornando sobre a libertinagem barroca: das mais prudentes assertivas fideístas de Pierre Charron às mais audaciosas proposições panteístas de Cyrano de Bergerac, passando por sábios amálgamas e doutas combinações de precaução e radicalidade, em Gassendi por exemplo, a constelação dos filósofos barrocos, apesar das suas divergências, converge em dois ou três pontos mínimos incontestes: primeiro a ampliação da razão e seu uso metódico, científico e experimental; depois, consequência desse uso mais amplo, mais intenso, mais livre, uma crítica da religião entendida como obstáculo ao livre exercício da sua inteligência crítica.

Claro, poupam Deus como tal. O Deus dos filósofos leva de longe a melhor sobre o de Abraão, Isaac e Jacó. Cada um se arranja com essa potência e, conforme suas opções – fideísta, deísta, panteísta –, se concentra no aqui e agora. Poupando Deus, os filósofos dão a entender que seria ótimo que Deus poupasse os homens. Cada qual no seu lugar, apesar de a guerra contra Deus mesmo ainda não se ter declarado... Sente-se que essa relegação epistemológica anuncia um combate por vir. Essa retirada de Deus antecipa uma futura gestão ateia desse problema. O conjunto da corrente libertina barroca contribui para uma dialética, desde então conhecida, de caminho rumo à morte de Deus. O Céu se afasta, a Terra se torna o único horizonte. A moral alcança um estatuto

CONCLUSÃO

imanente: editam-se regras para aqui e agora, entre os homens, pelos homens e para os homens.

Mesma breve síntese sobre Espinosa: o espinosismo necessita evidentemente da morte do filósofo para existir plenamente. O espinosismo embrionário do fim do Grande Século irriga a totalidade das Luzes. Por inúmeros pontos de convergência, Espinosa pode ser lido como um libertino barroco: sua reivindicação de uma liberdade de análise total, absoluta, em todas as áreas sem exceção, define a preocupação primeira do libertino: a emancipação; o uso liberado da razão, inclusive no terreno da monarquia e do cristianismo; o abandono dos modelos teológicos em benefício do modelo científico, geométrico, no caso; a proposição de uma moral além do bem e do mal, definitivamente desembaraçada do céu e preocupada apenas com os efeitos produzidos na Terra; o papel cardeal desempenhado pela natureza na economia de uma ética eudemonista, se não hedonista – alegria, prazer, beatitude identificados com o soberano bem; a consideração pacificada do corpo e da carne na sabedoria prática; a separação – muito antes de Kant! – dos registros da Fé e da Razão, da Teologia e da Filosofia, do espiritual e do temporal; eis o que faz de Espinosa um pensador barroco e libertino cuja força filosófica decuplica a dos libertinos franceses, eclipsados pela glória de Descartes.

2

O espírito libertino do tempo. A essas duas forças que trabalham o Grande Século – libertinos barrocos e Espinosa –, acrescentemos o espírito da época, visível nas produções intelectuais. Claro, a vida cotidiana dos anônimos, seus atos e gestos, seus pensamentos, os discursos feitos por eles nos lares sem memorialista, sem testemunha para registrar essas palavras nos anais, obriga a deixar ao historiador das mentalidades a descrição do espírito libertino da época.

No entanto, imagina-se um pouco como ele seria lendo algumas minas: as *Historiettes* de Tallemant des Réaux, as *Memórias* de Saint-Simon, pelo menos os primeiros volumes relativos ao fim dessa época, a *Histoire amoureuse des Gaules* [*História amorosa das Gálias*] de Bussy-Rabutin, mas também um grande número de correspondências. Podem-se igualmente folhear coletâneas de cançonetas, tanto quanto as obras de Retz, ler a poesia de Théophile de Viau, os romances de Sorel ou Scarron, as sublimes *Fábulas* de La Fontaine, o teatro, e não só o de Saint-Évremond ou de Cyrano de Bergerac. O conjunto atesta: o Grande Século não se reduz à pintura religiosa de Simon Vouet, também há a abundância de carnes, de ramos de parreira e de vinho de um Rubens!

Encontramos nessas obras uma época que aprecia o vinho, as mulheres, a vida, a literatura, a música, a canção, a amizade, a conversa, tudo o que a religião cristã persegue com seus anátemas. Claro, o século XVII não é ateu, mas conduz para o ateísmo. Donde seu combate menos dirigido contra Deus, relativamente poupado, do que contra a religião, muito exposta e, para dizer sem rodeios, atacada por todos os lados. O anticlericalismo, a antirreligião, o anticristianismo se preocupam menos em negar a existência de Deus, textualmente inencontrável no Grande Século, do que em minar os efeitos da religião no cotidiano. Recusa-se menos a potência de Deus do que o poder expresso em seu nome.

CONCLUSÃO

A época rui sob as brincadeiras de colegial, as provocações infantis, as palhaçadas em bando dirigidas contra os padres, os pregadores, as procissões, etc. Des Barreaux, o homem do omelete de toucinho, caçoa do padre Garasse, aquele jesuíta furioso, autor fulminante da pérfida *Doctrine curieuse*, ao sair da sua predicação; canta canções de taberna durante um culto protestante; tira o solidéu de um padre que porta o corpo de Cristo para lhe ensinar boas maneiras! Bussy-Rabutin, dizem, desenterra cadáveres para fazê-los dançar; o príncipe de Condé, acompanhado pelo abade Bourdelet e pela princesa palatina, tenta (em vão, esclarece quem conta a anedota...) queimar um pedaço (grande) da (verdadeira) cruz: ele ataca o crucifixo levado à frente da procissão por um padre, aos gritos de "lá está o inimigo!"; o marechal de Fervaques, por sua vez, ministra um clister de água benta numa freira... possuída; o cardeal de Retz improvisa uma missa no recinto de um campo de pela, depois batiza cachorros antes de casá-los; Ninon de Lenclos, a inoxidável amiga de Saint-Évremond, esboça um passo de dança quando lhe falam de oração; e por aí vai... Não terminaríamos de citar as anedotas, as piadas, as tiradas, as vias de fato contra o jejum e a quaresma, as hóstias e o santo sacramento, os santos óleos e as procissões, quando não contra a gente do clero! Deus continua sendo globalmente poupado, mas não os que o servem, creem nele ou o invocam...

3

O pensamento clandestino. No meio de toda essa agitação libertina circulam manuscritos clandestinos:

L'École des filles [A escola de moças], formidável texto de um Sade solar, *Theophrastus redivivus, Les Trois Imposteurs* [*Os três impostores*] e *L'Esprit et la Vie de Monsieur Spinoza* [*A vida e o espírito de Baruch de Espinosa*] entre outros. Textos sem nome de autor, muitas vezes com data falsa e referências fajutas a impressores ou editores. A vantagem salta aos olhos: evitam-se os processos e os problemas com a justiça, pelo menos com as forças da ordem a serviço dos cristãos. Neles, o pensamento se exprime mais claramente, as palavras aparecem sem floreios, as teses se manifestam à luz direta do papel.

No entanto, apesar dessa liberdade radical permitida pelo anonimato, continuamos sem encontrar textos francamente ateus. A tese, muito difundida no meio universitário dos especialistas em libertinagem de uma escrita com chave dupla, não cola: que a perseguição acarrete consequências sobre a arte de trabalhar, pode-se pensar, mas se quem escreve se expõe e arrisca muito. De fato, o que se pode temer permanecendo no anonimato? Por que então falar de precaução na formulação? O que está escrito é o que é pensado, nada mais. No século XVII, o ateísmo não existe, nem latente, nem discreto, nem oculto, nem dissimulado, nem nas entrelinhas. Deus vive suas horas derradeiras, a religião desmorona, mas ainda não se pode falar de morte de Deus.

4

A exceção do apostato zen. Brilhando com todas as suas luzes, nesse século de libertinos de todos os tipos, encontramos uma pepita ignorada pelos filósofos: um breve texto de umas sessenta páginas intitulado

CONCLUSÃO

O embuste desvendado, assinado por Cristóvão Ferreira (1580-1650). O texto vem a lume em 1637, data, recordemos, da publicação do *Discurso do método*. Enquanto Descartes dá uma no cravo monarquista e outra na ferradura católica, esse jesuíta português, missionário no Japão, pego pelo equivalente da Inquisição, escapa da morte, mas não da tortura, escrevendo essa retratação que constitui o texto mais próximo da destruição integral do cristianismo, logo o mais próximo do nascimento do ateísmo. Mas, para fazer desse texto o primeiro manifesto ateu, seria necessário amputar algumas linhas do fim, em que o autor confessa ter mudado de religião por sua conversão ao zen-budismo. O tiro não passa longe, e o jesuíta quase teve a honra de ser o primeiro teórico da negação de Deus... Na falta de consegui-lo, foi o primeiro a cravar a espada mais fundo no *corpus* cristão. Avaliemos.

Eis a lista das teses visionárias e subversivas desse filósofo ignorado por todas as histórias da filosofia – e das religiões: Deus não criou o mundo, que existe desde toda a eternidade; a alma é mortal, perecível; o inferno não existe, nem o paraíso, nem o pecado original, nem a predestinação; as crianças falecidas antes do batismo não são culpadas; o cristianismo é "pura invenção"; o Decálogo, uma tolice contrária à razão; ele critica o papa que justifica a conquista violenta de novos territórios e a espoliação dos povos indígenas, depois põe em prática uma política cúpida contrária aos interesses do povo; critica o pagamento de missas e as indulgências; assim como a excomunhão e as proibições alimentares da quinta-feira santa; considera a virgindade de Maria uma fábula, mesma coisa no que concerne aos reis magos;

recusa os sacramentos, o batismo, a confissão, a eucaristia; acha "inaudito" acreditar no Juízo Final; "insensata", "ridícula", "escandalosa" a crença na ressurreição da carne; enfim, apela regularmente à razão – ignorando o uso que Descartes faz dela em seu quarto bem aquecido... – para afirmar várias vezes a incompatibilidade absoluta entre a religião, as histórias de fé, as fábulas cristãs e o uso sadio de uma razão correta... Tudo isso num punhado de páginas de um fascículo, verdadeira dinamite para o Ocidente cristão!

5

Filosofar por baixo do pano. Não se sabe se esse texto atravessou os oceanos e chegou a terras europeias. Em compensação, um anônimo também ousa, por volta de 1659, um texto audacioso, que desempenha no século XVII o papel de síntese das teses da libertinagem chamada erudita. Trata-se do *Theophrastus redivivus – Teofrasto redivivo* ou, mais moderno, *Teofrasto, o retorno...* – um grosso livro de 1.500 páginas manuscritas em latim, nunca traduzido integralmente em francês!

Nessas páginas, o autor desconhecido não poupa a religião, as religiões, claro, mas não confessa nenhum ateísmo, o que o anonimato no entanto lhe permitiria. Bem melhor, ele reivindica uma estranha posição retórica: a do indivíduo cristão que faz pontaria no pensamento ateu, dá detalhes deste, explica-o, conta-o, mostra-o, mas com o propósito confessado, já na introdução, de permitir que os teólogos afiem mais adequadamente suas armas... Ironia? Embuste? Dissimulação? Mentira? Ou real posição que atestaria

CONCLUSÃO

o espírito do século: uma divisão entre a crítica do cristianismo ortodoxo e, entretanto, o sentimento da existência, apesar de tudo, de uma transcendência? Na falta de maiores informações sobre o autor, não tiraremos conclusões...

Esse incendiário supostamente papista enceta portanto um combate que regozija o historiador do ateísmo: ele afirma a realidade de um pensamento ateu, detalha-o, refuta as provas da existência do Deus dos cristãos, critica os oráculos, as profecias e os milagres, afirma o caráter duvidoso da autenticidade dos Evangelhos, mina os artigos de fé, desmonta a Eucaristia, a Trindade, o Purgatório. Transforma o Inferno e o Paraíso em puras e simples alegorias, fustiga o culto dos santos e das relíquias, ensina a inexistência de uma alma imortal, refuta a divindade de Cristo, denuncia os papas... De fato, está aí um cristão não muito católico...

Quanto ao mais, dá receitas humanas, muito humanas, para conviver com a morte, morrer bem e, de passagem, justifica o suicídio. Um pouco de estoicismo... Como eudemonista moderado, deseja que não se entretenha um culto à vida: nem demais, nem de menos, contentar-se, cheio de bom senso, com viver um dia após o outro, bastando a cada dia sua aflição. Um pouco de epicurismo... Ele convida a imitar a natureza, boa conselheira, a deixar para lá toda preocupação com a honra, o dinheiro, a riqueza. A que acrescenta uma acusação às ciências, às leis, à técnica e à religião, claro. Um pouco de cinismo antigo... Celebra a frugalidade, a pobreza, a autonomia do sábio, a independência, a vida livre afastado dos outros. Muita sabedoria prática proveniente diretamente da ágora e do fórum...

Deus não é explicitamente negado, é até mais ou menos assimilado ao sol que dá a vida e, com os outros astros, determina o destino de cada um. Um pouco de panteísmo... Não hesitando em estabelecer o tema astral de Cristo, o autor convida a aderir às leis da natureza, o que decorre das suas posições astrológicas. A obra surpreende a crítica erudita que não encontra seus pontos de referência: não propriamente ateia, anticristã mas reivindicando uma postura cristã, recheada de erudição mas sem ideia original, é, antes, criadora de uma montagem que manifesta bem o espírito do tempo e a energia libertina crítica que permeia o século.

6

O efeito Espinosa. Entre os textos anônimos, existe uma serpente marinha intitulada *Traité des trois imposteurs* [*Tratado dos três impostores*], isto é, Moisés, Jesus e Maomé. O texto *princeps* pode remontar à Idade Média. Não se conhece o autor, mas foram numerosas as atribuições. O manuscrito, copiado, recopiado, foi emendado em função das épocas e de seus interesses. Originalmente, ao que parece, a obra abunda em referências à Antiguidade. A versão datada de cerca de 1645 está explicitamente trabalhada pelo pirronismo, sinal distintivo, como se sabe, do trabalho libertino.

Outros pontos em comum com os libertinos barrocos: uma opção elitista do saber reservado exclusivamente aos eruditos, longe do populacho a quem o acesso permanece desaconselhado por causa da carga potencialmente destrutiva do vínculo social reunido no *corpus* libertino; do mesmo modo, no terreno da religião, Deus não se vê negado, mas a religião é desmontada segundo os princípios lucrecianos. As duas teses se fundem nesta outra posição: a religião procede da impostura, decerto, mas é fatal e necessária. No século seguinte, Voltaire não pensa de outro modo...

A edição barroca do livro propõe um teísmo reduzido aos direitos adquiridos: não se pode definir Deus de outro modo que não seja negativo, por hipóteses sem muita relação com a razão. Sua essência parece inalcançável por meios humanos. Eis portanto Deus ao abrigo das averiguações da inteligência humana. Dois ou três pilares da religião concentram os ataques: a fé, associada ao interesse trivial de uma recompensa *post mortem*; a escolha do bem, submetida à esperança de um benefício social ou à evitação de uma sanção pública; os milagres, inconciliáveis com um exercício mínimo da razão, para não dizer do bom senso. Ao que se soma uma demonstração em regra de que a religião serve, antes de mais nada, para legitimar o poder político.

A versão de 1712, provavelmente ampliada e remanejada de acordo com o gosto da época e o espírito do tempo, aparece com um novo título: *L'Esprit de M. Benoît de Spinosa* [*O espírito de Baruch de Espinosa*], precedido de uma biografia: *La Vie de M. Benoît de Spinosa* [*A vida de Baruch de Espinosa*]. Encontramos aí um claro elogio da razão e da lei natural. Passagens de Pierre Charron são identificáveis, assim como referências a Vanini, Hobbes, Naudé e, claro, Espinosa. As edições antigas e esta defendem a mesma ideia, de que a religião é uma impostura, decerto, mas diferente num ponto maior: a versão publicada no limiar do século XVII já traz em si as potencialidades das Luzes e não sustenta a ideia de que essa impostura possa durar para sempre.

Donde a necessidade de agir à maneira de Espinosa. Assim, o filósofo desconhecido lança a razão contra tudo o que lhe parece suspeito: a religião, Deus, o cristianismo, mas também a ordem social que os faz seus. O Deus do filósofo holandês possibilita esse progresso na História. A leitura da *Ética* se efetua, a partir de então, na direção de um *materialismo ateu*. Claro, o *monismo panteísta* de Espinosa foi posto de lado, depois superado. Mas não há como impedir essa inflexão. A história desta constitui exatamente a aventura do materialismo sensualista e do utilitarismo francês daqueles a quem chamo de os "ultras das Luzes" – a saber, o abade Meslier, La Mettrie, Maupertuis, Helvétius, Holbach e Sade. Continua, portanto...

BIBLIOGRAFIA

O avesso, o anverso, o outro. Fala-se geralmente de Grande Século para caracterizar o século XVII. Michelet, por sua vez, utiliza a expressão para qualificar o século XVIII... Grande? Para o catolicismo e a monarquia, sim. Mas os autores escolhidos e colhidos no *corpus* para fabricar esse século sob medida dispõem de potentes antídotos no mesmo século que, de minha parte, em vez de "grande", prefiro chamar de "barroco". René Pintard abre seu célebre trabalho intitulado *Le Libertinage érudit dans la première moitié du XVIIe siècle*, Slatkine, 1943, reedição de 1983 – uma referência ainda hoje, no melhor (desbravamento) e no pior (os pressupostos ideológicos) –, com um capítulo intitulado "L'envers du 'Siècle des Saints'". Antes dele, Félix Gaiffe havia publicado *L'Envers du Grand Siècle*, Albin Michel, 1924. Bonito título para um livro muito anedótico. Demais, até.

Trabalhos antigos sobre o conjunto da época: F. T. Perrens, *Les Libertins en France au XVIIe siècle*, Calmann-Lévy, 1899; J. S. Spink, *La Libre Pensée française de Gassendi à Voltaire*, traduzido para o francês por Paul Meir para as Éditions sociales em 1966; Antoine Adam, *Histoire de la littérature française au XVIIe siècle*, cinco volumes, ver em particular o primeiro: "L'époque d'Henri IV et de Louis XIII", Domat, 1956, um capítulo consagrado a

OS LIBERTINOS BARROCOS

"Érudits et philosophes" sobre o círculo dos irmãos Dupuy, Pierre Gassendi, a Academia Puteana, François de La Mothe Le Vayer, Gabriel Naudé e René Descartes. Do mesmo Antoine Adam, *Les Libertins au XVIIe siècle*, textos escolhidos e apresentados, Buchet-Chastel, 1964.

Para uma leitura alternativa do século, ver *Histoire littéraire de la France*, Éditions sociales, tomo II, "De 1600 à 1715". Esse trabalho coletivo realizado sob a direção de Pierre Abraham e Roland Desné oferece uma boa perspectivação das biografias, dos pensamentos, das obras e da história. Sobre as condições e tendências da criação literária, o contexto político, a língua na época, a situação material e social dos escritores, o barroco, o livre pensamento, etc., Georges Dupeyron redigiu o capítulo sobre Cyrano e os libertinos, Roland Desné sobre Saint-Évremond, François Hincker sobre Fontenelle.

* * *

Retratos do libertino. Difícil exercício. Onde há libertinagem? E quando? Aliás: libertinagem ou libertinismo? As atas do colóquio internacional de Sommières, *Aspects du libertinisme au XVIe siècle*, Vrin, 1974, se abrem com um artigo muito bem documentado de Jean-Claude Margolin, "Réflexions sur l'emploi du terme libertin au XVIe siècle". Segue-se um texto de Charles Béné, "Érasme et le libertinisme".

Interessante síntese de Françoise Charles-Daubert que, no fim de um livrinho que tem por título *Les Libertins érudits en France au XVIIe siècle*, PUF, 1998, esboça em trinta e um pontos um retrato do libertino erudito, pp. 113-4. Sobre Molière, amigo dos libertinos e de Gassendi, entre outros, ver Olivier Bloch, *Molière/Philosophie*, Albin Michel, 2000. Ler ou reler *Dom Juan*, é claro!

Uma revista é exclusivamente consagrada a essas questões pelo Institut Claude-Longeon, *Libertinage et Philosophie au XVIIe siècle*, Presses de l'Université de Saint-Étienne, seis volumes publicados, "La Mothe Le Vayer et Naudé": número 2, 1997; "Le public et le privé": número 3, 1999; "Gassendi et les gassendistes" e "Les passions libertines": número 4, 2000; "Les libertins et le masque: simulation et représentation": número 5, 2001; "Libertins et esprits forts du XVIIe siècle: quelques modes de

lecture": número 6, 2002; "La résurgence des philosophies antiques": número 7, 2003. Universitário, muito universitário...
Enfim, a necessidade obriga a mergulhar no oceano de imundices do padre Garasse, jesuíta inventor da propaganda, do denegrimento e da literatura de combate filosófico: *La Doctrine curieuse des beaux esprits de ce temps, ou prétendus tels*, etc. Reedição prevista pela editora Encre marine. A má reputação dos libertinos procede dessa empresa de denegrimento sistemático e de insultos *ad hominem*. A historiografia clássica alimentou-se muito nesse viveiro pérfido para desconsiderar a corrente libertina...
O prefácio de Jacques Prévot, a quem devemos a edição dos dois tomos de *Libertins du XVIIe siècle*, Pléiade, Gallimard, merece ser lido para um exame crítico dos textos que fazem parte do *corpus* libertino – poemas, ficções, excertos de Gassendi, para o balanço e o estado das pesquisas sobre a própria palavra libertino. Questões em aberto... Ver também na Pléiade o prefácio do inevitável Antoine Adam sobre os *Romanciers du XVIIe siècle* – Charles Sorel, Scarron, Furetière, Mme de La Fayette.

* * *

Dobraduras barrocas. Prefiro abordar esse outro grande século com as categorias do barroco: filosofia barroca, pensadores barrocos, libertinos barrocos. Para uma aproximação da problemática e contraditória definição desse termo: Eugenio d'Ors, *Du baroque*, trad. fr. de Agathe Rouart-Valéry para a Gallimard, 1935. O texto propõe vinte e duas acepções do termo "barroco", da pré-história ao imediato pós-guerra. Definição histórica e anistórica da palavra. Ver também, mais dogmático, Wolflin, *Renaissance et Baroque*, Poche Pluriel, que transforma o barroco em momento decadente de cada período da história da arte.
Para uma abordagem filosófica da questão, consultar a indispensável obra de Gilles Deleuze, *Le Pli. Leibniz ou le baroque*, éditions de Minuit, 1988. Definições do termo, passagens brilhantes sobre a poesia de Mallarmé, a pintura de Pierre Hantaï, a música de Pierre Boulez e, claro, a filosofia de Leibniz. Ver também Christine Buci-Glucksmann, *La Folie du voir. De l'esthétique baroque*, Galilée, 1986.

* * *

In memoriam Pierre Charron. Pierre Charron sofre com a má reputação forjada por Garasse. A historiografia retoma as intrigas desse pérfido jesuíta durante séculos: apreciador de garotinhos, pai de numerosas crianças abandonadas, roupas luxuosas, estilo de vida extravagante e outras calúnias sem fundamento. Mesma coisa quanto à sua falta de pensamento próprio: Charron ter-se-ia contentado com recortar Montaigne e colar sem citar suas fontes, saquear os *Ensaios,* não ter uma ideia original, tornar pesada uma obra que excele pela leveza, etc.

Essas tolices se encontram infelizmente nos autores que plagiam seus predecessores, por exemplo Paul Bonnefon, *Montaigne et ses amis* – mesmas tolices sobre Marie de Gournay... –, Armand Colin, 1898, tomo II, obra felizmente esgotada. Infelizmente, encontramos tudo isso em grande número de livros ou de textos, entre eles o balaio-de-gatos de Maurice de Gandillac, que executa Montaigne e Charron num exercício de estilo para o último ano do colegial, mas publicado na *Histoire de la philosophie,* Pléiade, tomo II, "La Renaissance, l'âge classique, le siècle des Lumières, la révolution kantienne", ver seu *La Philosophie de la "Renaissance",* pp. 3-336.

É proveitosa a leitura do honestíssimo trabalho de Michel Adam, *Études sur Pierre Charron,* Presses Universitaires de Bordeaux, 1991, uma coletânea de artigos consagrados a esse filósofo que foi o homem e o tema da sua vida. Belas análises sobre as relações entre Charron e seu tempo, suas opções filosóficas, a virtude da probidade, a relatividade das leis. Tive o prazer de conversar com esse encantador senhor sobre seu herói no escritório de Denis Mollat em Bordeaux. Na cidade em que ele ensinava.

Nada substitui a leitura direta do texto *De la sagesse,* um quase dicionário de 887 páginas editado pelo Corpus des oeuvres de philosophie en langue française, Fayard, 1986. A língua não está modernizada, a ortografia tampouco, as citações não são traduzidas, nenhuma nota, não há prefácio – é o *parti pris* da coleção, o que não a torna de fácil uso. Compreende-se que, ante o vulto da tarefa, muitos redatores de verbetes para dicionários, histórias e enciclopédias de filosofia prefiram plagiar os artigos de seus confrades do passado. Assim, erros cem vezes repetidos se tornam verdades universitárias. Economizar toda essa gente, e ir ao texto.

Nos cadernos *Libertinage et Philosophie au XVIIe siècle*, número 7, ver Christian Nadeau, "Sagesse 'sceptique' de Charron? L'articulation du scepticisme et du stoïcisme dans *De la sagesse* de Pierre Charron", pp. 85-104. E, depois, sob a direção de Pierre-François Moreau, em *Le Scepticisme au XVIe et XVIIe siècle*, mesmo subtítulo, tomo 1.

* * *

Os claros-escuros de La Mothe Le Vayer. Biografia datada e imprecisa de René Kerviler, *François de La Mothe Le Vayer. Précepteur du Duc d'Anjou et de Louis XIV. Étude sur sa vie et sur ses écrits*, Édouard Rouveyre, 1897. Erro sobre a data de nascimento, para começar! Aproximações diversas: o importante para o autor, laureado da Academia Francesa, consiste em minimizar a libertinagem do personagem para exacerbar o lado grande homem, preceptor dos poderosos, acadêmico, companheiro de diplomatas, etc. O inverso do que se deve fazer...

Preferir os prefácios e introduções de Lionel Leforestier no *Petit Traité sceptique sur cette commune façon de parler: N'avoir pas le sens commun*, Le Cabinet des lettrés, 2003; de Philippe Joseph Salazar, *De la patrie et des étrangers et autres petits traités sceptiques*, Desjonquières, 2003. Apresentação, cronologia, bibliografia. E de Jean-Pierre Cavaillé em *L'Antre des nymphes*, a sexta jornada do *Hexameron rustique*, éd. Anacharsis. A esses textos, acrescente-se La Mothe Le Vayer, *Dialogues faits à l'imitation des Anciens*, Corpus, Fayard.

Numerosos artigos nos cadernos *Libertinage et Philosophie*: Jean-Michel Gros, "Le masque du scepticisme chrétien chez La Mothe Le Vayer"; Sophie Gouverneur, "La Mothe Le Vayer et l'entretien de soi", no número 5. Também: Emmanuel Bury, "Écriture libertine et sources doxographiques: le cas de La Mothe Le Vayer", número 6. E: Nicole Gengoux, "Place et fonction de l'épicurisme dans les *Dialogues faits à l'imitation des Anciens* de La Mothe Le Vayer"; Sophie Gouverneur, "La Mothe Le Vayer et la politique, ou l'usage libertin du sceptique antique". Muito universitário...

OS LIBERTINOS BARROCOS

* * *

A pirotecnia de Saint-Évremond. O taoísta baixo-normando confirma sua presença na Pléiade (já em *Nouvelles du XVIIe siècle* com *Le Prophète irlandais*), mas desta vez como filósofo no segundo volume de *Libertins du XVIIe siècle*. Nela, comparece com as obras mais correntemente editadas. A *Oeuvre en prose* existe em quatro volumes pela editora Marcel Didier, sob a responsabilidade de René Ternois que fez muito por seu tema. Longa introdução no primeiro volume. Mesmo responsável, mesmo editor, as *Lettres* em dois volumes. Edições velhotas num francês não modernizado.

As edições quase sempre reúnem os mesmos textos e se diferenciam apenas por um ou dois acréscimos ou exclusões. Versão marxista-leninista, Saint-Évremond, *Textes choisis*, editado por Alain Niderst para as Éditions sociales: uma explicação, se não uma redução do filósofo aos acidentes da história do século XVII. Versão libertária, Jean-Pierre Jackson, *Écrits philosophiques*, editora Alive: um *parti pris* desmentido pelos textos: Saint-Évremond ateu (p. 163)... Uma ou duas aproximações: um erro sobre seus estudos (direito, e não filosofia, p. 7), uma página em que ele *provavelmente* encontra Espinosa (p. 16), outra em que *certamente* conversa com ele (p. 21). Versão universitária: Saint-Évremond, *Entretiens sur toutes choses*, editora Desjonquières – apresentação de David Bensoussan –, e outro livro, *Condé, Turenne et autres figures illustres*, da mesma editora – apresentação de Suzanne Guellouz. Da editora Ombres, leiam-se as *Lettres sur la vieillesse*, que reúnem a correspondência com Ninon de Lenclos, completando-se o todo com um texto de Sainte-Beuve que apresenta o filósofo como "um Montaigne amenizado"...

Uma biografia bastante laboriosa, mas detalhada, salva por sua escrita leve: Claude Taittinger, *Saint-Évremond ou le bon usage des plaisirs*, Perrin. Não defende tese, traz fatos. Ou, sim, uma tese: a obra-prima do filósofo? Ter lançado a moda do champanhe nos salões parisienses. Claude Taittinger, dono de uma célebre produtora de champanhe, defende portanto seu primeiro representante de vendas ilustre. Boa briga...

Sobre a obra, pouca coisa: de Albert Marie Schmidt, *Saint-Évremond ou l'humaniste impur*, Éditions du cavalier, 1932. Possuo uma edição autografada que diz tratar-se de uma "pequena biografia

espiritual". Pequena, sim, com certeza. O autor parece não gostar mais que isso do seu tema; é difícil imaginar o que motiva esse livro, salvo a apologética cristã: ah, se Saint-Évremond houvesse disposto da graça, mas o caso é que... Pena que a única obra consagrada a Saint-Évremond recenda tanto a água benta...
O encontro Espinosa/Saint-Évremond é misterioso: terá ocorrido? Se ocorreu, quando? Como? Em que circunstâncias? Em presença de quem? Conversam em que língua? Etc. Debate em detalhe no livro de Gustave Cohen, *Le Séjour de Saint-Évremond en Hollande et l'Entrée de Spinoza dans le champ de la pensée française*, Honoré Champion, 1926. Uma síntese em Paul Vernière, *Spinoza et la pensée française avant la Révolution*, PUF, 1954. Nada de novo sobre o assunto desde essa data.

Um colóquio universitário (Cerisy, setembro de 1998) – com o melhor e o pior, como sempre nesse gênero de exercício: *Saint-Évremond entre baroque et Lumières*, Presses Universitaires de Caen, org. de Suzanne Guellouz. Saint-Évremond e a música, e a ópera, e a história, e a poesia, e a correspondência, e a honestidade, e a história romana, e a devoção, e a religião natural, e Voltaire, e Montaigne, e Ninon, etc. Útil.

Para enfocar o aspecto pirotécnico de Saint-Évremond, considerar seu gênio de aforista, seu talento para os jogos de água barrocos na escrita e para apreender o ritmo e a cadência da sua prosa feita para encastoar a frase definitiva, remeter-se a: *La Pointe ou l'art du génie* [A agudeza ou a arte do engenho] de Baltasar Gracián, um jesuíta espanhol contemporâneo seu. Um monumento, um regalo de retórica, um júbilo de linguagem com os estratagemas da conversação! Trad. fr. de Michèle Gendreau-Massaloux e Pierre Laurens, prefácio de Marc Fumaroli, L'Âge d'homme.

A ler, também da pena de Marc Fumaroli, em *Trois Institutions Littéraires*, Folio, o capítulo intitulado "La conversation". E o prefácio substancial de Jean Lafond a *Moralistes du XVIIe siècle. De Pibrac à Dufresny*, Bouquins, Laffont, em que se trata da forma breve, do aforismo. Pode-se também dar uma olhada em Bérengère Parmentier, pelo menos em seu livro *Le Siècle des moralistes*, Points Seuil, quatro páginas sobre Saint-Évremond, cinco ou seis alusões no resto do livro...

* * *

Pierre Gassendi, o oximórico. Pobre Gassendi! A história da filosofia lhe deixa tão pouco espaço! Há que dizer que ele desperdiçou um pouco seu talento publicando muito mais contra do que a favor – e, quando escolheu a positividade, o fez segundo uma estranha maneira de não se expor.

Contra: contra Aristóteles, escrito inacabado de juventude: *Dissertations en forme de paradoxes contre les aristotéliciens* [Dissertações em forma de paradoxos contra os aristotélicos], Vrin; contra Descartes – inútil polêmica sobre a forma apesar do fundo católico e monarquista comum...: *Recherches métaphysiques, ou doutes et instances contre la métaphysique de René Descartes et ses réponses* [Investigações metafísicas, ou dúvidas e instâncias contra a metafísica de René Descartes e suas respostas], Vrin. Excelente prefácio de Bernard Rochot, que também organiza a edição das *Lettres familières à François Luillier*, Vrin, mais preciosas pelo prefácio, justamente, do que pelo conteúdo das cartas, sem grande interesse filosófico.

Gassendi jogou seu destino contra Descartes – e perdeu. Para esse capítulo: François Azouvi, *Descartes et la France. Histoire d'une passion nationale*, Fayard. Onde aprendemos que, perseguindo Descartes, a Igreja católica, apostólica e romana, bem inspirada, fez do filósofo o inventor, e portanto o arauto, da razão moderna. Ver também a boa biografia de Geneviève Rodis-Lewis, *Descartes*, Calmann-Lévy.

A favor: Gassendi defende um materialismo epicurista e cristão, antinômico portanto, porque em dado momento há que escolher entre um dos dois termos. Ele escolheu o cristianismo e, com isso, pôs o materialismo num impasse. Em *Vie et Moeurs d'Épicure* [Vida e costumes de Epicuro], Alive, 2001, reabilita o filósofo grego em sua vida, sua obra, suas ideias, seu pensamento, contra as calúnias cristãs. Trabalho inaugural que produziu um grande efeito no século XVII.

Singularmente, Gassendi inventa a ventriloquia filosófica, pois redigiu um *Traité de la philosophie d'Epicure* [Tratado da filosofia de Epicuro] no qual fala no lugar do filósofo grego! Gassendi diz "Eu", e deve-se entender "Eu, Epicuro"... Surpreendente. De quando em quando, o filósofo cristão retoma a palavra para corrigir cristãmente o grego! Somente a parte III está traduzida do latim: *L'Éthique ou la morale*, in *Les Libertins du XVIIe siècle*, Pléiade, tomo 1.

BIBLIOGRAFIA

Não existe biografia de Gassendi. Pode-se ler o que poderia ter feito as vezes de uma, se a obra de Sylvie Taussig, *Pierre Gassendi (1592-1655)*. *Introduction à la vie savante*, Brepolis, não fosse um modelo de confusão e de desordem apesar da abundância de informações que apresenta. A autora, que não se recupera de ter feito um trabalho universitário sobre a apresentação das cartas latinas de Gassendi, recicla em permanência informações já amplamente reutilizadas na edição de *La Vie d'Epicure*, em detrimento de uma visão geral ou de uma tese legível e clara.

Velharias publicadas por ocasião do tricentenário – já havia essa mania comemorativa – em 1955: *Pierre Gassendi. Sa vie et son oeuvre*, Centre International de Synthèse, Albin Michel – informações úteis em Koyré e Antoine Adam. *Tricentenaire de Pierre Gassendi*, Actes du Congrès de Digne, PUF: o melhor, os mesmos, Koyré, Adam; e o pior, historiadores locais celebrando sua glória departamental.

Mais recentemente (1997), *Gassendi et l'Europe*, Vrin, organização de Sylvia Murr. Onde descobrimos a incrível influência que o filósofo exerceu em vida em grande número de países europeus. Ver também "Gassendi et les Gassendistes" in *Libertinage et philosophie au XVIIe siècle*, Publications de l'Université de Saint-Étienne, 2000. E o número 20/21 da revista *Corpus*: *Bernier et les gassendistes*. Nessas revistas, algumas intervenções de Jean-Charles Darmon, de quem convém ler *Philosophie épicurienne et littérature au XVIIe siècle. Études sur Gassendi, Cyrano de Bergerac, La Fontaine, Saint-Évremond*, PUF.

* * *

O mundo em anamorfose de Cyrano. Minha leitura de *L'Autre Monde. Les États et Empires de la Lune*, depois *Les États et Empires du Soleil*, como romance anamorfósico, foi facilitada pelo trabalho de Jurgis Baltrusaïtis, *Anamorphoses. Les perspectives dépravées, II*, Champ Flammarion. Leia-se também, Cyrano, *Lettres satiriques et amoureuses*, precedidas de *Lettres diverses*, Desjonquières. Sobre Cyrano, o especialista é Jacques Prévot, a quem devemos, pela editora Belin, *Cyrano de Bergerac, poète et dramaturge*, depois *Cyrano de Bergerac romancier*, enfim introdução geral a Cyrano de Bergerac, *Oeuvres complètes*.

Uma velha biografia serviu de modelo para quase todas as que se seguiram, normal. Trata-se de Pierre-Antoine Brun, *Savinien de Cyrano de Bergerac*, Slatkine. Prefira-se Michel Cardoze, *Cyrano de Bergerac 1619-1655: libertin libertaire*, Maisonneuve et Larose, 1996. Sobre suas ideias, Olivier Bloch, *Matière à histoires*, Vrin, ver o capítulo intitulado "Cyrano de Bergerac et la philosophie", pp. 225-39.

* * *

Espinosa, a estrela da filosofia do século XVII. O "príncipe dos filósofos" – tradição retomada até por Deleuze... – faz o Grande Século pender para o gênio do século das Luzes. Sobre a sua biografia: seja contentar-se com dois breves textos que integram a edição da Pléiade, *Oeuvres complètes: La vie de B. de Spinoza* de Jean Colerus e *La vie de Spinoza par un de ses disciples*, no caso o médico Lucas de Haia; seja ler Steven Nadler, *Spinoza*, Bayard. Mas essa volumosa biografia é sobretudo a dos detalhes colaterais: ser judeu no século XVII, morar em Amsterdam nessa época, comerciar com os Países Baixos nesse tempo, o que significa ser marrano no Grande Século e outras digressões nem sempre úteis para apreender o pensamento do filósofo. Para o contexto religioso judaico da época, ver a edição feita por Daniel Bensaïd do livro de Uriel da Costa *Images d'une vie humaine* [*Exemplar humanae vitae*], Arc-en-Ciel. Bensaïd afirma que Espinosa estava presente no dia em que Costa foi fustigado por decisão da sinagoga de Amsterdam. Já Nadler afirma e prova ser esse acontecimento impossível...

Existe uma edição digital com múltiplas entradas e apresentações inteligentes da geometria e da arquitetura da *Ética*, com remissões internas, versões e traduções múltiplas, arquivos estatísticos, versão subterrânea a partir de uma ideia de Deleuze (por sinal, o DVD é dedicado a ele) que permite ler o livro do ponto de vista dos escólios, e todo o aparato digital útil para navegar no livro. Resultados surpreendentes e apaixonantes: *Lire l'*Éthique *de Spinoza*, Phronésis, sob a direção de Bruno Picot.

A bibliografia espinosista é considerável. Deixemos de lado as referências aos textos políticos. Dois livros de introdução: Alain, *Spinoza*, Idées Gallimard, claro, professoral, conciso, denso, vai no essencial. Gilles Deleuze, *Spinoza. Philosophie pra-*

tique, éditions de Minuit: um belo texto sobre a vida do filósofo – por outro filósofo que, no entanto, nunca ocultou seu desprezo pela biografia... –, definido como um "Grande Vivente", magnífica expressão. Seu *Spinoza ou le problème de l'expression*, éditions de Minuit, tem todos os defeitos de Deleuze, em outras palavras, todas as suas qualidades: Deleuze *deleuziza* Espinosa, do mesmo modo que canibaliza os filósofos em que toca – Kant, Bergson, Hume ou Nietzsche –, mas é a lei do gênero.

Nos antípodas, leitor extremamente fiel e escrupuloso, lê-se com proveito Robert Misrahi, espinosista desde sempre, e seu *L'Être et la Joie*, Encre marine. A obra reúne várias intervenções sobre esse tema – prefácio, contribuição para obras coletivas, colóquios, verbetes de enciclopédia, etc. –, às vezes repetições, mas nunca incômodas. Ler também, do mesmo autor, *Le Corps et l'Esprit dans la philosophie de Spinoza*, Les Empêcheurs de penser en rond. Essa difícil questão é claramente tratada e resolvida.

Paul Vernière redigiu uma suma com *Spinoza et la Pensée française avant la Révolution*, PUF. Aprendemos aí como o pensamento do filósofo holandês penetra a França, com quem, por que canal, os efeitos que produz nos manuscritos clandestinos que circulam por baixo do pano e produzem um efeito real sobre o pensamento da época. Uma segunda parte examina as relações que os filósofos do século das Luzes têm com Espinosa. Um trabalho considerável.

Uma suma recentemente publicada: Jonathan Irvine Israel, *Les Lumières radicales: la philosophie, Spinoza et la naissance de la modernité (1650-1750)*, ed. Amsterdam. O livro faz questão absoluta de mostrar que todas as Luzes devem seu gênio a uma leitura de Espinosa, o que é exagerado, mas a demonstração nos permite assistir, ao longo de várias centenas de páginas, a um belo afresco dessa época e seguir os meandros da difusão do pensamento do filósofo holandês na Europa.

* * *

O espírito do tempo. Quanto ao espírito do tempo, ver Tallemant des Réaux, *Historiettes*, Pléiade, tomos 1 e 2. O primeiro volume das *Mémoires* de Saint-Simon, Pléiade. Também: *Romanciers du XVIIe siècle*, Pléiade. As extravagâncias dos libertinos, os omeletes de toucinho da sexta-feira santa, os casamentos de cachorros, os clisteres ministrados nas freiras, os padres postos na berlinda e outras graçolas filosóficas estão aí, nesses textos. Difícil de encontrar, mas interessante, *Voyage de Chapelle et Bachaumont, suivi de leurs poésies diverses*, Paris, 1826. Os poetas libertinos – Théophile de Viau, Vauquelin des Yvetaux, Saint-Amant, Des Barreaux, etc.: uma seleta de seus textos na Pléiade, *Libertins*, tomo 2. Acrescente-se *L'École des filles*, texto anônimo que mostra o que pode ser o erotismo escolar em exato contraponto à sua versão noturna sadiana...

* * *

Antes da morte de Deus. O século XVII não é ateu, ao contrário dos numerosos pressupostos do punhado de universitários que trabalha sobre essa época, mas prepara a morte de Deus. Para se dar conta disso, ler o estranho e sublime texto de Cristóvão Ferreira que a fatuidade de um universitário priva de seu nome na capa de *La Supercherie dévoilée*, que tem o subtítulo de *Une réfutation du catholicisme au Japon ao XVIIe siècle*, editora Chandeigne. O prefaciador, Jacques Proust, de fato apagou o nome do jesuíta português (que refuta admiravelmente o cristianismo em 1637, ano do *Discurso do método*), para ostentar o seu, como se fosse autor do célebre livro! Esse admirável desconstrutor do cristianismo merecia coisa melhor do que esse auto-de-fé de faculdade...

Theophrastus redivivus é parcialmente acessível – o tratado VI apenas... – na edição dos *Libertins* da Pléiade, tomo II. O *Traité des trois imposteurs. Moïse, Jésus, Mahomet* existe também pela editora Max Milo. Também está publicado *L'Esprit de Spinoza*. Outra edição, estabelecida por Raoul Vaneigem, que assina o prefácio, pela Rivages: *L'Art de ne croire en rien*, seguido do *Livre des trois imposteurs*.

CRONOLOGIA

A CONSTELAÇÃO HEDONISTA	*A CONSTELAÇÃO IDEALISTA*
1541: nascimento de Pierre Charron	
1588: (agosto) nascimento de La Mothe Le Vayer	
1592: morte de Montaigne, nascimento de Gassendi	
1594: *Le Proumenoir de Monsieur de Montaigne*, Marie de Gournay	
	1596: nascimento de Descartes
De 1588 a 1669: 34 edições dos *Ensaios*	
	1600: Giordano Bruno queimado pela Igreja em Roma
1601: (30 de junho) *De la sagesse*, Pierre Charron	
1603: condenação e inserção no índex (1606) de *De la sagesse*	
1603: (16 de novembro) morte de Charron	

OS LIBERTINOS BARROCOS

A CONSTELAÇÃO HEDONISTA	A CONSTELAÇÃO IDEALISTA
	1608: Francisco de Sales, Introduction à la vie dévote
1610: assassinato de Henrique IV	
1613: nascimento de Saint-Évremond	
1615: Anfiteatro da eterna providência, Vanini	
	1616: primeiro processo de Galileu
	1619: suplício e morte de Vanini em Toulouse
1619: (6 de março) nascimento de Cyrano de Bergerac	
1622: Égalité des hommes et des femmes, Marie de Gournay	
	1623: nascimento de Blaise Pascal
1623: detenção e aprisionamento do poeta Théophile	
1624: Dissertações em forma de paradoxos contra os aristotélicos, Gassendi	
	1627: (27 set.) nascimento de Bossuet
1630: Quatre dialogues faits à l'imitation des Anciens, La Mothe Le Vayer	
1632: (24 nov.) nascimento de Espinosa	1632: Garasse, La Doctrine curieuse
	1633: segundo processo de Galileu
1637: Cristóvão Ferreira, La Supercherie dévoilée	

CRONOLOGIA

A CONSTELAÇÃO HEDONISTA	*A CONSTELAÇÃO IDEALISTA*
	1637: Discurso do método, Descartes *1638:* nascimento de Malebranche
1638: repressão da revolta dos oprimidos na Normandia	
	1640: Augustinus, Jansénius
	1641: Meditações metafísicas, Descartes
1642: *De la vertu des païens*, La Mothe Le Vayer	
1643: Saint-Évremond, *Oeuvres*, entre elas *Sur la morale d'Épicure*. 1643: *Opuscules et Petits Traités*, La Mothe Le Vayer	
	1644: Princípios da filosofia, Descartes
1644: Marie de Gournay lega seus papéis e sua biblioteca, parcialmente a de Montaigne, a François de La Mothe Le Vayer 1644: Gassendi, *Investigações metafísicas, ou dúvidas e instâncias contra a metafísica de René Descartes e suas respostas*	
1645: morte de Marie de Gournay c. de 1645: *Traité des trois imposteurs*	
	1646: nascimento de Leibniz
1647: *Vida e morte de Epicuro*, Gassendi c. de 1647: *Sur les plaisirs*, de Saint-Évremond	
1649: Gassendi, *Tratado da filosofia de Epicuro*	1649: As paixões da alma, Descartes

OS LIBERTINOS BARROCOS

A CONSTELAÇÃO HEDONISTA	*A CONSTELAÇÃO IDEALISTA*
	1650: morte de Descartes *1654:* conversão de Pascal
1655: (22 jan.) morte de Gassendi e (28 jul.) de Cyrano de Bergerac	
1657: nascimento de Fontenelle 1657: Cyrano de Bergerac, *Histoire comique des États et Empires de la Lune*	*1656-1657:* As provinciais, *Pascal*
c. 1659: *Theophrastus redivivus*	*1662: morte de Pascal*
1662: *Histoire comique des États et Empires du Soleil*, Cyrano de Bergerac	
	1663: Descartes no índex
1664: (15 jun.) nascimento de Jean Meslier	
1670: *Tractatus theologico-politicus*, Espinosa 1670: *Soliloques sceptiques e Hexameron rustique*, de La Mothe Le Vayer **1672: morte de La Mothe Le Vayer**	*1670:* Pensamentos, *Pascal*
1676: os *Ensaios* são postos no índex **1677: (21 fev.) morte de Espinosa, publicação da *Ética***	
	1681: Discours sur l'histoire universelle, *Bossuet* *1683:* Malebranche, Méditations chrétiennes *e* Traité de morale

CRONOLOGIA

A CONSTELAÇÃO HEDONISTA	*A CONSTELAÇÃO IDEALISTA*
	1685: revogação do edito de Nantes
	1685: Código Negro
	1685: nascimento de Berkeley
1686: Fontenelle, *Entretiens sur la pluralité des mondes*	
	1687: Fénelon, Traité de l'éducation des filles
	1688: Malebranche, Entretiens sur la métaphysique
	1691: Albert Baillet, Vie de Monsieur Descartes
	1695: Leibniz, Sistema novo da natureza
	1697: Malebranche, Traité de l'amour de Dieu
1703: (9 set.) morte de Saint-Évremond	
	1704: (12 abr.) morte de Bossuet
1705: Colerus, *Vie de Spinoza*	
	1708: Malebranche, Entretiens d'un philosophe chrétien et d'un philosophe chinois
1709: nascimento de La Mettrie	
	1710: Leibniz, Teodiceia
	1710: Berkeley, Tratado dos princípios do conhecimento humano
	1713: Fénelon, Démonstration de l'existence de Dieu
	1714: Leibniz, Monadologia
	1715: morte de Malebranche
	1717: morte de Leibniz
1718/1729: escrita das *Mémoires* do abade Meslier	
1729: (28 ou 29 jun.) morte de Jean Meslier	

ÍNDICE REMISSIVO

BARROCO
    água, 22, 101, 283
    anamorforse, 22, 200, 201, 202, 203, 208, 211, 212, 218
    claro-escuro, 21, 122, 132
    constelação, 21, 22, 23, 25
    dobra, 21, 23, 93, 94, 95, 96, 99, 100, 101, 118, 119, 120, 123, 152, 208, 279
    formas, 88, 89, 200, 217
    gabinete de curiosidades, 22, 80, 88, 89, 90, 93, 101, 156, 162, 201, 207
    metamorfose, 207, 208, 209, 210, 220

BESTIÁRIO
    ácaro, 30, 203, 204
    águia, 93, 210
    arenque, 30, 50
    asno, 74, 104, 105, 106
    avestruz, 93
    bode, 92
    boi, 74, 104, 105
    camelo, 93
    camundongo, 30, 50
    carneiro, 92
    cavalo, 92
    dragão, 93
    esquatina [cação-anjo], 93
    foca, 92
    formiga, 222
    galo, 30, 104
    gata, 207
    leão, 93
    loba, 93
    lula, 74, 104
    macaco, 31, 221
    mosca, 104
    pavão, 104, 105
    peixe masturbador, 30, 50
    polvo, 50

rã, 30
raia, 93
rouxinol, 210
touro, 92
vaca, 92

CETICISMO
e libertinagem, 27, 48, 49, 74, 80
La Mothe Le Vayer, 74, 80, 81, 82, 86, 94, 107, 108, 109, 110, 111, 112, 113, 281

CORPO
alimento, 19, 84, 127, 155, 161, 236
alma
  existência, 76
  imaterial, 58, 140, 188, 190
  imortal, 104, 188, 207, 224
  material, 220, 257
  mortal, 271, 273
bebida, 84, 126, 127, 155, 236
celebração, 31
e libertinagem, 31, 59
e ódio, 31
espinosista, 257
monismo, 51, 52, 59, 257
paixões, 40, 47, 60, 66, 68, 69, 110, 104, 132, 133, 160, 167, 236, 238, 241, 246, 248, 250, 252, 260, 262
sentido, 31, 58, 143, 174, 249

DEUS
benfazejo, 188
definição, 88
dispensado, 19, 266, 273
e epicurismo, 18
e libertinagem, 19, 20, 21, 35, 241, 242, 266
e política, 224, 243, 275

espectros, 212, 241, 242, 259, 260
fideísmo, 18, 26, 27, 32, 33, 34, 60, 79, 113, 115, 118, 131, 137, 151, 152, 178, 191, 219, 251, 266
guerras, 26, 60, 107, 115, 160
imanente, 244, 267
inferno, 151, 241, 255, 271, 273
laicidade e pensamento laico, 33, 54, 56, 57, 58, 63, 66, 69, 70, 87, 115, 164, 186, 240, 244
milagres, 113, 218, 219, 239, 242, 243, 260, 273, 275
panteísmo
  e libertinagem, 18, 32, 50, 209, 211, 234, 274
  em Cyrano, 198, 208, 209, 210, 211, 220, 222, 223, 227
paraíso, 33, 35, 61, 75, 151, 184, 190, 255, 271, 273
pecado, 19, 64, 90, 151, 216, 241, 243, 271
Reforma, 55
ressurreição, 218, 221, 242, 272
sacramentos, 113, 131, 272
teísmo, 32, 242, 251, 275

EPICURISMO
clinâmen, 188, 210, 258
e Deus, 18, 19, 20
e libertinagem, 20, 30
Jardim, 32, 43, 49, 84, 159, 162, 176, 182, 183, 184, 185, 246
reatualizado, 16
Tetrafarmacon, 21, 51

ESTÉTICA
Escultura
  Francesco Mochi, 117
Pintura
  Caravaggio, 21, 24, 97
  O pequeno são João na fonte, 21

ÍNDICE REMISSIVO

Champaigne, 117, 118
   Triplo retrato de Richelieu, 117, 118
claro-escuro, 97, 230
Dürer, 200
Fragonard, 20
Hals, 202
   Retrato de Descartes, 203
Holbein, 200
   Os embaixadores, 200
La Tour, 21, 97
   Madalena penitente, 21
luz, 21
Rembrandt, 21, 97, 132, 229, 230, 238
   Davi tocando harpa diante de Saul, 229
   Lição de anatomia do doutor Joan Deyman, 132
   Lição de anatomia do doutor Nicolas Tulp, 132
   O filósofo, 21, 230
Rubens, 268
Tintoretto, 75
   O paraíso, 75
Vermeer, 229, 230
Vouet, 268
Watteau, 24
   O embarque para Citera, 24

EUDEMONISMO
beatitude, 234, 239, 241, 246, 248, 250, 251, 263, 267

FILÓSOFO
definição, 177
retrato, 230

FILÓSOFOS
I) ANTIGUIDADE
Antístenes, 29, 50, 79
Apuleio, 105

Aristipo, 29, 52, 79, 83, 104, 145, 218
Aristófanes, 99
Aristóteles, 21, 22, 29, 52, 154, 164, 166, 168, 169, 171, 172, 178, 187, 189, 190, 191, 259, 284
Cícero, 98, 99, 168, 181
Demócrito, 14, 104, 165, 185, 218, 227, 238, 258, 259
Diógenes de Enoanda, 184
Diógenes de Sinope, 29, 30, 50, 52, 104, 106, 218
Epicuro, 21, 22, 29, 114, 115, 119, 126, 141, 142, 143, 144, 145, 207, 218, 227, 259
   má reputação, 179, 181, 182, 183, 184, 185, 186
   reabilitado por Gassendi, 178, 179, 180, 181, 182, 183, 184, 185, 186, 187
Heráclito, 104, 185, 238
Heródoto, 92
Leucipo, 14, 185, 227
Luciano de Samósata, 99, 104, 105, 218
Lucrécio, 14, 61, 63, 98, 188, 227, 243, 258, 259
Ovídio, 207
Petrônio, 84, 119, 141, 142, 144
Píndaro, 80
Pírron, 27, 29, 49, 79, 80, 111, 113, 115, 116
Platão, 14, 29, 51, 52, 99, 104, 110, 142, 168, 183, 185, 223, 254, 258, 259
Plínio, o Antigo, 92
Plutarco, 74, 98, 99, 181
Protágoras, 29, 94, 117, 204
Sêneca, 98, 115, 141, 142, 147, 180, 181, 198

OS LIBERTINOS BARROCOS

Sexto Empírico, 27, 29, 115
Sócrates, 52, 99, 208, 220, 259

II) RENASCIMENTO

Giordano Bruno, 24, 56, 96, 105, 169, 234, 289
Vanini, 96, 169, 196, 275, 290

Cristãos epicuristas

Erasmo, 113, 114, 143, 167, 181, 218, 234, 278
Lorenzo Valla, 113, 143, 167, 181

Montaigne,
 denegrido, 16
 e a família, 57
 e a Igreja, 167
 e a vida filosófica, 120, 218
 e Charron, 43, 45, 46, 47, 48, 54, 57, 58, 280
 e Epicuro, 143, 181
 esquecido, 16
 morte, 24, 153

III) CLÁSSICOS

Bayle
 e Charron, 40, 70

Descartes
 censurado, 176
 e a anamorfose, 202
 e a ciência, 202
 e a dúvida, 27
 e a Igreja, 176
 e a liberdade, 28
 e a natureza, 140
 e a religião, 33
 e as armas, 171
 e Charron, 40
 e Espinosa, 35
 e Gassendi, 16, 22, 154, 156, 163, 164, 165, 167, 171, 172, 173, 174, 175, 176, 177, 178
 e La Mothe Le Vayer, 96
 em Cyrano, 210, 212
 exílio, 169
 nascimento, 24
 sua morte, 163

Garasse, 40, 41, 42, 43, 44, 45, 46, 169, 269, 279, 280, 290

Hobbes
 e a política, 136, 137
 e Descartes, 172, 202
 e Gassendi, 164
 e Saint-Évremond, 120, 135, 136, 137
 esquecido, 16
 retrato, 137
 traduzido, 23

Kant
 e Deleuze, 287
 e Gassendi, 138, 158
 e os libertinos, 267

La Bruyère, 14, 129, 133

La Rochefoucauld, 14, 127, 129, 131, 133

Locke, 230

Malebranche, 190, 206, 265, 291, 292, 293

Montesquieu
 e Charron, 40

Pascal
 e a religião, 152, 191, 192, 292
 e Charron, 40, 66, 67
 e La Mothe Le Vayer, 16
 e o bestiário, 203
 e o divertimento, 147, 148
 e o Grande Século, 14, 265
 e os libertinos, 28, 88, 145, 146, 147
 e Saint-Évremond, 147, 148

Rousseau
 e Charron, 40

Sade, 20, 270, 276

Voltaire
 deísta, 219, 275
 e a historiografia, 15, 16, 17
 e a religião, 219
 e Cyrano, 199
 e La Mothe Le Vayer, 78
 e Meslier, 78

ÍNDICE REMISSIVO

IV) LIBERTINOS BARROCOS
Chapelle, 155, 196, 288
Cristóvão Ferreira, 271, 272, 288, 290
Cyrano de Bergerac
  burlesco, 215, 216, 217
  e a anamorfose, 200, 203, 211, 217
  e a ciência, 29
  e a física, 199
  e a liberdade, 225, 226
  e a metamorfose, 207, 208, 209, 210, 211
  e a morte, 227
  e a política, 223, 224, 225
  e a religião, 32, 33, 218, 219, 220, 221
  e a verdade, 205, 216, 217
  e Chapelle, 196
  e Deus, 219, 227
  e Gassendi, 196
  e Luillier, 196
  e Mazarin, 197
  e o corpo, 31, 221
  e Saint-Évremond, 196
  e sexualidade, 226
  educação e formação, 196
  escrita, 22, 198
  hedonista, 226
  nascimento, 196
  panteísta, 209, 210, 211, 222, 266
  personagem de teatro, 195
  saúde, 197
  sua morte, 197
  sua obra, 198, 199
  visão do mundo, 206, 207, 211, 212
  visionário, 212, 213, 214, 215
Des Barreaux, 19, 125, 180, 269, 288
Espinosa
  e a beatitude, 236, 239, 241, 246, 248, 250, 251, 263, 267
  e a escolástica, 258
  e a imanência, 244, 245
  e a liberdade, 252, 254, 262, 263
  e a libertinagem, 35, 36
  e a moral, 255
  e a morte, 257
  e a natureza, 251, 252, 253, 254, 255
  e a política, 243, 244
  e a prudência, 236, 237
  e a publicação, 235, 236, 247
  e a religião, 232, 239, 240, 241, 242, 243, 244, 245
  e a verdade, 250
  e as Escrituras, 240
  e as honrarias, 235
  e as Luzes, 276
  e as mulheres, 234
  e as paixões, 260, 261
  e as riquezas, 231, 235, 236, 237, 238
  e Descartes, 36, 234, 245
  e Deus, 136, 232, 241, 242, 251, 252, 253, 254, 255
  e Epicuro, 235, 236
  e Hobbes, 234
  e o castigo, 255, 256
  e o conhecimento, 248, 249, 250
  e o corpo, 236, 237, 256, 257
  e o desejo espinosista, 254, 259
  e o pensamento antigo, 258, 259, 260
  e o real, 238, 239
  e os desejos, 236, 237
  e Saint-Évremond, 36
  e Vossius, 36
  escrita, 22
  esquecido, 16
  eudemonista, 235, 248, 251, 267
  excomungado, 233, 234
  formação, 231, 234
  hedonista, 260, 261, 262
  nascimento e origem, 230, 232
  pensamento laico, 244

299

retratos, 229, 230
saúde, 231, 236, 237
seu edifício barroco, 245, 246
sua morte, 231
Fontenelle, 23, 24, 29, 278, 292
François Bernier, 16, 22, 77, 285
Gabriel Naudé, 79, 83, 101, 125, 160, 275, 278
Gabrielle Suchon, 16, 23
Guy Patin, 79, 155, 161
La Mothe Le Vayer
cético, 74, 80, 81, 82, 86, 94, 107, 108, 109, 110, 111, 112, 113, 281
cristão, 80, 86, 111, 112
e a acatalepsia, 82, 85, 107
e a amizade, 82, 83
e a autobiografia, 73
e a Bíblia, 92
e a ciência, 29
e a corte, 76, 83, 84, 85
e a dúvida, 27
e a monarquia, 108
e a política, 108, 281
e a prudência, 96
e a religião, 33, 74, 91, 112, 113
e a verdade, 112
e as citações, 98
e Cyrano, 83, 84
e Diodati, 83
e Diógenes, 106
e Gassendi, 83, 161, 162
e Marie de Gournay, 79
e Molière, 77, 83
e Montaigne, 79, 81
e Naudé, 83, 160
e o casamento, 110, 111
e o corpo, 31, 84
e o diálogo, 99, 100, 101
e o dinheiro, 85
e o pensamento antigo, 79
e o pensamento existencial, 80, 81
e o pensamento ótico, 89, 90, 91, 92

escrita, 22
esquecido, 16
fideísta, 113
formação, 75, 76
hedonista, 107
irreconhecido, 74, 75, 78, 79, 86
nascimento, 75, 281
obra, 73
pseudônimos, 95
retrato, 73, 74, 75
sua morte, 77, 78
sua vida, 76, 77
submetido, 108, 109
Luillier, 20, 32, 155, 164, 179, 180, 196, 284
Pierre Charron
censurado, 169
cínico, 50
denegrido e insultado, 41, 42, 43, 44, 45, 46, 48
e a amizade, 45
e a autobiografia, 53
e a dúvida, 48, 49
e a inteireza, 67
e a liberdade, 160
e a moral laica, 55, 57, 62, 70
e a morte, 51
e a Natureza, 50, 51, 61, 62
e a política, 52
e a prudência, 66
e a religião, 32, 33, 44, 59, 60, 61, 62, 63, 64, 70
e a sabedoria alegre, 65, 66, 67, 68, 69
e a sexualidade, 65, 66
e as paixões, 68, 69
e Descartes, 40
e Montaigne, 43, 45, 46, 47, 48, 54, 57, 58, 280
e o corpo, 58, 59
e o prazer, 65
e o sofrimento, 64
e Pascal, 40
epicurista, 42, 51
escrita, 22
esquecido, 15

ÍNDICE REMISSIVO

estoico, 50
formação, 44, 45
influências, 40
má reputação, 39, 40, 41, 44, 45, 280
pensamento socrático, 52, 53
retrato, 44, 49
sua morte, 69, 70
suas fontes, 47, 48, 49, 50, 51, 52

Pierre Gassendi
a Tétrade, 159, 160, 161, 162
e a amizade, 159, 160, 161, 162, 163
e a ciência, 29, 157, 158, 159, 172, 174
e a conversa, 162
e a doçura, 167
e a dúvida, 174
e a felicidade, 166
e a Igreja, 166, 167, 170, 181
e a liberdade, 158, 159
e a morte, 188
e a publicação, 169
e a religião, 28, 33, 174, 181, 188, 189
e a vida filosófica, 156
e Aristóteles, 22, 154, 164, 165, 166, 167, 168, 284
e Charron, 156
e Demócrito, 165
e Descartes, 16, 22, 154, 156, 163, 164, 165, 167, 171, 172, 173, 174, 175, 176, 177, 178, 284
e Deus, 173, 174, 175, 188, 189
e Epicuro, 22, 143, 164, 167, 178, 179, 180, 181, 182, 183, 184, 185, 186, 187, 188, 284
e La Mothe Le Vayer, 157, 162
e Luillier, 179, 180, 284
e Montaigne, 156
e o corpo, 31, 155, 156, 161
e o epicurismo, 16, 166, 189
e o prazer, 166
e Peiresc, 157
esquecido, 16
formação, 153, 154
nascimento, 24, 153
pensamento mutilado, 189, 190, 191
retrato, 154
saúde, 155
seu nome, 153
sua morte, 162
sua obra, 163, 164, 189, 190
sua origem, 153

Saint-Évremond
desenvolto, 135, 136, 137
e a conversa, 125, 126, 127, 128, 129, 130, 134, 148
e a dobra, 118, 119, 120, 123, 152
e a filosofia, 137, 138
e a gastronomia, 126, 127
e a história, 124
e a monarquia, 34
e a morte, 142
e a religião, 32, 35, 36, 119, 131, 151, 152
e a sabedoria trágica, 132, 133, 134
e a volúpia, 120
e as honrarias, 141
e as mulheres, 125, 126, 128, 130
e Cyrano, 196
e Descartes, 35, 120, 123, 139, 140, 141
e Deus, 150
e Espinosa, 35, 120, 135, 136, 283
e Gassendi, 120, 137
e Hobbes, 120, 135, 136, 137
e Mazarin, 122, 123, 124
e o divertimento, 145, 146, 147, 149
e o pensamento antigo, 141
e o poder, 123
e o prazer, 119, 141, 143, 144, 145, 147
e o sofrimento, 147
e Pascal, 145
e Petrônio, 142

e Richelieu, 122
e Sêneca, 141, 142
e seu renome, 134, 135
epicurista, 142, 143, 144, 145, 149, 150
escrita, 22, 119, 131, 132
exilado, 123, 124, 135
formação, 121, 122
militar, 119, 122, 123, 127
retrato, 118, 119, 120
seu apelido, 121
seu nascimento, 121
sua morte, 152

Samuel Sorbière
e Gassendi, 164
esquecido, 16
tradutor, 22

V) MODERNOS

Bergson, 218, 287

Deleuze, 21, 94, 118, 279, 286, 287

Nietzsche, 9, 56, 191, 287

Valéry
e Pascal, 75

VI) OBRAS CITADAS

A agudeza ou a arte do engenho, Baltasar Gracián, 128, 283

A arte da prudência, Baltasar Gracián, 56

A nova Atlântida, Francis Bacon, 223

A República, Platão, 52, 223

A vida feliz, Sêneca, 180

Abrégé de la philosophie de Gassendi, François Bernier, 23, 77

Apologia de Raymond Sebond (*Ensaios*, II, 12), Montaigne, 31, 50, 217

Apoloquintose, Sêneca, 141

Art d'escrime, Descartes, 171

As artimanhas de Scapino, Molière, 198

As provinciais, Pascal, 148

Bíblia, 21, 92, 113, 114

Cabale du cheval pégaséen, La Mothe Le Vayer, 105

Carta a Heródoto, Epicuro, 179

Carta a Meneceu, Epicuro, 113, 179

Carta a Pítocles, Epicuro, 179

Cinq autres dialogues, La Mothe Le Vayer, 230

Codex atlanticus, 200

Comédie des académistes, Saint-Évremond, 123

Contre l'automne, Cyrano de Bergerac, 198

Contre l'hiver, Cyrano de Bergerac, 198

Contre les sorciers, Cyrano de Bergerac, 198

Cours de peinture par principes, Roger de Piles, 118

Curto tratado sobre Deus, o homem e sua felicidade, Espinosa, 245, 251

Da constância, Justus Lipsius, 47

Da natureza, Lucrécio, 98, 220, 243

De l'amitié, in *Opuscules et petits traités*, La Mothe Le Vayer, 81, 82

De l'instruction de Monseigneur le Dauphin, La Mothe Le Vayer, 85

De l'opiniâtreté, in *Dialogues faits à l'imitation des Anciens*, La Mothe Le Vayer, 94

De la bonne chère, La Mothe Le Vayer, 84

De la constance, Guillaume du Vair, 47

De la divinité, La Mothe Le Vayer, 113, 114

De la patrie et des étrangers et autres petits traités sceptiques, La Mothe Le Vayer, 281

De la philosophie sceptique, La Mothe Le Vayer, 107

ÍNDICE REMISSIVO

De la sagesse, Pierre Charron, 15, 23, 45, 46, 48, 49, 51, 52, 58, 60, 61, 62, 63, 69, 70, 108, 160, 180, 280, 281
De la vertu des païens, La Mothe Le Vayer, 76
De la vieillesse, La Mothe Le Vayer, 97
Des rares et éminentes qualités des ânes de ce temps, La Mothe Le Vayer, 105
Dialogue de l'ignorance louable, La Mothe Le Vayer, 100
Dialogue sur le sujet de la divinité, La Mothe Le Vayer, 88
Dialogue traitant de la politique sceptiquement, La Mothe Le Vayer, 108
Dialogues faits à l'imitation des Anciens, La Mothe Le Vayer, 23, 75, 86, 94, 95, 108, 162, 281
Dictionnaire historique et critique, Pierre Bayle, 70
Dioptrique, Descartes, 201
Discours chrétien sur l'immortalité de l'âme, La Mothe Le Vayer, 76, 85, 104
Discours chrétiens, Charron, 45
Discours sur la bataille de Lützen, La Mothe Le Vayer, 85
Discours sur la proposition de la trêve aux Pays-Bas, La Mothe Le Vayer, 85
Discurso do método, Descartes, 28, 67, 139, 140, 156, 163, 167, 175, 190, 210, 240, 246, 271, 288
Discurso sobre a servidão voluntária, La Boétie, 223
Dissertações em forma de paradoxos contra os aristotélicos, Gassendi, 164, 167, 179, 284
Do cidadão, Hobbes, 137
Do corpo, Hobbes, 136

Dom Juan, Molière, 18, 77
Dom Quixote, Cervantes, 121
Du célibat volontaire ou La vie sans engagement, Gabrielle Suchon, 23
Ecce homo, Nietzsche, 191
El discreto (O discreto), Baltasar Gracián, 56, 73
Enciclopédia, d'Alembert/Diderot, 200
Ensaios, Montaigne, 24, 25, 45, 46, 47, 54, 57, 98, 108, 204, 280
Epístolas, Horácio, 158
Ética nicomaqueia, Aristóteles, 45, 52, 166
Ética, Espinosa, 22, 25, 32, 35, 40, 62, 136, 190, 236, 238, 241, 245, 246, 247, 249, 251, 252, 256, 258, 260, 261, 276, 286
Exame das tradições farisaicas, Uriel Da Costa, 232
Exemplar humanae vitae, Uriel Da Costa, 233, 286
Fábulas, Jean de La Fontaine, 204, 268
Fédon, Platão, 52
Filebo, Platão, 99
Galateo, Giovanni della Casa, 56
Górgias, Platão, 99
Gramática hebraica, Espinosa, 232
Hexameron rustique, La Mothe Le Vayer, 78, 95, 96, 106, 162, 281
Hipotiposes, Pírron, 79, 80, 111
Histoire amoureuse des Gaules, Bussy-Rabutin, 268
Historiettes, Tallemant des Réaux, 19, 179, 268, 287
Investigações metafísicas, ou dúvidas e instâncias contra a metafísica de René Descartes e suas respostas, Gassendi, 175, 284

OS LIBERTINOS BARROCOS

Jugement sur les sciences où peut s'appliquer un honnête homme, Saint-Évremond, 138
L'Amitié sans amitié, Saint-Évremond, 131
L'Art de ne croire en rien, anônimo, 288
L'Autre monde, Cyrano de Bergerac, 16, 23, 199, 203, 204, 207, 208, 209, 210, 216, 218, 219, 223, 226, 285
L'École des filles, anônimo, 270, 288
L'Esprit et la Vie de Monsieur Spinoza, anônimo, 270, 275
L'Homme qui veut connaître toutes choses ne se connaît pas lui-même, Saint-Évremond, 123
L'Intérêt dans les personnes tout à fait corrompues, Saint-Évremond, 133
La Doctrine curieuse des beaux esprits de ce temps, ou prétendus tels: contenant plusieurs maximes pernicieuses à la religion, à l'État et aux bonnes moeurs, combattue et renversée par le Père François Garasse de la Compagnie de Jésus, François Garasse, 40, 169, 269, 279
La Mort d'Agrippine, Cyrano de Bergerac, 198, 209
La Perspective curieuse ou Magie artificielle des effets merveilleux de l'optique par la vision directe, Nicéron, 203
La Vraie Histoire comique de Francion, Charles Sorel, 204
Le Banquet sceptique, La Mothe Le Vayer, 84, 91, 99, 101, 109
Le Fragment de physique, Cyrano de Bergerac, 199
Le Pédant joué, Cyrano de Bergerac, 198

Le Prophète irlandais, Saint-Évremond, 282
Les Égarements du coeur et de l'esprit, Crébillon fils, 20
Les Liaisons dangereuses, Laclos, 20
Les Prospérités du vice, Sade, 20
Les Tragiques, Agrippa d'Aubigné, 121
Les Trois Vérités contre les athées, idolâtres et juifs, Charron, 44, 60
Lettre à Louis XIV, Fénelon, 225
Lettre à Monsieur ***, Saint-Évremond, 139
Lettre à une dame galante qui voulait devenir dévote, Saint-Évremond, 132
Lettre au Maréchal de Créqui, Saint-Évremond, 23, 120, 130, 131, 137, 151
Lettre sur la paix des Pyrénées, Saint-Évremond, 124
Lettres de l'auteur, La Mothe Le Vayer, 102
Lettres diverses, Cyrano de Bergerac, 285
Lettres familières à François Luillier, Gassendi, 284
Lettres satiriques et amoureuses, Cyrano de Bergerac, 285
Lettres, Saint-Évremond, 282
Leviatã, Hobbes, 136
Lições sobre a história da filosofia, Hegel, 46
Manifesto do partido comunista, Karl Marx, 224
Máximas, La Rochefoucauld, 129, 133
Médico à força, Molière, 77
Meditações metafísicas, Descartes, 139, 172, 175, 176, 202
Memórias, Saint-Simon, 268, 287
Metafísica, Aristóteles, 168

ÍNDICE REMISSIVO

Metamorfoses, Ovídio, 240
Météores, Descartes, 172
Novos ensaios sobre o entendimento humano, Leibniz, 201
O asno de ouro, Apuleio, 106
O banquete epicurista, Erasmo, 114, 143
O catecismo ou a verdadeira instituição cristã, Bernardino Ochino, 54
O cortesão, Baldassare Castiglione, 56
O defensor da paz, Marsílio de Pádua, 55
O embuste desvendado, Cristóvão Ferreira, 271, 288
O herói, Baltasar Gracián, 74
O misantropo, Molière, 77
O que é o Iluminismo?, Kant, 158
Observations sur Salluste et sur Tacite, Saint-Évremond, 131, 135
Opuscules et Petits Traités, La Mothe Le Vayer, 86
Organon, Aristóteles, 168
Pantheisticon, Toland, 209
Pensamentos, Pascal, 16, 60, 146, 148, 190, 204
Pensées sur l'honnêteté, Mitton, 146
Petit Traité sceptique sur cette commune façon de parler: N'avoir pas le sens commun, La Mothe Le Vayer, 103, 114
Pour l'été, Cyrano de Bergerac, 198
Pour le printemps, Cyrano de Bergerac, 198
Pour les sorciers, Cyrano de Bergerac, 198
Pour une dame rousse, Cyrano de Bergerac, 198
Pratica della perspettiva, Daniele Barbaro, 200

Princípios da filosofia de Descartes, Espinosa, 136, 235, 245
Princípios da filosofia, Descartes, 139
Projet de réponse à Monsieur de Tencin, Bossuet, 192
Prose chagrine, La Mothe Le Vayer, 82
Protágoras, Platão, 99
Que la dévotion est le dernier de nos amours, Saint-Évremond, 132
Réflexions ou sentences et maximes morales, La Bruyère, 133
Réflexions sur les divers génies du peuple romain dans les divers temps de la République, Saint-Évremond, 124
Regras para a orientação do espírito, Descartes, 230
Satiricon, Petrônio, 84, 142
Sermon sur la providence, Bossuet, 201
Sobre o prazer, Lorenzo Valla, 143
Socrate chrétien, Guez de Balzac, 18
Sur l'ombre que faisaient des arbres dans l'eau, Cyrano de Bergerac, 198
Sur la morale d'Epicure, Saint-Évremond, 120, 131, 135, 143
Sur les plaisirs, Saint-Évremond, 123, 131, 143, 145
Syntagma philosophiae, Gassendi, 20
Tartufo, Molière, 77
Testament, Jean Meslier, 18
Theophrastus redivivus, anônimo, 270, 272, 288
Traité de l'homme, Descartes, 140
Traité des trois imposteurs, anônimo, 270, 274, 288

OS LIBERTINOS BARROCOS

Traité sur le sens commun, La
Mothe Le Vayer, 104
Tratado da filosofia de Epicuro,
Gassendi, 159, 167, 179,
186, 284
*Tratado da reforma da
inteligência*, Espinosa, 235,
249
Tratado Político, Espinosa, 245
Tratado teológico-político,
Espinosa, 240, 244, 245
Tusculanas, Cícero, 168
Utopia, Thomas More, 223
Verdade da religião cristã, Pascal,
145
Versos dourados, Pitágoras, 161
Vida de Peiresc, Gassendi, 156
Vida e costumes de Epicuro,
Gassendi, 23, 138, 143, 179,
284, 285
*Vidas e doutrinas dos filósofos
ilustres*, Diógenes Laércio,
44, 179, 186

VII) BIOGRAFIA/AUTOBIOGRAFIA

Charron, 52, 53, 54

Gassendi, 182, 183

La Mothe Le Vayer, 73

HEDONISMO
acatalepsia, 82, 85, 96, 97, 99,
103, 107, 115, 116
ataraxia, 20, 30, 32, 51, 171, 184,
187, 189
desejos
aritmética, 236
dietética, 20, 51, 187
naturais e necessários, 43, 187,
237
prazer
e ataraxia, 30, 187
sexual, 65, 66

HISTORIOGRAFIA
como hagiografia, 14

dominante, 9, 13, 14, 16, 74, 96,
265, 277, 278
Grande Século
definição, 13, 14, 15, 16, 265,
277
fontes, 14
personagem conceitual, 101,
207
subalterna, 14, 15, 16, 277
Voltaire, 15, 16, 17

LIBERDADE
e libertinagem, 19, 25, 28, 154,
158, 159, 160, 262, 263
em Cyrano, 225, 226
livre-arbítrio, 188, 222, 223, 253,
254, 255, 256, 260

LIBERTINAGEM
anônima, 265, 266
barroca, 21
arremate, 34
datas, 24, 25
definição, 24, 26, 27, 28, 29,
30, 31, 32
de costumes, 19, 20
definição, 23
e a morte, 33, 34
e Antiguidade, 29
e epicurismo, 20, 30
e liberdade, 19, 25, 28, 154
e materialismo, 32, 33, 34
e Montaigne, 26
e moral, 18, 19
e natureza, 21, 30
e o corpo, 31
e política, 18, 34, 35,
e razão, 19
e religião, 20, 21, 32, 33, 34, 35,
36, 59, 60, 266, 268, 269

306

ÍNDICE REMISSIVO

e vida filosófica, 32
filosófica, 19
pensamento clandestino, 269, 272, 274, 287

LIBERTINO
barroco
definição, 25, 26, 27, 28, 29, 30, 31, 32, 277
retrato, 105
condenado, 19
definição, 17, 18, 277, 278, 279
Dom Juan, 14, 18, 77, 278
e Deus, 18, 19, 34, 35
epicurista, 20
erudito, 19, 20
etimologia, 17, 25

MATERIALISMO
e libertinagem, 18, 21, 29, 150, 172, 174, 181, 190, 218, 259, 260, 276, 284
soteriológico, 33

MORAL
amizade, 20, 32, 45, 52, 57, 58, 82, 83, 126, 131, 132, 150, 159, 160, 161, 162, 183, 201, 210, 268
concórdia, 83
discrição, 73, 74
doçura, 67, 107, 110, 115, 116, 167, 168, 189
e libertinagem, 18, 19
em Espinosa, 254, 255
eumetria, 83, 84
laica, 56, 57, 62
paixões tristes, 40, 47, 68, 70, 238, 250, 260, 261
probidade, 67, 280
prudência, 28, 42, 48, 52, 66, 85, 96, 174, 236, 240

tranquilidade, 32, 44, 51, 62, 66, 96, 104, 107, 108, 110, 111, 115, 160, 256
virtudes, 66, 67, 99, 177, 189, 225, 236, 260, 261

MORTE
Charron, 52, 69, 70
de Deus, 266, 270, 288
Descartes, 163
e libertinagem, 33
Espinosa, 25, 231, 257, 258
Ferreira, 271
Gassendi, 163, 188
La Mothe Le Vayer, 77, 78
Meslier, 18
Montaigne, 24, 25, 153
Saint-Évremond, 142, 143, 152

MULHER
celebrada, 110, 268
colecionada, 18
criticada, 110
e Cyrano, 197, 226
e Espinosa, 234
e o Jardim, 185
e Saint-Évremond, 120, 127, 130, 148, 150
fácil, 20, 125
salões, 125, 126, 128, 131, 136, 160
sexualidade, 92, 93

NATUREZA
= Deus, 61, 62, 157, 158, 160
e libertinagem, 21, 30, 50, 51, 62, 140, 251, 252, 253, 254

POLÍTICA
e religião, 224, 243, 275

em Cyrano, 224, 225
monarquismo, 16, 34, 35, 107,
  108, 112, 151, 173, 225, 239,
  267, 277

RAZÃO
e libertinagem, 19, 28, 29

RELIGIÃO
anticristianismo, 271, 272, 273,
  274, 275
ateísmo
  aparecimento, 18
  ateísta, 17, 41, 70
  e libertinagem, 18, 33, 34, 60,
    78, 79, 80, 86, 113, 116, 209,
    219, 242, 252, 268, 270, 271,
    272
castigo, 19, 221, 256
criação do homem, 242

cristianismo
  dominante, 16
  e libertinagem, 33, 44, 59, 60,
    61, 62, 63, 70, 80
deísmo, 18, 32, 78, 151, 219,
  251, 266

VIDA FILOSÓFICA
casamento
  a favor, 110
  contra, 110
comunidade filosófica, 158, 159,
  160, 161, 162
conversa, 22, 32, 43, 83, 125,
  126, 127, 128, 129, 130, 134,
  160, 162, 268, 283
divertimento, 145, 146, 147,
  148, 149
solidão, 230
viver como filósofo, 177

IMPRESSÃO E ACABAMENTO:
YANGRAF Fone/Fax:
2095-7722
e-mail:santana@yangraf.com.br